UN-Kaufrecht und *Culpa in contrahendo*

Studien zum vergleichenden und internationalen Recht - Comparative and International Law Studies

Herausgeber: Bernd von Hoffmann und Erik Jayme

Band 33

PETER LANG
Frankfurt am Main · Berlin · Bern · New York · Paris · Wien

Markus Schütz

UN-Kaufrecht und *Culpa in contrahendo*

PETER LANG
Europäischer Verlag der Wissenschaften

Die Deutsche Bibliothek - CIP-Einheitsaufnahme

Schütz, Markus:

UN-Kaufrecht und Culpa in contrahendo / Markus Schütz. - Frankfurt am Main ; Berlin ; Bern ; New York ; Paris ; Wien : Lang, 1996
(Studien zum vergleichenden und internationalen Recht ; Bd. 33)
Zugl.: Heidelberg, Univ., Diss., 1995
ISBN 3-631-49987-6

NE: GT

D 16
ISSN 0930-4746
ISBN 3-631-49987-6

Printed in Germany 1 2 3 5 6 7

Meiner Mutter, meinem Vater und meiner Schwester
in Dankbarkeit

Meiner Frau Maria und meiner Tochter Annika
in Liebe

Vorwort

Die vorliegende Arbeit wurde im Sommersemester 1995 von der Juristischen Fakultät der Universität Heidelberg als Dissertation angenommen.

Es gehört zu den angenehmen Pflichten eines Autors, sich bei den Menschen zu bedanken, die zu dem Gelingen einer solchen Arbeit beigetragen haben. Besonderen Dank schulde ich in diesem Sinne meinem verehrten Doktorvater, Herrn Professor Dr. Dr. h.c. Erik Jayme, der das Thema vorschlug und die Dissertation engagiert und mit aufbauender Kritik förderte. Ihm kommt darüber hinaus in hohem Maße das Verdienst zu, meinen Blick für die Bedeutung der Rechtsvergleichung im allgemeinen und für die Notwendigkeit der Rechtsvereinheitlichung im besonderen geschärft zu haben. Ebenso bedanke ich mich bei Herrn Professor Dr. Gert Reinhart für die Übernahme des Zweitgutachtens.

Ganz besonders herzlich danken möchte ich auch meinen beiden Freunden vom "Montags-Stammtisch", Andreas und Johannes, mit denen ich eine unvergeßliche Zeit verbrachte, und die mich in unzähligen Gesprächen - die mit der vorliegenden Arbeit allerdings nie das geringste zu tun hatten - immer wieder motivieren konnten.

Mein größter Dank gebührt allerdings meiner Familie, ohne die ich all das nicht geschafft hätte. Ihr ist diese Arbeit gewidmet.

Karlsruhe, im Dezember 1995 Markus Schütz

INHALTSVERZEICHNIS

Seite

ABKÜRZUNGSVERZEICHNIS

a.A.	anderer Ansicht
aaO	am angegebenen Ort
ABGB	Österreichisches Allgemeines Bürgerliches Gesetzbuch
Abs.	Absatz
AcP	Archiv für die civilistische Praxis
a.E.	am Ende
AG	Amtsgericht
All E.R.	All England Law Reports
Anh.	Anhang
Anm.	Anmerkung
Art.	Artikel
BB	Der Betriebsberater
Bd.	Band
Bem.	Bemerkung
BGB	Bürgerliches Gesetzbuch
BGBl.	Bundesgesetzblatt
BGE	Entscheidungen des schweizerischen Bundesgerichts
BGH	Bundesgerichtshof
BGHZ	Entscheidungen des Bundesgerichtshofes in Zivilsachen
Bull.civ.	Bulletin des arrêts de la Cour de cassation, Chambres civiles
bzw.	beziehungsweise
C.i.c.	Culpa in contrahendo
Cass.	Cour de Cassation
Cass.civ.	Cour de cassation, Chambre civile
CR	Computer und Recht
ders.	derselbe
d.h.	das heißt
EGBGB	Einführungsgesetz zum Bürgerlichen Gesetzbuch
Einl.	Einleitung

EWiR	Entscheidungen zum Wirtschaftsrecht
f., ff.	folgende
Fn	Fußnote
FS	Festschrift
H.M.	Herrschende Meinung
Hrsg.	Herausgeber
HS	Halbsatz
i.S.v.	im Sinne von
i.V.m.	in Verbindung mit
IPR	Internationales Privatrecht
IPRax	Praxis des internationalen Privat- und Verfahrensrechts
JA	Juristische Arbeitsblätter
JBl.	Juristische Blätter
JherJb.	Jherings Jahrbücher für die Dogmatik des bürgerlichen Rechts
JR	Juristische Rundschau
Jura	Juristische Ausbildung
JuS	Juristische Schulung
JW	Juristische Wochenschrift
JZ	Juristenzeitung
KG	Kammergericht
LG	Landgericht
LM	Lindenmaier/Möhring, Nachschlagewerk des Bundesgerichtshofs
lit.	litera
m.w.H.	mit weiteren Hinweisen
MDR	Monatsschrift für deutsches Recht
MüKo	Münchner Kommentar zum Bürgerlichen Gesetzbuch
NJW	Neue Juristische Wochenschrift
NJW-RR	Neue Juristische Wochenschrift, Rechtssprechungsreport
N; Nr.	Nummer

ÖRdW	Österreichisches Recht der Wirtschaft
OGH	Österreichischer Oberster Gerichtshof
OLG	Oberlandesgericht
OR	Obligationenrecht
RabelsZ	Rabels Zeitschrift für aus-ändisches und internationales Privatrecht
Rdnr.	Randnummer
RdW	Österreichisches Recht der Wirtschaft
RGZ	Entscheidungen des Reichs-gerichts in Zivilsachen
RiA	Recht im Außenhandel
RIW/AWD	Recht der internationalen Wirtschaft/Außenwirtschafts-dienst (1975-1981)
S.	Seite
sec.	section (Abschnitt)
SJZ	Schweizerische Juristenzeitung
StGB	Strafgesetzbuch
SuR	Staat und Recht
SZ	Sammlungen der Entscheidungen des Österreichischen Obersten Gerichtshofes in Zivil- und Justiz verwaltungssachen
SZIER	Schweizerische Zeitschrift für Internationales und Europäisches Recht
UCC	Uniform Commercial Code
VersR	Versicherungsrecht
VertragsG	Vertragsgesetz
vgl.	vergleiche
WM	Wertpapier-Mitteilungen
z.B.	zum Beispiel
ZfRV	Zeitschrift für Rechts-vergleichung

ZG	Zeitschrift für Gesetzgebung
ZGB	Zivilgesetzbuch
ZIP	Zeitschrift für Wirtschaftsrecht und Insolvenzpraxis (bis 1982); Zeitschrift für Wirtschaftsrecht (seit 1983)
ZVglRWiss.	Zeitschrift für vergleichende Rechtswissenschaft

EINLEITUNG

I) Vorbemerkung

Am 1. Januar 1991 ist das Übereinkommen der Vereinten Nationen vom 11. April 1980 über Verträge über den internationalen Warenkauf[1] in der *Bundesrepublik Deutschland* in Kraft getreten[2].

Es regelt für grenzüberschreitende Kaufverträge sowohl deren Zustandekommen und Auslegung als auch die Rechte und Pflichten von Verkäufer und Käufer[3], wobei jedoch zu privaten Zwecken vorgenommene

---

1 So die offizielle Bezeichnung des Abkommens. Bislang hat sich noch keine einheitliche Kurzbezeichnung für die Konvention durchsetzen können. In der Literatur finden sich beispielsweise Abkürzungen wie CISG (Convention on contracts for the international Sale of Goods), KaufÜ (Kaufübereinkommen), UNKÜ (UN-Kaufvertragsübereinkommen), UN-WKG (Wiener Kaufrechtsübereinkommen) oder UNCITRAL-KaufR (Kaufrecht der United Nations Commission on International Trade Law). In dieser Arbeit wird das Abkommen als UN-Kaufrecht bezeichnet; Artikel ohne nähere Angaben sind solche des UN-Kaufrechts.
Der Text des Übereinkommens ist abgedruckt in BGBl. 1989 II, S. 586 ff. sowie in Jayme/Hausmann Nr. 48.

2 Der deutsche Bundestag hat das Vertragsgesetz zum Übereinkommen am 5. Juli 1989 verabschiedet (BGBl. 1989 II, S. 506 ff.). Die Ratifikationsurkunde wurde am 21. Dezember 1989 hinterlegt.
Erstmals trat das UN-Kaufrecht am 1. Januar 1988 für elf Staaten (Ägypten, Argentinien, China, Frankreich, Italien, Jugoslawien, Lesotho, Sambia, Syrien, Ungarn und die Vereinigten Staaten von Amerika) in Kraft, vgl. Reinhart, Einl. Rdnr. 16.

3 Überblicke über die Anwendungsvoraussetzungen und den Regelungsinhalt des UN-Kaufrechts finden sich bei: Schlechtriem, IPRax 1990, S. 277 ff.; ders., ÖRdW 1989, S. 41 ff; Schwenzer, NJW 1990, S. 602 ff.; Karollus, JuS 1993, S. 378 ff.; Siehr, RabelsZ 52 (1988), S. 587 ff.; Wang, ZVglRWiss 87 (1988), S. 184 ff.; Ebenroth, JBl 1986, S. 681 ff.; Maskow, SuR 1981/1, S. 542 ff.; Herber, S. 28 ff.; Loewe, Lausanne, S. 11 ff.; Volken, Lausanne, S. 21 ff.; Manz/Padmann-Reich, International Business Lawyer 1991, S. 300 ff.; Hoyer, S. 31 ff.; Czerwenka, S. 128 ff.; Merkt, ZVglRWiss 93 (1994), S. 355 f.

Käufe von der Regelungskompetenz des UN-Kaufrechts grundsätzlich ausgeklammert bleiben (vgl. Art. 2 lit. a)[4].

Allerdings war man in *Deutschland* schon vor diesem Zeitpunkt mit dem UN-Kaufrecht beschäftigt, da unter den Voraussetzungen des Art. 1 Abs. 1 lit. b. der räumlich-persönliche Anwendungsbereich der Konvention über das Gebiet der Vertragsstaaten hinaus erweitert wurde[5].

Gemäß Art. 1 Abs. 1 lit. b.[6] war das Übereinkommen - abgesehen von der in Abs. 1 lit. a. normierten Voraussetzung, die bis zum Jahre 1991 für die *Bundesrepublik Deutschland* nicht erfüllt war - auch dann anzuwenden, wenn das internationale Privatrecht (IPR) auf die Anwendung der Vorschriften eines ausländischen Staates verwies, welcher zum damaligen Zeitpunkt bereits Vertragsstaat der international am 1. Januar 1988 in Kraft getretenen[7] Konvention war[8].
Als die im Sinne des Art. 1 Abs. 1 lit.b entscheidenden Regeln des IPR sind die jeweils für Kaufverträge zu beachtenden Kollisionsnormen heranzuziehen, aus *deutscher* Sicht waren dies die Artt. 28 ff. EGBGB.

In der Zeit bis zur *deutschen* Ratifikation spielte das UN-Kaufrecht insbesondere für Kaufvertragsstreitigkeiten zwischen *deutschen* Käu-

---

4 Es sollte damit vermieden werden, daß die umfangreichen nationalen Bestimmungen des Verbraucherschutzes vom UN-Kaufrecht verdrängt werden.

5 Piltz, § 2 Rdnr. 89.

6 Ausführlich zu den einzelnen Problemen dieser Vorschrift Vékás, IPRax 1987, S. 342 und Czerwenka, S. 155 ff.

7 Zur völkerrechtlichen Klassifizierung der Wiener Konvention vgl. Volken, Obligationen, S. 82 ff. Allgemein zur Rechtsnatur des Übereinkommens siehe Diedrich, Auslegung, S. 133 ff.

8 Vgl. Reinhart, IPRax 1990, S. 289 ff.; Jayme, IPRax 1989, S. 129; Bianca-Bonell-Jayme, Art. 1 Anm. 2.5.. Kritisch Neumayer, RIW 1994, S. 101, der Art. 1 Abs. 1 lit.b. eine "unbedachte" Regelung nennt. Allerdings ließ und läßt Art. 95 zu, daß ein Vertragsstaat Art. 1 Abs. 1 lit. b nicht mit in Kraft setzt. Von dieser Möglichkeit haben bislang die Volksrepublik China, die CSFR und die USA Gebrauch gemacht. Deutschland hat in § 2 des Vertragsgesetzes (vgl. Jayme/Hausmann, Nr. 48a) erklärt, die Anwendungsvariante des Art. 1 Abs. 1 lit. b dann nicht zu berücksichtigen, wenn die Regeln des Internationalen Privatrechts zur Anwendung des Rechts eines der Staaten führen, die einen Vorbehalt nach Art. 95 erklärt haben (sog. Teilvorbehalt, vgl. Reinhart, Art. 1 Rdnr. 8 f.).

fern und *französischen* und *italienischen* Verkäufern eine praktisch wichtige Rolle[9].

Hatten *deutsche* Gerichte in diesen Fällen zu entscheiden, so verwies bei fehlender Rechtswahl Art. 28 EGBGB auf das Verkäuferrecht.

Das UN-Kaufrecht war deswegen im Verhältnis zu diesen beiden Staaten anwendbar, weil es aus *französischer* bzw. *italienischer* Sicht[10] das für den Außenhandel maßgebliche Recht darstellte[11].

Für die ehemalige *DDR* war das UN-Übereinkommen bereits am 1. März 1990 in Kraft getreten. Mit der Wiedervereinigung der beiden *deutschen* Staaten wurde der gegenseitige Handel dem UN-Kaufrecht jedoch wieder entzogen[12].

Seit dem Beitritt *Kubas* am 1. Dezember 1995 gilt die Konvention in 43 Staaten[13].

---

9 Magnus, RabelsZ 53 (1989), S. 118 Fn. 7; Reinhart, Jahrbuch, S. 71. Vgl. auch LG Stuttgart, RIW 1989, S. 984 f.; LG München, IPRax 1990, S. 316.

10 Das UN-Kaufrecht gilt in beiden Staaten seit dem 1.1.1988, ohne daß ein Vorbehalt nach Art. 95 erklärt wurde.

11 Jayme, IPRax 1989, S. 129; ders., IPRax 1991, S. 345; Reinhart, IPRax 1990, S. 291 f; Karollus, JuS 1993, S. 379; Enderlein, IPRax 1991, S. 313 ff.; Ranker, IPRax 1995, S. 236 (Erl. Ziff. 1).

12 Allgemein zum Schicksal internationaler Konventionen, die die ehemalige DDR abgeschlossen hatte, vgl. Magnus, JuS 1992, S. 458 f.; von Hoffmann, IPRax 1991, S. 4 f..

13 In naher Zukunft gilt das UN-Kaufrecht auch in Litauen (1.2.1996), Singapur (1.3.1996) und Polen (1.6.1996). Eine genaue Auflistung der Vertragsstaaten findet sich bei Will, CISG, S. 7 ff.. Vgl. auch Piltz, NJW 1994, S. 1101 sowie Staudinger-Magnus, Einl. zum CISG zu Rdnr. 18.

II) Problemstellung und Ziel der Arbeit

Eine allgemeine Bestimmung über die Haftung aus Verschulden bei Vertragsschluß läßt sich - wie in den meisten nationalen Rechtsordnungen[14] - in der Konvention nicht finden.
Das Problem der vorvertraglichen Haftung im Rahmen des internationalen Warenkaufs ist auch von der einheitsrechtlichen Literatur bislang eher stiefmütterlich behandelt worden[15]. Stereotyp wird darauf verwiesen, daß die Culpa in contrahendo nicht in den durch Art. 4 abgegrenzten Regelungsbereich des UN-Kaufrechts falle und daher dem jeweils anwendbaren nationalen Recht unterliege[16].
Als Argument hierfür dient insbesondere die Tatsache, daß die Väter des Übereinkommens zwar an die vorvertragliche Haftung gedacht hätten, eine diesbezügliche Regelung aber ausdrücklich ablehnten[17].

Eine solche Begründung verstellt indes den Blick auf die darüber hinaus gegebene Möglichkeit, daß die fehlende Normierung vorvertragli-

---

14 Insbesondere der italienische Codice Civile (vgl. Art. 1337) und das griechische ZGB (vgl. Art. 197) haben eine allgemeine Regel über die vorvertraglichen Pflichten der Parteien aufgenommen.
Als Anhaltspunkte für die Lehre von der Culpa in contrahendo werden im deutschen BGB die Regelungen in den §§ 122, 179, 307, 309, 663 betrachtet. Bei der bevorstehenden Schuldrechtsreform soll jedoch eine Anspruchsgrundlage für Pflichtverletzungen bei Vertragsverhandlungen geschaffen werden (vgl. § 305 Abs. 2 des Kommissionsvorschlages; dazu Medicus, NJW 1992, S. 2387 und Ernst, JZ 1994, S. 809).

15 Lediglich Bonell (RIW 1990, S. 693 ff..), Ryffel (S. 125 f.) und Staudinger-Magnus (Art. 4 Rdnr. 42 f.) haben die Problematik eingehender behandelt.

16 Die Folge ist, daß es trotz der Anwendbarkeit des UN-Kaufrechts auf einen internationalen Kaufvertrag zu einer Spaltung des Vertragsstatuts kommt ("dépeçage") und separat nach unvereinheitlichtem IPR angeknüpft wird. Die Frage, ob ein Anspruch aus Culpa in contrahendo besteht oder nicht, ist dann also allein vom Kollisionsrecht der lex fori und dem davon berufenen Sachrecht abhängig. Vgl. auch Diedrich, RIW 1995, S. 354; allgemein zum Für und Wider der "dépeçage" siehe Jayme, FS Kegel, S. 253 ff..

17 Zu den Einzelheiten hierzu siehe unten S. 173 ff.

chen Handelns eventuell auch eine "Gesetzeslücke" im weitesten Sinne[18] darstellen könnte.

Den Fall der "Lücke"[19] behandelt das UN-Kaufrecht aber in Art. 7 Abs. 2[20], so daß diese Bestimmung näherer Betrachtung bedarf.
Der Text der Vorschrift lautet:

" Fragen, die in diesem Übereinkommen geregelte Gegenstände betreffen, aber in diesem Übereinkommen nicht ausdrücklich entschieden werden, sind nach den allgemeinen Grundsätzen, die diesem Übereinkommen zugrunde liegen, oder mangels solcher Grundsätze nach dem Recht zu entscheiden, das nach den Regeln des internationalen Privatrechts anzuwenden ist ".

Prämisse für die Anwendung des Art. 7 Abs. 2 auf Fälle der Culpa in contrahendo ist demnach, daß die vorvertraglichen Verhaltenspflichten der Parteien vom sachlichen Regelungsbereich des Übereinkommens erfaßt werden[21].
Andernfalls kommt das UN-Kaufrecht von vornherein nicht in Betracht.

Geht es aber nun bei der Culpa in contrahendo um einen vom Übereinkommen geregelten Gegenstand, so handelt es sich um eine "Gesetzeslücke", die in erster Linie aus dem UN-Kaufrecht selbst zu schließen ist.

Beim Vorliegen einer "Lücke" zu einem Problem, mithin einer Frage, die den Vertragsschluß oder die Rechte und Pflichten der Parteien betrifft (vgl. Art. 4), ruft die Vorschrift des Art. 7 Abs. 2 danach zunächst zur Ermittlung der allgemeinen Grundsätze des Übereinkommens auf,

---

18 Es wird hier noch von einer Lücke "im weitesten Sinne" gesprochen, weil der Begriff der "Lücke" später eingehender behandelt und spezifiziert werden soll (vgl. unten S. 191 f.).

19 Siehe allgemein zur Feststellung von Lücken im Gesetz Canaris, S. 15 ff.

20 Reinhart, Art. 7 Rdnr. 6; Kappus, S. 188.

21 Vgl. den Wortlaut des Art. 7 Abs. 2, der von "geregelten Gegenständen" spricht. Solche sind gemäß Art. 4 der Vertragsabschluß und die aus dem Kontrakt erwachsenden Rechte und Pflichten der Parteien. Vgl. auch unten S. 190 ff.

die zur Lösung des konkreten Falles herangezogen werden können und müssen (Prinzip der "autonomen Lückenfüllung")[22].

Zu den dem UN-Kaufrecht zugrundeliegenden generellen Prinzipien gehören beispielsweise der Gedanke von Treu und Glauben, das Verbot mißbräuchlicher Rechtsausübung, die Prinzipien der Vertrags- und Formfreiheit, das Verhältnismäßigkeitsprinzip sowie das Verhalten einer vernünftigen Person[23].

Lediglich in Ermangelung solcher allgemeinen Grundsätze ist - gewissermaßen als "ultima ratio" - subsidiär auf das gemäß dem IPR des Forums maßgebliche autonome nationale Recht zurückzugreifen[24].

Zwischen diesen beiden Alternativen - ausschließliche Regelung durch das jeweils anwendbare nationale Recht auf der einen, Lückenschließung innerhalb der Konvention durch Heranziehung allgemeiner Grundsätze auf der anderen Seite - ist darüber hinaus aber noch eine dritte Lösungsmöglichkeit denkbar, die gewissermaßen eine "Mittelstellung" in der dogmatischen Argumentation einnimmt.

Danach könnte es sich bei dem Problem der vorvertraglichen Haftung zwar - zumindest teilweise - um eine "Lücke" im Sinne des Art. 7 Abs. 2 handeln, bevor jedoch auf die allgemeinen Grundsätze des Übereinkommens zurückgegriffen wird, muß untersucht werden, ob die Regelungslücke nicht zunächst mit Hilfe der Analogie, des "argumentum e contrario" sowie des "argumentum a maiore ad minus" unmittelbar aus dem Text des UN-Kaufrechts zu schließen ist[25].

Demnach lassen sich aus der Tatsache, daß eine ausdrückliche Regelung der Haftung der Parteien für ihr Verhalten während der Vertrags-

---

22 Vgl. auch Diedrich, RIW 1995, S. 355.

23 Reinhart, Art. 7 Rdnr. 7; Honnold, Obligationen, S. 139; Audit, S. 51 f.; v.Caemmerer/Schlechtriem-Herber, Art. 7 Rdnr. 33 ff..Vgl. auch unten S. 188.

24 Kindler, Jahrbuch, S. 205; Diedrich, RIW 1995, S. 355.

25 Prinzipiell zu dieser Vorgehensweise siehe Kropholler, S. 292 ff; Reinhart, Art. 7 Rdnr. 6; Bianca-Bonell-Bonell, Art. 7 Anm. 2.3.2.1; Diedrich, RIW 1995, S. 15; ders., RIW 1995, S. 358; Enderlein/Maskow/Strohbach, Art. 7 Anm. 9.1.; Karollus, S. 17.

verhandlungen in die Wiener Konvention nicht aufgenommen worden ist, grundsätzlich drei verschiedene Lösungsmöglichkeiten in Betracht ziehen:

1. In Bezug auf die vorvertraglichen Pflichten und die vorvertragliche Haftung der Vertragsparteien handelt es sich um vom UN-Kaufrecht nicht geregelte Materien[26], die grundsätzlich der Regelung der durch das Kollisionsrecht berufenen nationalen Rechtsordnungen vorbehalten bleiben[27].

2. Die vorvertragliche Haftung betrifft im UN-Kaufrecht geregelte Gegenstände, die aber in dem Übereinkommen nicht ausdrücklich entschieden werden.
Diese Lücke muß zunächst innerhalb der Konvention selbst geschlossen werden, und zwar im Einklang mit denjenigen dem Übereinkommen zugrundeliegenden allgemeinen Grundsätzen[28], welche auch die vorvertragliche Haftung erfassen.
Nur beim Fehlen solcher allgemeinen Grundsätze ist ein Rückgriff auf das jeweils anwendbare nationale Recht zulässig (vgl. Art. 7 Abs. 2)[29].

3. Die im Rahmen der Culpa in contrahendo angesprochenen Materien fallen zumindest teilweise in den Regelungsbereich der Konvention und stellen - da eine ausdrückliche Vorschrift fehlt - Regelungslücken im Sinne des Art. 7 Abs. 2 dar.

---

26 Da nicht in den in Art. 4 normierten sachlichen Regelungsbereich der Konvention fallend.

27 Neumayer/Ming, Art. 4 Anm. 11; Schlechtriem, UN-Kaufrecht, S. 45; Ryffel, S. 126; Stoffel, SJZ 1990, S. 175; Karollus, S. 45; v.Caemmerer-Schlechtriem-Herber, Art. 4 Rdnr. 23 Fn 42; vor Artt. 14-24 Rdnr. 8 (Schlechtriem); Art. 74 Rdnr. 8 (Stoll); Nickl, S. 35; Greiner, S. 46; Herber/Czerwenka, Art. 4 Rdnr. 21; Heilmann, S. 153; Soergel-Lüderitz, Art. 4 Rdnr. 6; Stoll, FS Ferid, S. 495, 504; Kappus, S. 189 Fn. 630; Su, S. 13; wohl auch Reinicke/Tiedtke, S. 328.

28 Vgl. die oben auf S. 28 genannten Beispiele solcher "general principles".

29 Bonell, RIW 1990, S. 693 (699).

Bevor jedoch gemäß Art. 7 Abs. 2 eine Lückenfüllung durch Heranziehung der dem Übereinkommen zugrunde liegenden Grundsätze vorgenommen wird, sind die Regelungslücken durch Anwendung anerkannter Methoden (z.B. durch Analogieschluß oder aufgrund des "argumentum a maiore ad minus") aus den einzelnen Bestimmungen des UN-Kaufrechts heraus zu schließen.

Ziel dieser Arbeit ist demnach die Beantwortung der Frage, ob es sich beim Verschulden bei Vertragsschluß um eine jener Materien handelt, deren Ordnung man den allgemeinen Grundsätzen des Übereinkommens bzw. einzelnen Bestimmungen des UN-Kaufrechts entnehmen kann, oder ob man davon ausgehen muß, daß mit der Culpa in contrahendo ein Bereich angesprochen wird, der vom Einheitlichen Kaufrecht grundsätzlich nicht betroffen ist[30].

---

30 Padovini, ZfRV 1987, S. 91.

III) Methodische Vorgehensweise

A) Das methodische Problem

Auszugehen ist zunächst von der Tatsache, daß das UN-Kaufrecht keine Vorschriften über die Haftung für Schädigung des Partners durch Verhalten bei Vertragsschluß enthält[31]. Insofern entspricht die Rechtslage - zumindest formal betrachtet - derjenigen des *deutschen* Rechts.

Bei der Behandlung der Culpa in contrahendo im Rahmen des UN-Kaufrechts muß sich für den *deutschen* Rechtsanwender allerdings die Frage aufdrängen, ob dieses Rechtsinstitut in den Rechtsordnungen der anderen Vertragsstaaten gleichermaßen bekannt ist bzw. sich in demselben Maße ausgebreitet hat, wie dies speziell im *deutschen* Zivilrecht gegenwärtig der Fall ist.

Aus *deutscher* Sicht ergeben sich grundsätzlich keine Zweifel darüber, daß die Materie der vorvertraglichen Haftung mangels ausdrücklicher Normierung und aufgrund gefestigter Rechtsprechung eine gesetzliche Regelungslücke darstellt, die es sachgerecht zu schließen gilt.

Bei dieser durchaus einleuchtenden Feststellung bleibt aber - insbesondere dann, wenn man sich auf "internationalem Terrain" bewegt - zu berücksichtigen, daß es sich bei der Haftung aus Culpa in contrahendo um ein typisch *deutsches* Rechtsinstitut handelt[32], das keineswegs allen Rechtsordnungen gemeinsam ist, sondern vielmehr aufgrund der Lückenhaftigkeit des BGB von der *deutschen* Rechtswissenschaft und Rechtsprechung entwickelt wurde[33] und eventuell von Gerichten anderer Vertragsstaaten des Wiener Abkommens überhaupt nicht als Regelungslücke angesehen wird[34].

---

31 Stoll, FS Ferid, S. 504; vgl. auch oben S. 26.

32 Vgl. auch Diedrich, RIW 1995, S. 354.

33 Siehe hierzu unten S. 78 ff.

34 Diedrich, RIW 1995, S. 354; ebenfalls in diesem Sinne, wenngleich auf das EVÜ bezogen, Reinhart, RIW 1994, S. 450.

Ein *deutscher* Kaufmann, der internationale Kaufgeschäfte auf der Grundlage des UN-Kaufrechts tätigt, kann sich deshalb nicht einfach auf die Schutzmechanismen des *deutschen* Rechts verlassen[35].

Erst recht kann es aber nicht angehen, die für die Begründung und den Umfang einer vorvertraglichen Einstandspflicht entwickelten Argumente der innerstaatlichen Rechtsordnung ohne weitere Besinnung auf die Verhältnisse einer anders aufgebauten internationalen Konvention übertragen zu wollen[36].

Sinn und Zweck des UN-Kaufrechts ist es vielmehr, ungeachtet materiellrechtlicher Eigenheiten in allen Vertragsstaaten ein einheitlich geltendes Sachrecht für die Beurteilung internationaler Warenlieferungsverträge zur Verfügung zu stellen[37].
Das bedeutet aber, daß der nationale Richter, der das Ziel der Rechtsvereinheitlichung zu fördern hat, nicht ohne weiteres die im Umgang mit nationalem Recht üblichen Rechtssätze und Auslegungsregeln anwenden kann, sondern sie im Hinblick darauf zu modifizieren hat, daß das Ergebnis Rechtseinheit gewährleistet, also international akzeptabel sein muß[38].

Dies entspricht dem für die richterliche Tätigkeit aufgestellten Prinzip des internationalen "Rechtsanwendungseinklangs" bzw. der "Rechtsanwendungsgleichheit"[39]. Dabei zielt dieser Grundsatz der Rechtsanwendungsgleichheit im internationalen Einheitsrecht nicht nur auf ein übereinstimmendes Ergebnis im konkreten Einzelfall, sondern auch auf die gleichmäßige Entwicklung des gemeinsamen Rechts[40].

Festzuhalten bleibt daher, daß das Rechtsinstitut der Culpa in contrahendo nicht ohne weiteres unter Zugrundelegung nur des *deutschen* Vorverständnisses auf das rechtliche Verhältnis zwischen Verhandlungspartnern übertragen werden kann, deren Geschäfte auf dem UN-Kaufrecht basieren sollen.

---

35 Fischer, JZ 1991, S. 169.

36 Siehe für den Fall der Sachmängelhaftung Neumayer, RIW 1994, S. 102.

37 Piltz, § 1 Rdnr. 31; Diedrich, Auslegung, S. 27.

38 Zweigert/Kötz, Band I, S. 21 f; Diedrich, Auslegung, S. 36 f.

39 Kropholler, S. 241 f.

40 Kropholler, S. 242 Fn. 21.

Kurz gesagt: um überhaupt feststellen zu können, ob aufgrund des Fehlens jeglicher gesetzlicher Normierung des Verschuldens bei Vertragsschluß im UN-Kaufrecht eine einheitsgesetzliche "Regelungslücke" besteht, muß zunächst geklärt werden, welchen Inhalt und welche Bedeutung das Rechtsinstitut der Culpa in contrahendo im Rahmen internationaler Warenkäufe besitzt[41].

Es ergibt sich mithin das Problem, welcher methodischen Vorgehensweise es zur Beantwortung dieser Frage bedarf.

Dabei müssen nationale Interpretations- und Auslegungs-Alleingänge vermieden und einheitsrechtsautonome bzw. supranationale Bestimmungsmethoden gesucht werden, um eine einheitliche Anwendung der Regeln über die vorvertragliche Haftung im Rahmen des UN-Kaufrechts zu erreichen und damit das Ziel eines internationalen Einheitsrechts zu verwirklichen[42].

Da kein internationaler Gerichtshof für weltweit geltendes Einheitsrecht existiert und mit seiner Einrichtung auf längere Zeit auch nicht zu rechnen ist, kommt einer in allen Vertragsstaaten gleichermaßen anzuwendenden Auslegungsmethode insoweit eine zentrale Rolle zu[43].

B) Auslegungsmethoden

Der erste Blick in diesem Zusammenhang fällt auf die von der Konvention selbst bereit gestellten Methoden der Auslegung und Begriffsbestimmung.

---

41 Eine international einheitliche Auslegung und ein supranationales Begriffsverständnis sind im übrigen wesentliche Voraussetzung für eine umfassende Akzeptanz des Wiener Kaufrechts, da nur so die angestrebte Rechtseinheit in der gerichtlichen Praxis verwirklicht und Rechtssicherheit eintreten kann, vgl. Diedrich, Auslegung, S. 37.

42 Mansel, JZ 1991, S. 531; Diedrich, Auslegung, S. 57.

43 Diedrich, Auslegung, S. 36.

1) Grundsatz

Der internationale Ursprung des UN-Kaufrechts und die Tatsache, daß die Väter des Abkommens bemüht waren, autonome und originäre Begriffe zu finden, die nicht einer einzigen nationalen Rechtsordnung entstammten, machen - wie oben erwähnt - grundsätzlich auch die Anwendung einer besonderen autonomen Interpretationsmethode erforderlich[44].
Nur auf diese Weise können von nationalem Sachrecht unabhängige Lösungen der sich aus der Anwendung des UN-Kaufrechts ergebenden Probleme erzielt werden[45].

Insofern führt Art. 7 Abs. 1 Kriterien und Leitlinien an, die bei der Auslegung des Übereinkommens beachtet werden sollen[46].

Auslegungsgrundsätze sind danach insbesondere die Wahrung des guten Glaubens sowie die Berücksichtigung des internationalen Charakters und des Zweckes der Rechtsvereinheitlichung[47].

Darüber hinaus sind auch in der Präambel die mit der Konvention verfolgten Zwecke umschrieben, die bei der Auslegung des UN-Kaufrechts berücksichtigt werden können[48].

Der Auslegungsvorschrift des Art. 7 Abs. 1 kommt vor allem Bedeutung für die unmittelbar anwendbaren Normen des Abkommens zu, also insbesondere für die Bestimmungen in Teil II und III des Übereinkommens[49].

---

44 Diedrich, RIW 1993, S. 443; Reinhart, Art. 7 Rdnr. 2; Czerwenka, S. 126; Heilmann, S. 127.

45 Ludwig, S. 5; Diedrich, Auslegung, S. 56.

46 Soergel-Lüderitz, Art. 7 Rdnr. 1; Diedrich, Auslegung, S. 21; Czerwenka, S. 126.

47 Herber/Czerwenka, Art. 7 Rdnr. 3; v.Caemmerer/Schlechtriem-Herber, Art. 7 Rdnr. 6; Reinhart, Art. 7 Rdnr. 2, 4; Diedrich, Auslegung, S. 140 f.

48 Reinhart, Präambel Rdnr. 1; Diedrich, RIW 1995, S. 353.

49 Czerwenka, S. 127; Diedrich, Auslegung, S. 134. Bei der Auslegung der Teile II und III des UN-Kaufrechts dürfen die Art. 31 ff. der Wiener Vertragsrechtskonvention vom 23.5.1969 regelmäßig nicht angewendet werden, weil dieses Abkommen nur die Rechte und Pflichten von Staaten aus völkerrechtlichen Verträgen regelt (das verkennt offensichtlich Langenecker, S. 47 f.). Insofern folgt nur Teil IV des Wiener Kaufrechts den Bestimmungen der Wiener Vertragsrechtskonvention (vgl. Reinhart, Art. 7 Rdnr. 8; Kappus, S. 190).

2) Methoden autonomer Auslegung

Obwohl das UN-Kaufrecht - unabhängig von den Auslegungsleitlinien des Art. 7 Abs. 1 - die Methoden für seine Auslegung nicht ausdrücklich festlegt[50], folgt schon aus Art. 7 Abs. 2, wonach die Auslegung im Grundsatz aus dem Übereinkommen heraus vorzunehmen ist, daß insoweit der Rückgriff auf nationale Auslegungsmethoden grundsätzlich nicht möglich ist[51].

Jedoch umfaßt im internationalen Einheitsrecht der Begriff der "autonomen Auslegung" die Methoden der grammatikalischen, systematischen, historischen und rechtsvergleichenden Auslegung, wie sie auch innerhalb der meisten Rechtsordnungen vorherrschend sind[52].

Alle diese Auslegungskriterien scheinen wegen ihrer internationalen Verbreitung und einer gewissen Bewährung in den Systemen kodifizierten Rechts insoweit geeignet, auch im internationalen Einheitsrecht den Grundstock für ein methodisch geleitetes Auslegungsverfahren zu bilden[53].

Auszugehen ist danach zunächst von der Textinterpretation[54], wobei die Abkommensauslegung jedoch keinesfalls an der *deutschen* Übersetzung

---

50 Staudinger-Magnus, Art. 7 Rdnr. 30; vgl. auch Diedrich, Auslegung, S. 141: "Art. 7 Abs. 1 normiert nur das Ziel einer konventionskonformen Auslegung, nicht jedoch die anzuwendenden Auslegungsmethoden".

51 v.Caemmerer/Schlechtriem-Herber, Art. 7 Rdnr. 19; Diedrich, Auslegung, S. 56 f.

52 Diedrich, RIW 1993, S. 444; ders., RIW 1995, S. 355 ff; v. Caemmerer/ Schlechtriem-Herber, Art. 7 Rdnr. 19; Frigge, S. 66 f.. Allgemein zu den herkömmlichen Auslegungsmethoden des deutschen Rechts vgl. nur Lutter, JZ 1992, S. 595 f.

53 Kropholler, S. 260; Staudinger-Magnus, Art. 7 Rdnr. 31 ff.

54 Der Text ist - gemäß den allgemeinen Auslegungsregeln - insbesondere in grammatikalischer Hinsicht zu durchleuchten, vgl. auch Larenz, Methodenlehre, S. 320 ff; Staudinger-Magnus, Art. 7 Rdnr. 32; Diedrich, Auslegung, S. 77; v.Cammerer/Schlechtriem-Herber, Art. 7 Rdnr. 20 f.

haften bleiben darf, sondern sich vielmehr an den Originalfassungen zu orientieren hat[55].

Eine zusätzliche Interpretationshilfe ist die Berücksichtigung der systematischen Stellung der auszulegenden Norm im Gesamtzusammenhang der Konvention[56].

Danach ist insbesondere der logisch-systematische Zusammenhang der einzelnen Bestimmungen des UN-Kaufrechts zu berücksichtigen[57].

Denn wenn schon - wie sich aus Art. 7 Abs. 2 ergibt - die allgemeinen dem UN-Kaufrecht zugrunde liegenden Grundsätze zu beachten sind, so muß erst recht die erkennbare Einordnung in das System des Übereinkommens zur Auslegung herangezogen werden können[58].

Führen Wortinterpretation und Gesetzessystematik nicht weiter und soll deswegen auf den Sinn und Zweck einzelner Bestimmungen zurückgegriffen werden, so können hierfür die Materialien[59] herangezogen werden[60].

---

55 Das UN-Kaufrecht wurde in sechs verbindlichen Sprachen abgefaßt (die sog. "UNO-Sprachen"), und zwar in englisch, französisch, spanisch, russisch, arabisch und chinesisch. Die deutsche Übersetzung stellt lediglich eine Übersetzungshilfe dar und ist ungeachtet ihrer Veröffentlichung im Bundesgesetzblatt völkerrechtlich nicht bindend, vgl. Reinhart, Art. 1 VertragsG Rdnr. 3. Bei Auslegungszweifeln sollte daher auf eine der UNO-Sprachen zurückgegriffen werden, vgl. auch Diedrich, RIW 1993, S. 445; MüKo-Martiny, Art. 28 Anh. II Rdnr. 62; v.Caemmerer/Schlechtriem-Herber, Art. 7 Rdnr. 21; Frigge, S. 67; Heilmann, S. 127.

56 Kropholler, S. 271; Staudinger-Magnus, Art. 7 Rdnr. 34; Heilmann, S. 127; vgl. auch Larenz, Methodenlehre, S. 324 f.

57 Siehe hierzu auch Diedrich, Auslegung, S. 79, 313.

58 Magnus, RabelsZ 53 (1989), S. 124.

59 Konferenzverlauf und Konferenzdokumente sind in den Official Records, die Vorberatungen in UNCITRAL und seinen Arbeitsgruppen in den UNCITRAL-Yearbooks wiedergegeben.

60 Herber/Czerwenka, Art. 7 Rdnr. 8; MüKo-Martiny, Art. 28 Anh. II Rdnr. 62; Magnus, RabelsZ 53 (1989), S. 124; Langenecker, S. 51; Staudinger-Magnus, Art. 7 Rdnr. 35.

Hierdurch wird es gegebenenfalls möglich, auf die Regelungsabsicht, die Zwecke, Ziele und Normvorstellungen des Gesetzgebers zu schließen[61].

Gleichsam als "ultima ratio"[62] kann auch eine rechtsvergleichende Interpretation[63] als Auslegungsmethode gerechtfertigt sein.

Allerdings sollte hier behutsam vorgegangen werden, denn das UN-Kaufrecht ist ein Regelungswerk, bei dem die aus den einzelnen Rechtsordnungen entlehnten Bezeichnungen "Sammelbegriffe" sind, die in erster Linie aus dem Zweck und Zusammenhang des Übereinkommens ausgelegt werden müssen[64].
Die isolierte Bedeutung in den jeweiligen nationalen Rechtsordnungen kann daher grundsätzlich nur geringe Beachtung finden und wird im allgemeinen daher nicht geboten sein[65].

3) Anwendung dieser Auslegungsmethoden auf das Problem der Culpa in contrahendo

Ob aufgrund des Schweigens des UN-Kaufrechts zum Rechtsinstitut der Culpa in contrahendo eine - dem *deutschen* Recht vergleichbare - Regelungslücke innerhalb der Konvention anzunehmen ist, muß grundsätzlich ebenfalls anhand der im Rahmen des Art. 7 Abs. 1 festgelegten Auslegungsmethoden ermittelt werden[66].

Eine scharfe Grenze zwischen Interpretation und Rechtsfortbildung kann insoweit nicht gezogen werden, so daß die Lückenfüllung also nur eine Fortsetzung der Auslegung auf einer anderen Stufe ist[67].

---

61 Lutter, JZ 1992, S. 595; Larenz, Methodenlehre, S. 328 f; Diedrich, Auslegung, S. 70 f.

62 Diedrich, RIW 1993, S. 444.

63 Eingehend zur Methode der funktionalen Rechtsvergleichung unten S. 42 f.

64 Diedrich, Auslegung, S. 74.

65 v.Caemmerer/Schlechtriem-Herber, Art. 7 Rdnr. 26; Staudinger-Magnus, Art. 7 Rdnr. 37.

66 Vgl. Magnus, RabelsZ (53) 1989, S. 122, der ebenfalls davon ausgeht, daß der sachliche Regelungsbereich des Abkommens zunächst durch Auslegung bestimmt werden muß.

67 Kropholler, S. 292; Diedrich, RIW 1995, S. 357.

Um die Frage beantworten zu können, ob das UN-Kaufrecht diesbezüglich "lückenhaft" ist, ist allerdings zunächst zu klären, was unter der Materie des Verschuldens bei Vertragsschluß im Anwendungsbereich des Einheitskaufrechts zu verstehen ist.

Der selbstverständliche Grundsatz, daß vom Wortlaut des Textes bzw. der relevanten Bestimmung auszugehen ist, kann hier allerdings nicht weiterhelfen, weil das UN-Kaufrecht die vorvertragliche Haftung mit keinem Wort erwähnt[68].
Diese Auslegungsmethode ist nur dann sinnvoll, wenn die Begriffsbestimmung bzw. Lückenfüllung in der erweiternden oder einengenden Korrektur einzelner normierter Rechtssätze besteht[69].

In diesem Zusammenhang bestimmte Vorschriften des Abkommens dahingehend zu untersuchen, ob Inhalt und Zweck dieser Normen eventuell auch Aussagen über das Verschulden bei Vertragsschluß zulassen[70], ist zumindest an dieser Stelle methodisch falsch und führt zu einem Zirkelschluß.

Voraussetzung für eine solche Untersuchung ist nämlich ein genau definiertes Verständnis von dem Rechtsbegriff bzw. -institut, welches man mit bereits existierenden Normen und vorhandener Gesetzessystematik zu vergleichen sucht[71].
Ein solch allgemeines Verständnis von der Culpa in contrahendo gilt es aber vorliegend erst herauszubilden.

Ebensowenig wird die Heranziehung der Materialien zur Begriffseingrenzung der vorvertraglichen Haftung dienlich sein, da - wie später noch zu zeigen sein wird[72] - die Staatenvertreter auf der Wiener Abschlußkonferenz und bei den beratenden Verhandlungen zwar das Problem des Verschuldens bei Vertragsschluß grundsätzlich erkannt hatten,

---

68 Zur insofern gleichgelagerten Problematik bei der Bestimmung der Höhe des Zinssatzes siehe Reinhart, IPRax 1991, S. 377 sowie Diedrich, RIW 1995, S. 15: weder der Wortlaut einer Vorschrift noch die Systematik des Gesetzes können zur Auslegung herangezogen werden, wenn diesbezüglich keinerlei Aussagen im Gesetzestext gemacht werden.

69 Kropholler, S. 292.

70 Beispielsweise im Wege der Analogie oder aufgrund eines "argumentum e contrario".

71 Zu diesem Prüfungsschritt siehe unten S. 226 ff..

72 Vgl. unten S. 156 ff.

die Diskussionen und Abstimmungen zu diesem Thema jedoch keinerlei Aufschlüsse auf eine einheitsrechtlich autonome Interpretation der Culpa in contrahendo geben.
Gleichwohl wird an späterer Stelle auf diese Art der historischen Auslegung zurückzugreifen sein, um die grundsätzlichen Erwägungen der Delegierten zur vorvertraglichen Haftung bei der Ausarbeitung des UN-Kaufrechts berücksichtigen zu können[73].

Damit verbleibt "nur" noch die Auslegungs- bzw. Bestimmungsmethode der Rechtsvergleichung, mit deren Hilfe festgestellt werden könnte, wie das Institut der Culpa in contrahendo einheitsrechtlich zu verstehen ist und ob aufgrund fehlender expliziter Normierung der vorvertraglichen Haftung eine diesbezügliche Regelungslücke im UN-Kaufrecht vorliegt.

C) Die Methode der Rechtsvergleichung

1) Grundsatz

Wenn oben die Rede davon war, die rechtsvergleichende Methode bei der Auslegung des UN-Kaufrechts eher zurückhaltend anzuwenden, so ergibt sich der Sinn einer solch restriktiven Haltung aus der Tatsache, daß das Wiener Kaufrecht bewußt versucht hat, Begriffe zu verwenden, die nicht bereits in den nationalen Rechten der Vertragsstaaten mit einem gewissen Grundverständnis "vorbelastet" sind[74].

Daraus folgt notwendig, daß für die Auslegung einzelner im Abkommen verwendeter Begriffe der Rückgriff auf national geprägte Auslegungsergebnisse in der Regel untunlich ist.[75].

Etwas anderes muß aber dann gelten, wenn es darum geht, Begriffe und Rechtsinstitute zu definieren, die vom Text des UN-Kaufrechts mit keiner Zeile aufgegriffen werden[76].

---

73 Vgl. unten S. 156 ff.

74 Herber/Czerwenka, Art. 7 Rdnr. 9; Diedrich, Auslegung, S. 74 f.

75 Herber/Czerwenka, Art. 7 Rdnr. 9; v.Caemmerer/Schlechtriem-Herber, Art. 7 Rdnr. 26.

76 Vgl. Diedrich, Auslegung, S. 81 f., 192 ff..

In diesen Fällen können - wie oben gezeigt - die zuvörderst heranzuziehenden Auslegungsmethoden[77] keine Hilfe bieten.

Die Interpretation unnormierter und damit zumeist "unklarer" Rechtsinstitute läßt sich daher regelmäßig nur durch eine rechtsvergleichende Betrachtung erreichen, also dadurch, daß berücksichtigt wird, zu welchem Ergebnis Rechtsprechung und Lehre im den verschiedenen Ländern bei der Auslegung dieser Institute gelangt sind[78], ferner dadurch, daß vorhandene Lücken des Einheitsrechts durch Ermittlung allgemeiner Rechtsgrundsätze geschlossen werden, die sich aus einer Gesamtschau der beteiligten nationalen Rechtsordnungen ergeben[79].

Denn wenn eine ungeregelte Frage im Einheitsrecht auftaucht, so fordert die Feststellung, in welchem Kontext das Problem innerhalb des UN-Kaufrechts steht und ob es sich hierbei um eine echte Lücke des Gesetzes handelt, eine supranationale Begriffs- und Institutsauslegung in Übereinstimmung mit den rechtlichen Konzepten im Sachrecht der Vertragsstaaten[80].

Hierbei wird sich zeigen, daß die Abgrenzung des Tatbestandes "Verschulden bei Vertragsschluß" in den verschiedenen Rechtsordnungen unterschiedlich erfolgt und zudem auch innerhalb der einzelnen materiellen Rechtsordnungen Unklarheit darüber besteht, wann ein Fall der Culpa in contrahendo nun tatsächlich vorliegt[81].

---

77 Etwa die Textinterpretation, die systematische Auslegung oder die Heranziehung der Materialien, wenn letztere - wie im vorliegenden Fall - keine Anhaltspunkte für das in Frage stehende Problem bieten.

78 Mansel, JZ 1991, S. 531. Diedrich, Auslegung, S. 81. Die UNCITRAL-Kommission vereinbarte 1988, daß Urteile von staatlichen Gerichten und Schiedsgerichten, welche in Anwendung der von der UNCITRAL erarbeiteten internationalen Übereinkommen ergangen sind, von den jeweiligen Vertragsstaaten gesammelt und verbreitet werden sollen. Zu diesem Zweck haben die Regierungen zu den einzelnen UNCITRAL-Rechtsquellen sogenannte "national correspondents" zu bezeichnen, die die nationale Rechtsprechung sammeln und an das UNCITRAL-Sekretariat in Wien weiterleiten. Die UNCITRAL gibt nunmehr seit dem Jahre 1993 die Reihe "Case Law on UNCITRAL Texts" (CLOUT) heraus, in der die Entscheidungen veröffentlicht werden. Zu CLOUT und anderen Veröffentlichungen zum internationalen Kaufrecht vgl. Herber, RIW 1995, S. 502 ff.

79 Zweigert/Kötz, Band I, S. 22; Diedrich, Auslegung, S. 81; zum EKG vgl. Dölle-Wahl, Art. 17 Rdnr. 75 f..

80 Diedrich, RIW 1993, S. 448; Heilmann, S. 134 f; Kropholler, S. 299 f.

81 Frick, S. 9.

In diesem Zusammenhang kann die Rechtsvergleichung - und nur sie - dazu beitragen, die gemeinsame Bedeutung eines Begriffs oder den "juristischen Mindestgehalt"[82] eines ganzen Rechtsinstituts in den Vertragsstaaten aufzuhellen und somit auch deren Geltung und Tragweite im UN-Kaufrecht zu klären[83].
Insofern ist es auch durchaus denkbar, daß eine mittels rechtsvergleichender Untersuchungen konkretisierte Lehre von der Culpa in contrahendo als Ergänzung des kodifizierten UN-Kaufrechts übernommen wird[84].

Allerdings ist es notwendig, an dieser Stelle zwischen verschiedenen Formen der Rechtsvergleichung zu differenzieren.

Zweigert/Kötz kategorisieren letztere in "Makro- und Mikrovergleichung".
"Makrovergleichung" meint danach die rechtsvergleichende Untersuchung allgemeiner Methoden des Umgangs mit dem Rechtsstoff, der Verfahren der Schlichtung und Entscheidung von Streitigkeiten oder der Arbeitsweise der mit dem Recht befaßten Juristen.
Die "Mikrovergleichung" hat es demgegenüber mit einzelnen Rechtsinstituten oder Rechtsproblemen zu tun, also mit den Regeln, nach denen bestimmte Sachprobleme oder bestimmte Interessenkonflikte in verschiedenen Rechtsordnungen beurteilt werden[85].

Unter Zugrundelegung dieses Verständnisses geht es bei der Betrachtung der Lehre von der Culpa in contrahendo um konkrete Einzelprobleme und deren Lösungen, so daß eine "mikrovergleichende" Untersuchung anzustellen ist[86].

---

82 Diedrich, Auslegung, S. 82.

83 v.Caemmerer/Schlechtriem-Herber, Art. 7 Rdnr. 26; Ludwig, S. 8.

84 Kropholler, S. 160.

85 Zweigert/Kötz, Band I, S. 5 ; ebenso Drobnig, FS Rheinstein, S. 224 und Diedrich, RIW 1993, S. 448.

86 Es soll aber keineswegs verkannt werden, daß die Grenzen zwischen "Makro- und Mikrovergleichung" fließend sind und beide Formen der Rechtsvergleichung oftmals ineinander übergehen. Denn daß ein bestimmtes Sachproblem im ausländischen Recht auf eine bestimmte Weise gelöst wird, läßt sich häufig nur dann verstehen, wenn die allgemeinen Methoden der fremden Rechtsordnung in die Überlegungen einbezogen werden (so auch Zweigert/Kötz, Band I, S. 6).

2) Funktionale Rechtsvergleichung

Allein die Erkenntnis, ein bestimmtes Problem mit Hilfe der Rechtsvergleichung[87] lösen zu können, führt indes nicht weiter.

Erforderlich ist darüber hinaus vielmehr, ein methodisches Grundprinzip festzulegen, an Hand dessen die rechtsvergleichende Betrachtung vollzogen werden soll[88].

Den internationalen Charakter eines Übereinkommens angemessen zu berücksichtigen, heißt vor allem, bei den sich konkret stellenden materiell-rechtlichen Problemen nicht stur von nationalen juristischen Konstruktionen und Begriffen auszugehen[89].
Gerade fest eingeschliffene Selbstverständlichkeiten bedeuten insoweit eine besonders hartnäckige Barriere für jede Rechtsvereinheitlichung[90].

Dies gilt vor allem dann, wenn ein einheitlicher Tatbestand eines Rechtsinstituts - wie insbesondere bei der Culpa in contrahendo - nicht existiert, sondern im Grunde nur ein Sammelbegriff für unzählige verschiedenartige Lebenssachverhalte vorliegt, je nachdem welcher Art der von den Parteien ins Auge gefaßte Vertrag ist und je nachdem worin das schädigende Verhalten besteht[91].

Hier kann und muß grundsätzlich angenommen werden, daß die Begriffe und Bezeichnungen, die in den verschiedenen nationalen Rechtsordnungen für solche Sachverhalte und juristische Konstruktionen in Gebrauch sind, nicht miteinander übereinstimmen.
Übernationale Systembegriffe lassen sich nur selten finden[92].

Systembegriffe des eigenen nationalen Rechts können aber den Blick auf Ergebnisse verstellen, die sich unabhängig von den dogmatischen

---

87 Gemeint ist im folgenden die "Mikrovergleichung".

88 Zweigert/Kötz, Band I, S. 34.

89 Enderlein/Maskow/Strohbach, Art. 7 Anm. 3; Reinhart, Art. 7 Rdnr. 2.

90 Magnus, RabelsZ 53 (1989), S. 123.

91 Frick, S. 9; Stoll, FS Ferid, S. 505. Das weite Anwendungsfeld kommt schon in dem generalklauselartigen Begriff "Verschulden bei Vertragsschluß" zum Ausdruck.

92 Kropholler, S. 164.

und konstruktiven Unterschieden der Rechtsordnungen (einschließlich des UN-Kaufrechts) in der Rechtswirklichkeit frappierend gleichen[93].

Ebenso wird häufig enttäuscht sein, wer ein in seiner Rechtsordnung bekanntes Sachproblem nur durch die "nationale Brille" betrachtet und deshalb eine entsprechende Regelung im ausländischen Recht nur an dem systematischen Ort sucht, an dem er sie nach den Erfahrungen mit dem heimischen Recht erwartet[94].

Hier wird leicht verkannt, daß jedes Rechtssystem seine ausfüllungsbedürftigen "Lücken" regelmäßig an unterschiedlichen Stellen aufweist[95].

Schließlich ist daran zu denken, daß ein im Heimatrecht des Auslegenden vorkommendes Sachproblem im ausländischen Recht zwar gleichermaßen begegnet, dort jedoch ein völlig anderes rechtstechnisches Mittel zur Lösung herangezogen wird[96].

Dieses Dilemma auszuräumen, ist Zweck der sogenannten "funktionalen", wertenden Rechtsvergleichung[97].

Eine rechtsvergleichende Grunderfahrung ist es, daß zwar jede Gesellschaft ihrem Recht im wesentlichen die gleichen Probleme aufgibt, daß aber die verschiedenen Rechtsordnungen diese Probleme, selbst wenn im Endeffekt die Ergebnisse dieselben sind, auf teilweise völlig unterschiedliche Art und Weise lösen.
Entscheidend muß daher der Zweck eines Rechtsbehelfs oder -instituts sein, nicht seine Bezeichnung[98].

---

93 Lorenz, ZEuP 1994, S. 224.

94 Zweigert/Kötz, Band I, S. 35.

95 Lorenz, ZEuP 1994, S. 218.

96 Kropholler, S. 165.

97 Reinhart, Rechtsfortbildung, S. 601; ders., RIW 1994, S. 447; Mansel, JZ 1991, S. 532; Kropholler, S. 159, 299; Zweigert/Kötz, Band I, S. 34; Diedrich, Auslegung, S. 153.

98 v.Caemmerer/Schlechtriem-Herber, Art. 4 Rdnr. 23 Fn. 43.

Deshalb muß die Ausgangsfrage zu Beginn der Betrachtung rein funktional gestellt werden, das zu untersuchende Problem daher frei von Systembegriffen der eigenen Rechtsordnung formuliert werden[99].

Im Zusammenhang mit der Culpa in contrahendo fragt man daher nicht etwa: Wie regelt das ausländische Recht die vorvertragliche Haftung ?

Sachgerecht formuliert lautete die Frage beispielsweise vielmehr: Wie schützt das ausländische Recht die Partner vor einem ungerechtfertigten Verhandlungsabbruch ? Oder etwa: Wie tragen fremde Rechtsordnungen dem Bedürfnis des Käufers nach ausreichender Aufklärung Rechnung ?

Erst mit Hilfe solch "neutraler" Fragestellungen kann zwischen den jeweiligen nationalen Sachrechten verglichen werden, was dieselbe Aufgabe bzw. Funktion hat.
Befolgt man diese Vergleichsmethode, so ist die Gefahr weitgehend gebannt, an unbekannten Begriffen oder juristischen Konstruktionen sowie an unverständlicher Gesetzessystematik der ausländischen Rechtsordnung zu scheitern.

Ergibt sich nun infolge eines solchen funktionalen Rechtsvergleichs eine Übereinstimmung bei der Einordnung der einzelnen Probleme der vorvertraglichen Haftung in den Sachrechten der Vertragsstaaten, so kann angenommen werden, daß eine entsprechende Begriffsbildung und Auffassung innerhalb des UN-Kaufrechts dem objektivierten Willen des internationalen Gesetzgebers entspricht[100].

Unter Zugrundelegung eines solch einheitlichen Verständnisses über die konkreten Probleme im Rahmen des Verschuldens bei Vertragsschluß kann dann schließlich auch eine Antwort auf die entscheidende Frage gegeben werden, ob im Wiener Kaufrecht in diesem Zusammenhang eine Regelungslücke vorliegt.

---

99 Zweigert/Kötz, Band I, S. 34; Schlechtriem, IPRax 1990, S. 279, der bei der Einordnung von Sachfragen ebenfalls von einer "funktionalen Qualifikation" ausgeht.

100 Diedrich, RIW 1993, S. 448. Die Rechtsvergleichung übt - speziell für diesen Fall - insofern keine bloße Kontrollfunktion mehr aus, sondern besitzt vielmehr eine gewisse normative Kraft, weil sie insoweit für die Entscheidung (des Richters) unmittelbar verwertbare Erkenntnisse liefert.

Schließlich bleibt noch anzumerken, daß die oben beschriebene methodische Vorgehensweise gewisse Ähnlichkeiten mit der internationalprivatrechtlichen Auslegung und Qualifikation im Rahmen einheitlicher Kollisionsregeln aufweist und damit in ihrer Berechtigung durchaus bestätigt wird.

Hinsichtlich der Auslegung im IPR interessiert hier vor allem das "Römische EWG-Übereinkommen über das auf vertragliche Schuldverhältnisse anzuwendende Recht " (EVÜ)[101].

Das EVÜ[102] schafft in seinen Artt. 1-21 einheitliche Kollisionsregeln für vertragliche Schuldverhältnisse, die allseitig gelten sollen und daher in ihrem sachlichen Anwendungsbereich keinen Raum für abweichende Vorschriften des autonomen *deutschen* IPR lassen[103].

In Deutschland ist das EVÜ nicht unmittelbar anwendbar[104]. Der Gesetzgeber hat aber mit den Artt. 27 - 37 EGBGB die Regeln des Abkommens mit geringen Abweichungen in das EGBGB übernommen[105].

Von besonderer Bedeutung ist in diesem Zusammenhang die Vorschrift des Art. 36 EGBGB[106].

Zweck dieser Regelung ist - wie im UN-Kaufrecht[107] - die Sicherstellung der einheitlichen, nicht ausschließlich von nationalen Einflüssen

---

101 BGBl. 1986 II, S. 809 ff.

102 Zum Verhältnis zwischen UN-Kaufrecht und EVÜ vgl. Jayme, IPRax 1989, S. 332 f.

103 Palandt-Heldrich, Vorbem. v. EGBGB 27 Rdnr. 1.

104 Jayme/Kohler, IPRax 1994, S. 413. Art. 1 Abs. 2 des Zustimmungsgesetzes zu diesem Abkommen (BGBl. 1986 II, S. 809) bestimmt, daß die unmittelbare Anwendung der Artt. 1-21 des Abkommens ausgeschlossen ist und daher nur die weitgehend inhaltsgleichen Regeln des EGBGB gelten.

105 Reinhart, RIW 1994, S. 445; Palandt-Heldrich, Vorbem. v. EGBGB 27 Rdnr. 1. Kritisch zu dieser Inkorporation Jayme/Kohler, IPRax 1988, S. 138.

106 Der Wortlaut dieser Regelung lautet: " Bei der Auslegung und Anwendung der für vertragliche Schuldverhältnisse geltenden Vorschriften dieses Kapitels ist zu berücksichtigen, daß die ihnen zugrundeliegenden Regelungen des Übereinkommens vom 19. Juni 1980 über das auf vertragliche Schuldverhältnisse anzuwendende Recht (BGBl. 1986 II, S. 809) in den Vertragsstaaten einheitlich ausgelegt und angewandt werden sollen.". Vgl. zu dieser Vorschrift insbesondere die weiterführenden Ausführungen von Reinhart, RIW 1994, S. 445 ff.

107 Vgl. Diedrich, Auslegung, S. 43.

bestimmten Auslegung der Kollisionsnormen für vertragliche Schuldverhältnisse durch die dazu berufenen Organe aller beteiligten Staaten[108].

Danach hat der *deutsche* Jurist bei der Auslegung der aus dem EVÜ stammenden Normen (Artt. 27-37 EGBGB) zusätzlich zu seinen nationalen Auslegungsregeln dem "internationalen Charakter" der Normen Rechnung zu tragen, um damit eine uniforme Auslegung zu gewährleisten[109].

Eine solch einheitliche Auslegung kann aber nur gelingen, wenn der nationale Auslegungskanon und das gewöhnliche Interpretationsinstrumentarium des heimischen Rechts um die Methode der Rechtsvergleichung bereichert wird, also wenn Rechtsprechung und Lehre der übrigen Vertragsstaaten bei der Auslegung und Anwendung der in Frage stehenden Norm des EVÜ in angemessenem Maße Berücksichtigung finden[110].

Dies gilt nicht nur für die Auslegung im engeren Sinne, sondern vielmehr auch für die Frage, wie bestimmte Rechtsbegriffe und Rechtsinstitute in den übrigen Vertragsstaaten qualifiziert werden[111].

Deshalb dürfen zwar die systematischen Aspekte des heimischen IPR zunächst zugrundegelegt werden, sodann muß aber überprüft werden, ob sie auch mit der Systematik des EVÜ vereinbar sind[112].

Damit sind wir bei einer entscheidenden methodischen Gemeinsamkeit zwischen IPR und Einheitsrecht angelangt.

Hier wie dort ist es notwendig, aufgrund der Internationalität des Rechtsgebietes[113] separate Auslegung und Lückenfüllung seitens der nationalen Rechtsanwender auszuschließen bzw. einzugrenzen[114].

Erreicht wird dieses Ziel durch die rechtsvergleichende Begriffsfindung und Interpretation.

---

108 Reinhart, RIW 1994, S. 446; Magnus, IPRax 1991, S. 384. Beteiligte Staaten sind alle Vertragsstaaten des EVÜ.

109 Reinhart, RIW 1994, S. 447.

110 Reinhart, RIW 1994, S. 447; Erman-Hohloch, Art. 36 EGBGB Rdnr. 3; Magnus, IPRax 1991, S. 384; Mansel, JZ 1991, S. 531.

111 Reinhart, RIW 1994, S. 449 f.; Kropholler, S. 330.

112 Reinhart, RIW 1994, S. 450.

113 EVÜ auf der einen, UN-Kaufrecht auf der anderen Seite.

114 Reinhart, RIW 1994, S. 446; Kropholler, S. 330.

Soweit danach eine Regelungslücke entdeckt wird, muß nach dem Gebot der einheitlichen Auslegung geprüft werden, ob auch in anderen Vertragsstaaten des EVÜ diese Lücke erkannt wurde[115]. Gegebenenfalls wird man ermitteln müssen, wie diese Lücke in den anderen Ländern geschlossen wird[116].
Nichts anderes kann für die Lückenschließung im Einheitsrecht gelten, bei der der Rechtsanwender ebenfalls rechtsvergleichend in die Pflicht genommen wird.

Im übrigen findet sich eine weitere methodische Übereinstimmung zwischen IPR und Einheitsrecht im Zusammenhang mit der Qualifikation.

Im IPR versteht man unter dem Begriff "Qualifikation" die Einordnung einer (neuen) Rechtsfrage bzw. eines Rechtsinstituts in das bestehende System[117].
Sie bildet eine Vorentscheidung für die schließliche Anknüpfung[118]. Da in manchen Ländern Problembereiche unterschiedlichen Rechtsgebieten

---

115 Art. 36 EGBGB, der noch deutlicher als die im EVÜ vergleichbare Vorschrift des Art. 18 gefaßt ist, hat insofern einen "europäischen Auslegungsimperativ", legt dem deutschen Richter also eine Rechtspflicht zur europäisch-einheitlichen Auslegung auf und zwingt ihn daher zwangsläufig zur Anwendung der rechtsvergleichenden Methode (vgl. Reinhart, RIW 1994, S. 449; Jayme/Kohler, IPRax 1988, S. 138).

116 Reinhart, RIW 1994, S. 450.

117 Jayme, Rechtsfortbildung, S. 568; Kegel, S. 240.

118 Zur Anknüpfung der Culpa in contrahendo im IPR siehe nur Nickl, Die Qualifikation der Culpa in contrahendo im Internationalen Privatrecht, 1992; Frick, S. 157 ff; Bernstein, RabelsZ 41 (1977), S. 281 ff.; Fischer, JZ 1991, S. 168 ff; Degner, RIW 1983, S. 825 ff; ders., kollisionsrechtliche Probleme, S. 72 ff.; Kegel, S. 446 f..
Die Anknüpfung der Culpa in contrahendo ist weder im EGBGB noch im EVÜ geregelt. Die deutsche Rechtsprechung unterstellt Ansprüche aus vorvertraglichem Verschulden in der Regel dem Recht, das auf den späteren Vertrag anzuwenden ist oder anwendbar gewesen wäre, wenn der Vertrag zustande gekommen wäre (vgl. BGH, NJW 1987, S. 1141). Vertreten wird aber auch die Anwendung des Deliktsstatuts, da die Voraussetzungen des Rechtsinstituts und die Interessenlage der Parteien denen des Deliktsrechts entsprächen. Eine vermittelnde Ansicht wiederum unterscheidet zwischen den einzelnen Fallgruppen der Culpa in contrahendo: danach unterliegt die Verletzung von Obhutspflichten dem Deliktsstatut, während für vertragsbezogene Aufklärungs - und Vertragsabschlußförderungspflichten das Vertragsstatut maßgebend sein soll. Eine weitere Meinung will schließlich für den Fall, daß der beabsichtigte Vertrags-

oder Teilbereichen des Gesetzes zugewiesen werden, ist die Einordnung in dieses oder jenes Gebiet von zentraler, vorentscheidender Bedeutung[119].

Auch im Rahmen des Einheitsrechts kann der Begriff "Qualifikation" verwendet werden.
Das Problem der Lückenfüllung und die damit verbundene genaue Abgrenzung des Regelungsbereichs des UN-Kaufrechts führen auf die grundsätzlich gleiche Frage zurück: Was ist in diesem Übereinkommen geregelte Materie (Art. 7 Abs. 2) ?[120]
Demnach geht es auch hier um die Einordnung der in Frage stehenden Materie - beispielsweise des Rechtsinstituts der Culpa in contrahendo - in das Regelungssystem des UN-Kaufrechts, mithin um die Qualifikation desselben[121].

Die im IPR entbrannte Streitfrage, wie die Qualifikation im einzelnen vorzunehmen ist, braucht hier nicht entschieden zu werden[122].
Die heute wohl h.L. sieht die Qualifikation als in der lex fori vorgegeben an[123], in der Literatur ist aber ebenso eine Qualifikation nach der lex causae[124] wie auch eine - unabhängig von der im Rahmen des EVÜ sowieso gebotenen - rechtsvergleichende ("autonome") Qualifikation versucht worden[125].

Entscheidend ist aber vielmehr, daß im IPR die Qualifikation von Rechtssätzen und Rechtsinstituten auf funktionaler Ebene geschehen muß[126] und daher mit der oben beschriebenen funktionalen Rechtsvergleichung im Rahmen des Einheitsrechts in Einklang steht.

---

schluß scheitert, ein eigenes Verhandlungsstatut bestimmen (vgl. zum ganzen Scheffler, IPRax 1995, S. 20 f.).

119 Deutsch, IPRax 1992, S. 284.

120 v.Caemmerer/Schlechtriem-Schlechtriem, Einl. III.

121 v.Caemmerer/Schlechtriem-Schlechtriem, Einl. III; im Einheitsrecht muß - um zur internationalem Rechtsanwendungsgleichheit zu gelangen - diese Qualifikation rechtsvergleichend erfolgen.

122 Ebensowenig die Frage, nach welchem Statut die Culpa in contrahendo im IPR anzuknüpfen ist, vgl. oben Fn. 118.

123 Vgl. nur Kegel, S. 246 m.w.N.

124 Siehe Kegel, S. 248 f.

125 Deutsch, IPRax 1992, S. 284; Kegel, S. 251 ff.

126 Jayme, IPRax 1984, S. 163; ders., IPRax 1983, S. 192; Firsching/v.Hoffmann, S. 204; Nickl, S. 20 Fn. 1.

Rechtsfiguren und -konstruktionen sind danach - losgelöst von der lex fori[127] - nach ihrem Sinn und Zweck zu erfassen und anhand ihrer Funktion im Rechtsleben einzuordnen.
Dahinter steckt der Gedanke, daß regelmäßig nur die Art der Problemlösung von Rechtsordnung zu Rechtsordnung unterschiedlich ist, der dahinterstehende Regelungszweck aber grundsätzlich der gleiche bleibt[128].
Damit steht zugleich aber auch fest, daß die funktionale Qualifikation "gezwungenermaßen" auch ein erhebliches rechtsvergleichendes Element besitzt.
Die dem *deutschen* Rechtsanwender dabei obliegende Aufgabe ist es, die Vorschriften des ausländischen Rechts nach ihrem Sinn und Zweck zu erfassen, ihre Bedeutung vom Standpunkt des ausländischen Rechts zu würdigen und sie mit Einrichtungen der *deutschen* Rechtsordnung zu vergleichen[129].

Damit verfolgen funktionale Qualifikation im IPR und funktionale Rechtsvergleichung im Einheitsrecht dasselbe Ziel: ein von der Regelungssystematik der materiellen lex fori losgelöstes Verständnis der Begriffe.

3) Auswahl der zu vergleichenden Rechtsordnungen

Streng genommen erfordert die funktionale Rechtsvergleichung im Rahmen des UN-Kaufrechts die Einbeziehung der Rechtsordnungen sämtlicher Vertragsstaaten.

Die Berücksichtigung sämtlicher nationaler Rechte ist aber nicht nur mühsam, sondern in der Praxis zumeist nicht realisierbar[130].
Mann bringt das Problem auf den Punkt, wenn er fragt: " Wie soll der durchschnittliche Richter, der am durchschnittlichen Gericht mit einer

---

[127] Wenngleich die lex fori durchaus Ausgangspunkt der Ermittlung sein kann.

[128] Firsching/v.Hoffman, S. 205; Zweigert/Kötz, Band I, S. 37.

[129] Firsching/v.Hoffmann, S. 205.

[130] Diedrich, RIW 1993, S. 448; Zweigert/Kötz, Band I , S. 44; Kropholler, S. 257; Drobnig, FS Rheinstein, S. 222. Besondere Beachtung muß in diesem Zusammenhang auch die Tatsache finden, daß das UN-Kaufrecht gemäß Art. 91 eine für alle Staaten der Erde "offene" Konvention ist, so daß der Kreis der potentiell zu berücksichtigenden Rechtsordnungen wohl stetig ansteigen wird.

durchschnittlichen Bibliothek arbeitet, die allgemeinen Grundsätze feststellen, die zur Füllung von Lücken führen könnten ?"[131].

Bei näherer Betrachtung erscheint es aber auch möglich, den Kreis der zum Vergleich heranzuziehenden Rechtsordnungen und Lösungsmöglichkeiten erheblich einzugrenzen, ohne das Ergebnis der rechtsvergleichenden Untersuchung gleichzeitig zu verfälschen.

Die Erfahrung zeigt nämlich, daß in ihrer Entwicklung reife Rechtssysteme Gegenstand der Rezeption oder umfänglicher Nachahmung sind und waren und imitierende Rechtsordnungen im allgemeinen im Stil der Rechtsordnung verbleiben, von der sie sich ableiten[132].

Demnach ist für eine einzelne Sachfrage in den verschiedenen Rechtsordnungen der Welt meist nur eine beschränkte Zahl von Lösungen entwickelt worden[133].

Unter diesen Umständen kann sich der Rechtsvergleicher durchaus auf die Durchsicht der großen "Mutterrechtsordnungen" beschränken, ohne dabei Gefahr zu laufen, ganze Rechtsfamilien zu übersehen[134].

Es stellt sich mithin die Frage, ob dieses Auswahlkriterium auch im Rahmen des UN-Kaufrechts zu sachgerechten Ergebnissen führt, wenn es um die Untersuchung ungeregelter Probleme der Kodifikation geht.

Eine exemplarische Auswahl könnte beispielsweise zwischen den großen Rechtskreisen unter den Vertragsstaaten getroffen werden, die in ihrer Methodik besonders stark voneinander abweichen[135], namentlich also zwischen dem deutschen, romanischen, anglo-amerikanischen und nordischen Rechtskreis[136].

---

131 Mann, JZ 1975, S. 17.

132 Zweigert/Kötz, Band I, S. 44.

133 Drobnig, FS Rheinstein, S. 225.

134 Kropholler, S. 162; Zweigert/Kötz, Band I, S. 44 f; Dölle-Wahl, Art. 17 Rdnr. 75. Zurückhaltend Reinhart, Rechtsfortbildung, S. 616 f. und Drobnig, FS Rheinstein, S. 224.

135 Siehe auch Diedrich, RIW 1995, S. 358 Fn. 52.

136 Vgl. zu den Wesensmerkmalen der großen Rechtskreise Zweigert/Kötz, Band I, S. 72 ff, 87 ff. Das sozialistische Rechtssystem dürfte nach dem Zusammenbruch der kommunistischen Gesellschaftsform keine große Bedeutung mehr haben (so auch v.Caemmerer/Schlechtriem-Schlechtriem, Art. 11 Rdnr. 3 Fn. 5).

In diesem Zusammenhang muß auch die Tatsache berücksichtigt werden, daß sich bei der Ausarbeitung der Konvention insbesondere die Interessenvertreter der kontinental-europäischen und anglo-amerikanischen Länder gegenüberstanden und versuchten, aus ihren Rechtsordnungen so viel wie möglich in das Wiener Kaufrecht "hinüberzuretten"[137].

Daraus wird deutlich, daß es bei der Schaffung des Abkommens nicht in erster Linie darum ging, den juristischen Vorstellungen und Wünschen sämtlicher Vertragsstaaten gerecht zu werden.
Das UN-Kaufrecht stellt keineswegs ein Mosaik aus Teilen der nationalen Rechtsordnungen dar, sondern bietet vielmehr eigenständige Lösungen an[138].
Auf die nationalen Rechtsordnungen sollte aber insoweit Rücksicht genommen werden, als Lösungen gewählt wurden, die sich in möglichst viele der nationalen Rechtsordnungen ohne Systembrüche oder andere Schwierigkeiten einfügen ließen[139].
Internationales Einheitsrecht - und so auch das UN-Kaufrecht - ist daher notwendigerweise ein Produkt von Kompromissen, indem jeder Staat bis zu einem gewissen Grad inhaltliche Idealvorstellungen zugunsten der Gemeinschaftslösung preisgeben muß[140].

Nun konnte bei der Ausarbeitung des Wiener Kaufrechts allerdings festgestellt werden, daß sich diese Idealvorstellungen der verschiedenen Rechtsordnungen zumeist in gröbere Kategorien einordnen ließen, nämlich in verschiedene Rechtsfamilien, die dem gleichen Rechtssystem bzw. dem gleichen Rechtsstil folgten.

---

137 Ludwig, S. 2 ff.

138 Enderlein/Maskow/Strohbach, Einl. Anm. 2.6.; Art. 7 Anm. 3.

139 Siehe zu dieser Methode der Kodifizierung von Einheitsrecht Kropholler, S. 256 f. Die Vorbehaltsmöglichkeit des Art. 92 dient daher insbesondere dazu, den sich insoweit "übergangen" gefühlten Staaten trotzdem die Ratifikation der Konvention zu ermöglichen.

140 Kropholler, S. 20; Schlechtriem, IPRax 1990, S. 283.

Letztendlich kristallisierte sich dabei insbesondere der Interessenwiderstreit zwischen den Rechtssystemen der Länder des Civil Law[141] und denen des Common Law[142] heraus, den man durch die Schließung tragfähiger Kompromisse beilegen wollte[143].

Demnach kann man behaupten, daß die vom Civil Law geprägten kontinental-europäischen Länder und die auf das Common Law aufbauenden anglo-amerikanischen Staaten pars pro toto für Rechtssysteme standen, deren Gegensätze es bei der Ausarbeitung des Einheitsrechtes zu überwinden galt[144].

Dies rechtfertigt es meines Erachtens auch, den vorzunehmenden Rechtsvergleich auf die Rechtsordnungen gewisser kontinental-europäischer Vertragsstaaten und solchen des anglo-amerikanischen Rechtskreises zu beschränken[145].

Die kontinental-europäischen Länder werden insbesondere vom deutschen, romanischen und nordischen Rechtskreis repräsentiert.

Der nordische Rechtskreis[146] hat bei der vorliegenden Untersuchung allerdings außer Betracht zu bleiben.
Nicht etwa deswegen, weil die Einbeziehung dieses Rechtskreises an der fehlenden Sprachkenntnis scheitern muß[147], sondern vielmehr auf-

---

141 Das Civil Law ist charakteristisch für die kontinental-europäischen Rechtsordnungen.

142 Das Common Law ist insbesondere im anglo-amerikanischen Rechtskreis vorherrschend.

143 Dieser Kompromißcharakter des UN-Kaufrechts spiegelt sich insbesondere in den Regeln über den Vertragsschluß (Artt. 14-24) wider. In diesem Bereich folgen beide Rechtssysteme jeweils besonderer, eigener Systematik und Methodik, vgl. Enderlein/Maskow/Strohbach, Einl. Anm. 2.5; Ludwig, S. 4; Reinhart, vor Art. 14 Rdnr. 2.

144 Ludwig, S. 3 f; Farnsworth, Problems, S. 18 f. Vgl. auch v.Caemmerer/Schlechtriem-Schlechtriem, Einl. III., der von einer "Symbiose von Common Law und kontinentalem Recht" spricht.

145 Vgl. auch Stathopoulos, AcP 194 (1994), S. 544, der seiner rechtsvergleichenden Betrachtung von Problemen der Vertragsbindung und Vertragslösung ebenfalls die "drei großen Rechtskreise" zugrundelegt.

146 Namentlich die Rechtsordnungen Dänemarks, Finnlands, Norwegens und Schwedens.

grund der Tatsache, daß dem nordischen Rechtskreis der rechtlich relevante Bezug zu dem hier zu untersuchenden Problem des Verschuldens bei Vertragsschluß fehlt.

Zu Recht verlangt *Reinhart* bei der Auswahl zum Vergleich heranzuziehender Rechtsordnungen, daß ein solcher "rechtlich relevanter Bezug" beispielsweise zwischen der auszulegenden *deutschen* Sachnorm zur vergleichbaren Sachnorm im ausländischen Recht hergestellt werden kann[148].

Es sollen daher nicht "blindlings" sämtliche Rechtsansichten berücksichtigt werden, sondern nur solche, die hinsichtlich des konkreten Sachproblems in rechtlicher Art und Weise "betroffen" sind.

Zwar kann ein solcher Bezug regelmäßig zwischen Vertragsstaaten einer einheitsrechtlichen Konvention angenommen werden[149], doch muß auch hier genau geprüft werden, inwieweit die Vertragsstaaten mit dem zu lösenden Problem konfrontiert werden.

In Verhältnis zu den nordischen Staaten ergibt sich hierbei aber eine Besonderheit:

Dänemark, Finnland, Norwegen und Schweden haben von der Vorbehaltsmöglichkeit des Art. 92 Gebrauch gemacht und die Geltung des Teil II des Übereinkommens ausgeschlossen[150].

Nachdem sich Teil II des UN-Kaufrechts mit dem "Abschluß des Vertrages" befaßt und vorliegend die Problematik des "Verschuldens bei Vertragsschluß" im Vordergrund steht, kann ein relevanter Bezug zwischen den Lösungen der Rechtsordnungen der nordischen Staaten und der Behandlung der Culpa in contrahendo im Rahmen der Konvention nicht bestehen.

Das ergibt sich schon zwingend aus der Tatsache, daß die den Vorbehalt erklärenden Staaten gemäß Art. 92 Abs. 2 hinsichtlich der ausge-

---

147 Auf diese Schwierigkeit weisen aber Zweigert/Kötz ausdrücklich hin (vgl. Band I, S. 45).

148 Reinhart, Rechtsfortbildung, S. 617.

149 Reinhart, Rechtsfortbildung, S. 617.

150 Piltz, § 1 Rdnr. 12; Reinhart, Art. 92 Rdnr. 3.

schlossenen Materie nicht als "Vertragsstaat" im Sinne des Art. 1 Abs. 1 gelten[151].

Soweit danach für die kontinental-europäischen Länder der deutsche und der romanische Rechtskreis als Vergleichsobjekte verbleiben, soll für ersteren exemplarisch die *deutsche, österreichische* und *schweizerische* Rechtsordnung stehen, während der letztgenannte durch das Recht *Frankreichs* und *Italiens* repräsentiert wird[152].

Die anglo-amerikanische Rechtsfamilie - und damit das System des Common Law - läßt sich mit Hilfe der Rechtsordnungen[153] *Englands* und der *Vereinigten Staaten von Amerika* darstellen.

Die diesbezügliche Auswahl mag auf den ersten Blick befremdlich erscheinen.

Zum einen könnte an der Notwendigkeit gezweifelt werden, neben der "Mutterordnung" *Englands*[154] auch die "Tochterordnung" Nordamerikas in die Untersuchung einzubeziehen.
Gleichwohl darf hier nicht übersehen werden, daß das *englische* Rechtssystem zwar Vorbild für jenes der *USA* gewesen ist, das Recht der Vereinigten Staaten jedoch einen so eigen geprägten Stil entwickelt hat[155], daß es angebracht erscheint, es in einem Rechtsvergleich gesondert zu betrachten[156].

---

151 Reinhart, Art. 92 Rdnr. 5; Enderlein/Maskow/Strohbach, Art. 92 Anm. 6; v.Caemmerer/Schlechtriem-Schlechtriem, vor Artt. 14-24 Rdnr. 10. Obwohl das Rechtsinstitut der Culpa in contrahendo auch Bezüge zu Regelungen des UN-Kaufrechts aufweist, die nicht unmittelbar unter die Artt. 14-24 fallen, so liegt der Schwerpunkt der Betrachtungen jedoch im Bereich des Vertragsabschlusses (wie schon der Begriff "Verschulden bei Vertragsschluß" verdeutlicht).

152 So auch Zweigert/Kötz, Band I, S. 45.

153 Der Begriff ist hier im weitesten Sinne zu verstehen.

154 Ludwig, S. 4; Diedrich, Auslegung, S. 59.

155 Zu nennen ist hier nur die Schaffung des Uniform Commercial Code (UCC) im Bereich des Handelsrechts. Vgl. auch Diedrich, Auslegung, S. 38 Fn. 81.

156 Zweigert/Kötz, Band I, S. 45. Bonell spricht auch von einer "Emanzipation des nordamerikanischen Rechts gegenüber dem englischen Mutterrecht" (vgl. RabelsZ 58 (1994), S. 33).

Zum anderen könnte die Heranziehung der Rechtsordnung *Englands* verwundern, hat *England* das Wiener Übereinkommen doch gar nicht ratifiziert[157] und eine baldige Ratifikation auch nicht in Aussicht gestellt[158].
Trotzdem bleibt das *englische* Recht das "Mutterrecht" der Common-Law-Familie, auf dessen Grundlage die Rechtsordnungen der anderen Common Law Länder weitestgehend aufbauen[159].
Fast ein Drittel der Weltbevölkerung lebt heute in Gebieten, deren Recht vom Common Law geprägt ist, welches *Großbritannien* im Zuge der kolonialen Expansion in zahlreichen Ländern verbreitete[160].
Demzufolge ist und bleibt das *englische* "Mutterrecht" prägender Faktor für all die Vertragsstaaten, deren Rechtsordnungen das Common Law zur Basis haben, so daß es daher auch gerechtfertigt erscheint, das *englische Recht* - pars pro toto für die angelsächsische Rechtsfamilie - exemplarisch einer rechtsvergleichenden Untersuchung zu unterziehen[161].

D) Das *deutsche* Recht als Ausgangspunkt der Betrachtung

1) Die *deutsche* Dogmatik

Bei der nachfolgenden Untersuchung, ob das Rechtsinstitut der Culpa in contrahendo einer Regelung durch das UN-Kaufrecht zugänglich ist, sollen die dogmatischen Grundlagen des *deutschen* Rechts Ausgangspunkt sämtlicher Prüfungsschritte sein.

---

157 Vgl. Piltz, NJW 1994, S. 1101.

158 Ludwig, S. 10.

159 Ludwig, S. 4; Diedrich, Auslegung, S. 195.

160 Zweigert/Kötz, Band I, S. 254 f. Auch heute noch stehen viele souveräne Staaten als Mitglieder des Commonwealth unter starkem Einfluß der britischen Krone.

161 Vgl. Diedrich, Auslegung, S. 195. Hinzu kommt, daß England der einzige Common-Law-Staat war, der von Anfang an auch schon bei den Vorarbeiten zum Haager Einheitskaufrecht vertreten war und kontinuierlich seine Vorstellungen zur Verwirklichung international einheitlichen Kaufrechts erbringen konnte.

Daß überhaupt ein Blick auf die juristischen Grundlagen dieses Rechtsinstituts geworfen werden soll, ergibt sich aus der Überlegung, daß ein "dogmatisches Gerüst" sehr hilfreich für rechtsvergleichende Betrachtungen ist und die sachdienlichen Fragestellungen erheblich erleichtern kann[162].
Es läßt sich insoweit auf die bewährte rechtsvergleichende Regel zurückgreifen, mit der Klarlegung des eigenen Rechts zu beginnen und von daher rechtsvergleichend fortzudenken[163].

Zunächst muß daher klargestellt werden, was an Erfahrungen und Grundsätzen schon vorliegt, damit nicht "ins Blaue hinein gearbeitet oder unnütze Wege gemacht werden"[164] und gewissermaßen eine "Einführung" in die Problematik gegeben werden kann.
Um zu einer solchen Erkenntnis zu gelangen, bedarf es aber einer näheren Ansicht der dogmatischen Struktur des Rechtsinstituts der Culpa in contrahendo.

Allerdings läßt sich nun fragen, warum gerade die *deutsche* Dogmatik und nicht die eines anderen Vertragsstaates an den Anfang der Untersuchung gestellt wird.

Zur Beantwortung dieser Frage läßt sich zunächst auf die Entstehungsgeschichte des Rechtsinstituts der Culpa in contrahendo zurückgreifen.
Die Culpa in contrahendo ist von *Rudolf von Jhering* entdeckt worden[165], insofern also ein speziell "*deutsches* Gewächs"[166], das dem BGB entstammt[167].
Daher ist es naheliegend, die dogmatische Struktur des Rechtsinstituts zunächst innerhalb der Rechtsordnung zu klären, in der die "Wurzeln" dieser Rechtsfigur liegen.

---

162 Großfeld, AcP 184 (1984), S. 295; Küpper, S. 30.

163 Großfeld, AcP 184 (1984), S. 295.

164 Zweigert/Kötz, Band I, S. 33.

165 v.Jhering, JherJB 4 (1861), S. 1 ff. Vgl. auch unten S. 78.

166 Fischer, JZ 1991, S. 168; s.auch Diedrich, RIW 1995, S. 354.

167 Huber, IPRax 1988, S. 149.

Die Culpa in contrahendo spielt außerdem - wie später noch zu zeigen sein wird - im deutschen Rechtskreis eine weitaus größere Rolle als in den übrigen, nicht zu diesem Rechtskreis gehörenden Vertragsstaaten des UN-Kaufrechts.
Aus dieser Tatsache haben sich Konsequenzen für die praktische Rechtsanwendung in *Deutschland* ergeben:
Die Erscheinungsformen dieses Rechtsinstituts sind im *deutschen* Recht durchweg vielfältiger als in ausländischen Rechtsordnungen, in denen die vorvertragliche Haftung keine solch wichtige Rolle einnimmt[168].
Dementsprechend hat in *Deutschland* im Laufe der Jahre eine gründliche Bearbeitung des Themas in der Literatur stattgefunden und sich auch eine gefestigte Rechtsprechungspraxis herausgebildet.
Die Analyse der Culpa in contrahendo in Anlehnung an die Rechtsordnung - hier *deutsches* Recht - zu beginnen, in der Systematik und Anwendungsbereich dieser Rechtsfigur durch Lehre und Rechtsprechung in fundamentaler und akribischer Weise untersucht worden sind, erscheint daher hilfreich und sinnvoll.
Anhand der Vielzahl von Entscheidungen *deutscher* Gerichte, die unter dem Stichwort "vorvertragliche Haftung" ergangen sind, läßt sich darüber hinaus wertvolles Anschauungs- und Vergleichsmaterial gewinnen, welches zum besseren Verständnis der möglicherweise auftauchenden Probleme beiträgt.

Schließlich sei noch an die eingangs formulierte "Regel" erinnert, wonach der Rechtsvergleicher als Basis seiner Untersuchung möglichst die eigene Rechtsordnung zugrundelegen soll.
Erst wenn die Problemstellung im eigenen Recht bekannt ist, können vernünftige Fragen an das fremde ausländische Recht gestellt werden[169].

---

168 Vgl. Nirk, RabelsZ 18 (1953), S. 310 ff.

169 Siehe auch Huber, IPRax 1988, S. 149. Huber betont in diesem Zusammenhang, daß es auch im Einheitsrecht unvermeidbar ist, daß bei der Beurteilung von Sachproblemen Erfahrungen und Traditionen des jeweils eigenen Rechts eingehen.

2) Die Bildung von Fallgruppen

Folgt man dem oben beschriebenen "Funktionalitätsprinzip"[170], so muß Angelpunkt jeder Rechtsvergleichung das konkrete Sachproblem sein[171].
Wer in einer ausländischen Rechtsordnung diejenigen Regeln auffinden will, die bestimmten eigenen funktional gleichwertig sind, der muß zunächst die Problemfälle innerhalb des heimischen Rechts analysieren und benennen.
Diese Vorgehensweise ist insbesondere dann notwendig, wenn eine Rechtsfigur wie die "Culpa in contrahendo" unterschiedlichste Lebenssachverhalte zu regeln sucht.
Jene Sachverhaltsvarianten müssen nach Problembereichen geordnet werden, um nicht den Überblick über die konkret anstehenden Fragen zu verlieren.

Von daher ist es sinnvoll, die Anwendungsvielfalt des Komplexes "Verschulden bei Vertragsschluß" durch Bildung von Fallgruppen mit jeweils spezifischer Fragestellung - so, wie es die *deutsche* Rechtswissenschaft durchgängig praktiziert[172] - anschaulicher und damit verständlicher zum machen.
Die Fallgruppenbildung ist gewissermaßen die zwingende Voraussetzung für eine funktionale Problembetrachtung.

Mittels einer solchen "Typologie der kritischen Fälle"[173] fällt nicht nur der Vergleich mit den Lösungen anderer Rechtsordnungen leichter, sie macht darüber hinaus auch die Klärung der Frage einfacher, ob der von der Lehre der Culpa in contrahendo erfaßte Lebenssachverhalt sich noch innerhalb des sachlichen Regelungsbereichs des UN-Kaufrechts bewegt[174].

---

170 Vgl. oben S. 42 ff.

171 Zweigert/Kötz, Band I, S. 35.

172 Küpper, S. 26 f; Fikentscher, S. 70; Medicus, Gutachten, S. 487

173 Kropholler, S. 313.

174 Siehe hierzu unten S. 190 ff.

Aus den oben genannten Gründen soll auch hinsichtlich der Einteilung der verschiedenen Fallgruppen das *deutsche* Recht Anknüpfungspunkt sein[175].

E) Zusammenfassung

Die Culpa in contrahendo ist im UN-Kaufrecht nicht ausdrücklich geregelt.
Die rechtliche Beurteilung dieses Rechtsinstituts kann dem Regelungsbereich der Konvention daher nur im Wege der Rechtsfortbildung angepaßt werden.
Daher ist es unabhängig davon, ob und wie die Problematik der vorvertraglichen Haftung im einzelnen behandelt und gelöst wird, für die Legitimation einer Rechtsfortbildung wesentlich, ob die aufgeworfenen Fragen in den Rechtsordnungen der Vertragsstaaten überhaupt als rechtlich bedeutsam erkannt und diskutiert werden[176].

Dabei gilt es, sich von den Erfahrungen, Traditionen, Begriffen und Regelungstechniken des heimischen Rechts gedanklich zu lösen, um zu einer international akzeptablen Problemlösung gelangen zu können.

Gewissermaßen im Stadium allgemeiner Vorüberlegungen dient die Rechtsvergleichung dazu, die zur Vereinheitlichung geeigneten Materien des Verschuldens bei Vertragsschluß zu eruieren[177].

Die gebotene rechtsvergleichende Untersuchung ist auf funktionaler Ebene durchzuführen, weil im Recht nur vergleichbar ist, was dieselbe Aufgabe, dieselbe Funktion erfüllt[178].

---

175 Siehe auch Nickl, S. 20, der eine Anlehnung an die im deutschen Recht gebildeten Fallgruppen ebenso im Rahmen der funktionalen Qualifikation im internationalen Privatrecht befürwortet.

176 Küpper, S. 93 f.

177 Kropholler, S. 255.

178 Zweigert/Kötz, Band I, S. 34.

Dies gilt im besonderen dann, wenn ein Rechtsinstitut betrachtet wird, das - wie die Culpa in contrahendo - mannigfaltige Situationen im Rechtsleben erfaßt.

Die vergleichende Darstellung erstreckt sich auf Rechtsordnungen des deutschen, romanischen und anglo-amerikanischen Rechtskreises, deren Rechtsvorstellungen der Systematik und auch einzelnen Vorschriften des UN-Kaufrechts maßgeblich zugrundeliegen und deren Ge-gensätze es bei der Ausarbeitung der Konvention zu überwinden galt[179].

Ausgangspunkt für sämtliche Überlegungen sind die verschiedenen Fallgruppen der Culpa in contrahendo, wie sie im Rahmen der Dogmatik des *deutschen* Rechts entwickelt wurden.

---

179 Vgl. nur für die Vertragsabschlußregeln Reinhart, vor Art. 14 Rdnr. Rdnr. 2.

IV) Gang der Untersuchung

In dem nachfolgenden einleitenden Teil soll zunächst die Bedeutung der Culpa in contrahendo für grenzüberschreitende Kaufverträge aufgezeigt werden.
Dabei wird deutlich werden, daß die Problematik des Verschuldens bei Vertragsschluß im Rahmen des einheitlichen Kaufrechts keineswegs nur in der "Theorie" auftaucht, sondern im Zuge der weltweiten Etablierung des UN-Kaufrechts auch in der kaufvertraglichen Praxis zunehmend eine Rolle spielen wird.
In diesem Zusammenhang muß auch ein Blick auf die Entstehungsgeschichte und Entwicklung des Wiener Kaufrechts selbst geworfen werden, um die praktische Relevanz des Themas dieser Arbeit zu verdeutlichen.

Die Antwort auf die Frage, ob die Haftung aus Culpa in contrahendo in das Regelungssystem des UN-Kaufrechts eingeordnet werden kann, verlangt eine materiellrechtliche Analyse der Rechtsnatur dieses Rechtsinstituts und der von ihm erfaßten Sachprobleme.

Deshalb beginnt der Hauptteil der Arbeit mit der Untersuchung der dogmatischen Grundlagen der vorvertraglichen Haftung.
Ausgegangen wird hier zunächst vom Verständnis des deutschen Rechtskreises, welches später auf Verwandtschaften und Unterschiede mit den strukturellen Vorstellungen anderer Rechtsordnungen zu vergleichen und zu überprüfen ist.

In Anlehnung wiederum an das *deutsche* Recht erfolgt sodann die "funktionale Aufteilung" der Culpa in contrahendo in verschiedene Tatbestände, die die von dem Rechtsinstitut behandelten Sachprobleme formulieren und veranschaulichen. Die Vorgehensweise entspricht den oben aufgestellten methodischen Grundsätzen.

Durch Bildung solcher Fallgruppen können die von der Culpa in contrahendo erfaßten Lebenssachverhalte übersichtlich gestaltet und vor allem sachgerecht gegeneinander abgegrenzt werden.

Die anschließende rechtsvergleichende Betrachtung dient schließlich der Feststellung, wie die übrigen Vertragsstaaten die sich im vorvertraglichen Stadium ergebenden Probleme behandeln und lösen.
Hier wird sich nunmehr zeigen, ob und gegebenenfalls in welchem Umfang eine supranationale Verständigung in Bezug auf die Materie des Verschuldens bei Vertragsschluß möglich ist.
Der gefundene "gemeinsame Nenner" bleibt sodann mögliche Basis für eine einheitsrechtliche Lückenschließung.

Im Anschluß daran fällt der Blick auf die Behandlung der Culpa in contrahendo im Rahmen der Vorberatungen zum UN-Kaufrecht.

Dieser Prüfungsschritt kann methodisch auch als "Heranziehung der Materialien" bezeichnet werden, weil insoweit herausgefunden werden soll, wie die Väter der Konvention die Rolle der vorvertraglichen Haftung der Parteien im UN-Kaufrecht sahen und ob aus dem Beratungsergebnis eventuell Rückschlüsse auf das hier in Frage stehende Problem der "Regelungslücke" gezogen werden können.

Anschließend wird zu prüfen sein, ob die in den unterschiedlichen Fallgruppen der Culpa in contrahendo angesprochenen Sachverhalte von dem in Art. 4 beschriebenen sachlichen Regelungsbereich des Abkommens erfaßt werden.

Auch hier sind die aufgrund der rechtsvergleichenden Betrachtung gewonnenen Ergebnisse von besonderer Bedeutung, weil nur unter Zugrundelegung international akzeptabler Lösungsansätze zu eruieren ist, ob das UN-Kaufrecht seine Anwendbarkeit ausgeschlossen wissen will oder ob es im konkreten Fall lediglich "lückenhaft" - und damit grundsätzlich ergänzbar - ist.

Sodann sind diejenigen Tatbestände der Culpa in contrahendo, welche die "Hürde" des Art. 4 genommen haben und somit vom generellen Regelungsbereich des Abkommens umfaßt werden, der weiteren Prüfung zu unterziehen, ob die von ihnen angesprochenen Lebenssachverhalte nicht bereits durch konkrete Vorschriften des UN-Kaufrechts erfaßt und abschließend geregelt werden.

Soweit dieses Ergebnis festzustellen ist, kann von einer ergänzungsfähigen "Lücke" der Konvention nicht mehr gesprochen werden, so daß das Institut der Culpa in contrahendo auf solche Materien keine Anwendung findet.

Die danach zur weiteren Untersuchung verbleibenden Tatbestände vorvertraglicher Haftung sind schließlich auf ihre "Vereinbarkeit" mit der Systematik, den Wertungen sowie einzelnen Bestimmungen des UN-Kaufrechts hin zu überprüfen.

Einer etwas ausführlicheren Betrachtung bedürfen hierbei die Regeln über den Abschluß von Verträgen (Artt. 14-24), insbesondere die Rücknahme (Art. 15) und der Widerruf (Art. 16) eines im Rahmen des Einheitsrechts unterbreiteten Vertragsangebotes.

Aus methodischer Sicht sind bei diesem Prüfungsschritt vor allem die Grundsätze der Analogie und des "argumentum a maiore ad minus" zur Anwendung zu bringen, die vorrangig vor einem Rückgriff auf die dem Abkommen zugrundeliegenden allgemeinen Prinzipien zu beachten sind.

Abschließend wird zu zeigen sein, daß durch die genaue Analyse bestimmter Regelungen des UN-Kaufrechts die Frage geklärt werden kann, wie das Problem des Verschuldens bei Vertragsschluß im Rahmen des UN-Kaufrechts zu behandeln ist.

V) Die Bedeutung der Culpa in contrahendo für grenzüberschreitende Kaufverträge

Um die praktische Relevanz der hier zu untersuchenden Frage zu verdeutlichen, soll zunächst die wichtige Rolle der vorvertraglichen Haftung im zwischenstaatlichen Wirtschaftshandel aufgezeigt werden. Da dies nicht ohne Blick auf die besondere Bedeutung des UN-Kaufrechts gelingen kann, wird auch auf dessen Tragweite näher einzugehen sein.

A) Die Rolle der Culpa in contrahendo im internationalen Warenkauf

Die Culpa in contrahendo deckt heute ein weites Feld völlig unterschiedlicher Sachverhalte ab, die untereinander grundsätzlich nur gemeinsam haben, daß das Fehlverhalten des Anspruchsgegners sich zeitlich vor einem intendierten oder später tatsächlich vorgenommenen Vertragsschluß mit dem Anspruchssteller ereignete[180].

Je größer aber die Zeitspanne zwischen den vorbereitenden Verhandlungen und dem ins Auge gefaßten Vertragsschluß bzw. dem letztlich abgeschlossenen Kontrakt ist, desto höher ist auch die Gefahr von "Mißstimmigkeiten" und "Mißverständnissen" zwischen den Parteien in diesem Stadium.

Dies gilt vor allem bei grenzüberschreitenden Geschäften zwischen Personen, die verschiedene Sprachen sprechen und in unterschiedlichen Denk- und Erfahrungskategorien leben.

Hier liegen oft mehrere Monate zwischen der ersten Begegnung und der Unterzeichnung eines Vertrages. Hinzukommt, daß die Parteien während dieser vorvertraglichen Phase oftmals besonders hohe finanzielle Aufwendungen machen müssen, z.B. wegen kostspieliger Reisen zu einem ausländischen Verhandlungsort, wegen zahlreicher Auslandstele-

180 v.Bar, JuS 1982, S. 638.

fonate bzw. Übersendung von Plänen und Schriftstücken oder auch wegen der Notwendigkeit, fremdsprachige Dokumente übersetzen zu lassen.

Außerdem können die Parteien im Laufe der Verhandlungen zu Auskunftserteilungen oder zur Informationsübermittlung aufgefordert worden sein, und sind nun am Schutz eines übermittelten Geheimnisses interessiert[181].

Schließlich sind die Verhandlungspartner oftmals bereits in diesem vorkonsensualen Stadium gezwungen, kostenintensive Kalkulationen anzustellen, Informationen über behördliche Ein- und Ausfuhrbestimmungen einzuholen oder aber auch anderweitige Subunternehmerverträge zu schließen, um beispielsweise den rechtzeitigen und reibungslosen Transport der eingekauften Waren vorzubereiten.

Kommt es dann trotz langwieriger Verhandlungen aufgrund eines Fehlverhaltens einer Partei doch nicht zu dem erhofften Vertragsabschluß, sei es, daß der Kontrakt gar nicht zustande kommt oder aber weil sein Inhalt nicht den ursprünglichen Vorstellungen entspricht, so hat die andere Partei möglicherweise ein Interesse am Ersatz der ihr entstandenen, unter Umständen enorm hohen Unkosten.

Hier kommt die Frage auf, ob es Aufgabe oder sogar Zweck des UN-Kaufrechts ist, die Phase der Vertragsvorbereitung zwischen den internationalen Geschäftspartnern zu regulieren und die jeweiligen Interessen auszugleichen.

B) Die Bedeutung des UN-Kaufrechts

Nun könnte behauptet werden, das Problem der vorvertraglichen Haftung tauche im Rahmen des internationalen Handelsverkehrs nur selten auf, weil - wie die tatsächliche Praxis in der Vergangenheit gezeigt habe - die Vertragsparteien regelmäßig ihre Geschäfte auf der Grundlage

181 Seube, S. 105 f.

nationaler Rechtsordnungen abwickeln, ohne auf einheitliches Kaufrecht zurückzugreifen.
Angesprochen sind hier insbesondere die (schlechten) Erfahrungen mit den Haager Einheitlichen Kaufgesetzen, die in der Tat von der Geschäftswelt gar nicht oder aber nur zögerlich zur Kenntnis genommen wurden[182].

Eine solche Betrachtungsweise verkennt aber den herausragenden Stellenwert, den das Übereinkommen von 1980 im Handelsverkehr mittlerweile innehat[183].
Tatsächlich ist dem UN-Kaufrecht - trotz des Scheiterns der Haager Übereinkommen - zukünftig größte Bedeutung für die tägliche Praxis beizumessen, weil es - als im Laufe der Jahre weltweit anerkanntes Einheitsrecht - den zwischenstaatlichen Handelsverkehr erheblich erleichtert und fördert[184].
Insofern kann auch durchaus erwartet werden, daß sich das Problem des Verschuldens bei Vertragsschluß im Rahmen des UN-Kaufrechts insoweit häufiger stellen wird, als sich die Wiener Konvention mehr und mehr als "juristischer Mittelpunkt" internationaler Kaufverträge darstellt.
Um auch die letzten Zweifel an der besonderen Bedeutung des UN-Kaufrechts auszuräumen, sollen im folgenden die Vorzüge des Übereinkommens aufgezeigt werden.

---

182 Zu diesem Ergebnis kam auch Magnus, NJW 1977, S. 2003. Siehe auch unten S. 69 ff.

183 Der Erfolg der Wiener Konvention zeigt sich schon an der Anzahl der Vertragsstaaten.

184 Reinhart, Einl. Rdnr. 4; Diedrich, Auslegung, S. 27 ff.. Näheres zu den Unterschieden zwischen den Haager Kaufgesetzen und dem UN-Kaufrecht unten S. 71 f.

1) Die Vorteile identischer Kaufrechtsvorschriften

Der Vorteil für die aus verschiedenen Staaten stammenden Parteien, ihren Verträgen die einheitlichen kaufrechtlichen Bestimmungen des UN-Kaufrechts zugrundelegen zu können, liegt auf der Hand:

Die weltweit tätigen Kaufleute können ihre Geschäfte auf einer einheitlichen Rechtsbasis abwickeln, ohne von nationalstaatlichen Eigentümlichkeiten überrascht zu werden. Zudem ist der einheitliche Gesetzestext in den vorherrschenden Sprachen verfügbar[185] und daher ohne besondere Schwierigkeiten zugänglich.
Ohne legislative Rechtsvereinheitlichung müßte zunächst mit Hilfe der kollisionsrechtlichen Bestimmungen des Internationalen Privatrechts das jeweils anwendbare Sachrecht ermittelt werden[186].
Ein solches Vorgehen ist für die Parteien meist von Nachteil und mit schwer kalkulierbaren Risiken verbunden, da nicht immer problemlos die maßgebliche Rechtsordnung herauszufinden ist[187] und - im Falle der Anwendung ausländischen Rechts - unbekannte Kaufrechtsregelungen[188] auftauchen können[189].

Zwar bleibt es den Parteien gemäß Art. 6 unbenommen, das auf ihre Vertragsbeziehungen anwendbare nationale Recht ausdrücklich zu bestimmen, doch wagt ein Kaufmann bei den Vertragsverhandlungen die Frage des anwendbaren Rechts oftmals nicht anzusprechen, um nicht

185 Vgl. oben Fn. 55.

186 Nach dem deutschen IPR sind dies die Artt. 27 ff. EGBGB.

187 Hinzuweisen ist in diesem Zusammenhang nur auf Art. 28 EGBGB, dessen klare Regelung in Absatz 2 durch Absatz 5 wieder aufgeweicht wird, was die Bestimmung der maßgebenden Rechtsordnung erheblich erschwert. Nicht zu unterschätzen ist auch die finanzielle Belastung für den Fall, daß ausgesprochene Rechtsexperten zu Rate gezogen werden müssen, wenn es das maßgebliche Sachrecht zu bestimmen gilt, vgl. Diedrich, Auslegung, S. 24.

188 Und noch unbekanntere, reichhaltige Rechtsprechung hierzu.

189 Entscheidend ist in diesem Zusammenhang auch noch, in welchem Land geklagt wird, da die einzelnen nationalen IPR-Vorschriften teilweise unterschiedliche Anknüpfungskriterien für den Kaufvertrag vorsehen.

den Eindruck zu erwecken, er mißtraue seinem Geschäftspartner und rechne mit rechtlichen Auseinandersetzungen[190].

Insbesondere aber bestehen die Parteien in der Praxis häufig mit der gleichen Selbstverständlichkeit auf der Vereinbarung "ihres" Rechtes[191], so daß als einziger Ausweg nur eine neutrale, beiden Partnern vertraute Rechtsordnung - eben das UN-Kaufrecht - in Betracht kommt[192].

Auch für die Rechtsprechung ist die Existenz eines Einheitsrechts von Vorteil.

Das UN-Kaufrecht ist für den Richter kein ausländisches Recht, das zunächst ermittelt und durch Auskünfte oder Gutachten bewiesen werden muß[193]. Das Gericht wendet es vielmehr als eigenes Recht an, als den grenzüberschreitende Kaufverträge betreffenden Teil der eigenen Rechtsordnung[194].

Insofern bildet das Einheitliche Kaufrecht innerhalb des nationalen Rechtssystems gleichsam eine "international-autonome Enklave"[195].

Schließlich ist auch nur ein internationales Regelwerk in der Lage, Haftungsvoraussetzungen und Haftungsfolgen speziell für die vielen Besonderheiten des internationalen Kaufs zu normieren[196].

Im Gegensatz zum nationalen Recht ist für ein einheitliches Sachrecht möglich, die Normierung auf die Eigenheiten der geregelten internationalen Sachverhalte zuzuschneiden, während die heimischen Rechtsordnungen diese Sachverhalte im allgemeinen nach den auf interne Fälle gemünzten Vorschriften behandeln[197].

---

190 v.Caemmerer, SJZ 1981, S. 259; Diedrich, Auslegung, S. 23.

191 Magnus, NJW 1977, S. 2003.

192 Zwar kommt auch die Vereinbarung eines drittstaatlichen Rechts in Frage, doch ist diese Alternative insofern untunlich, als dann keine der Parteien über ausreichende Kenntnisse des maßgeblichen Sachrechts verfügt.

193 Für ausländisches Recht gilt der Grundsatz "iura novit curia" nicht. Jenes wird vielmehr gemäß § 293 ZPO wie eine Tatsache behandelt, so daß die Parteien-gegebenenfalls gezwungen sind, das ausländische Recht durch kostspielige Gutachten zu "beweisen".

194 Zu den verfahrensrechtlichen Problemen vgl. Hartwieg, ZVglRWiss 92 (1993), S. 282 ff.

195 Stoll, FS Ferid, S. 496.

196 Heilmann, S. 42; Diedrich, Auslegung, S. 24.

197 Kropholler, S. 169.

2) Die Vorläufer des UN-Kaufrechts

Das UN-Übereinkommen von 1980 ist - wie oben bereits erwähnt - nicht der erste Versuch zur Schaffung eines internationalen Kaufrechts[198].

Bereits im Jahre 1930 begann auf Anregung des *österreichischen* Rechtsgelehrten *Ernst Rabel*[199], Gründer und damaliger Direktor des Kaiser-Wilhelm-Instituts für ausländisches und internationales Privatrecht in Berlin, eine vom Internationalen Institut zur Vereinheitlichung des Privatrechts in Rom (UNIDROIT) eingesetzte Expertenkommission mit der Ausarbeitung eines Entwurfs über den Abschluß und Inhalt internationaler Kaufverträge[200].

Die Vorarbeiten aus dem Jahre 1930 führten zu den Entwürfen der Jahre 1935 und 1939. Jedoch erst einige Zeit nach dem zweiten Weltkrieg, im Jahre 1951, wurde der Entwurf von 1939 auf einer diplomatischen Konferenz in Den Haag diskutiert. Er wurde schließlich nach Überarbeitung in einem Sonderausschuß 1956 interessierten Staaten und internationalen Organisationen vorgelegt und in der Folgezeit - aufgrund der verschiedenen Stellungnahmen - abermals verändert[201].

Die Arbeiten fanden ihren Abschluß auf der Diplomatischen Konferenz in Den Haag, die in der Zeit vom 2. bis 25. April 1964 getagt hat. Auf dieser Konferenz wurden schließlich zwei Abkommen verabschiedet:

---

198 Zur Geschichte und Entwicklung der Vereinheitlichung des Kaufrechts vgl.: Schlechtriem, Obligationen, S. 27 ff.; Reinhart, Einl. Rdnr. 10 f.; ders., The Cumberland Law Review 1984, S.89 ff.; Magnus, RabelsZ 45 (1981), S. 144 ff.; Enderlein/Maskow/Strohbach, Einl. Anm. 1.2.; Herber, RIW/AWD 1974, S. 578 f.; v.Caemmerer, SJZ 1981, S. 257 ff.; Jagert/Derichsweiler, JuS 1989, S. 972 f.. Eine übersichtliche Zeittafel der Entstehung des Einheitskaufrechts findet sich bei Magnus, Erfahrungen, S. 28 f..

199 Zum Leben und Werk Ernst Rabels vgl. v.Caemmerer, NJW 1956, S. 582.

200 Die Grundlage für die nachfolgenden Bemühungen um eine Vereinheitlichung des internationalen Kaufrechts legte Rabel mit seiner umfassenden rechtsvergleichenden Untersuchung der Regeln zum Warenkauf (vgl. Rabel, Warenkauf).

201 Jagert/Derichsweiler, JuS 1989, S. 972.

Das Übereinkommen zur Einführung eines Einheitlichen Gesetzes über den internationalen Kauf beweglicher Sachen (EKG) und das Übereinkommen zur Einführung eines Einheitlichen Gesetzes über den Abschluß von internationalen Kaufverträgen über bewegliche Sachen (EAG)[202].

Die Hoffnungen, die sich mit den Haager Übereinkommen von 1964 auf eine weltweite Vereinheitlichung des internationalen Kaufrechts verbanden, erfüllten sich jedoch nicht[203].
Die Übereinkommen traten zwar im August 1972 völkerrechtlich in Kraft, nachdem sie jeweils von fünf Staaten ratifiziert worden waren. Der Kreis der Vertragsparteien - darunter auch die *Bundesrepublik Deutschland*[204] - blieb jedoch im wesentlichen auf die europäischen Staaten beschränkt[205].

Kritisiert wurden insbesondere die Langatmigkeit und die recht eigenwilligen theoretischen Konstruktionen der Haager Kaufgesetze.
So führten etwa die zulässigen Erklärungen von Vorbehalten einzelner Vertragsstaaten bezüglich des Anwendungsbereichs der Abkommen dazu, daß kaum festzustellen war, in welchen Fällen die Übereinkommen tatsächlich galten. Dies wiederum verursachte Rechtsunsicherheit und lief der gewünschten Rechtsvereinheitlichung entgegen[206]. Unprak-

---

202 Beide Gesetze waren in Deutschland vom 16. April 1974 bis zum 31. Dezember 1990 geltendes Recht. Zu den Unterschieden und Gemeinsamkeiten zwischen UN-Kaufrecht und EKG/EAG vgl. Hellner, ZG 1988, S. 249.

203 Sehr interessant die Ausführungen von Magnus, NJW 1977, S. 2000 ff., der die praktische Anwendung des Haager Einheitskaufrechts durch Umfragen bei Gerichten, Wirtschaftsunternehmen und einigen Industrie- und Handelskammern zu ermitteln suchte. Das Ergebnis war seinerzeit mehr als ernüchternd.

204 Deutschland ratifizierte die Übereinkommen am 17.7.1973 (vgl. BGBl I 1973, S. 856, 868).

205 Vgl. Materialien, S. 66 ff; weitere Vertragsstaaten waren neben Deutschland: Belgien, Gambia, Israel, Italien, Luxemburg, Niederlande, San Marino und Großbritannien.

206 Am radikalsten verhielt sich in dieser Hinsicht Großbritannien, das von der Vorbehaltsmöglichkeit des Art. V des Rahmenübereinkommens zum EKG Gebrauch machte, so daß die Haager Gesetze zwar in das britische Recht aufgenommen wurden, aber nicht kraft Gesetzes sondern nur kraft Parteivereinbarung auf internationale Kaufverträge Anwendung finden sollten (Stern, S. 1). Teilweise wird angenommen, daß Großbritannien das Wiener Übereinkommen

tisch war auch der unübersichtliche Aufbau und das sehr umfangreiche Regelungssystem der Haager Gesetze[207].

3) Die Vorzüge des UN-Kaufrechts gegenüber den Haager Abkommen

Eine für die Wiener Konvention von 1980 viel günstigere Prognose kann man aufgrund der Tatsache wagen, daß bei der Ausarbeitung des UN-Kaufrechts die juristischen und politischen Fehler, die zur Ablehnung der Haager Einheitsgesetze geführt haben, erkannt und deshalb nicht wiederholt wurden[208].

Das UN-Kaufrecht ist klar strukturiert und in vier Teile gegliedert, so daß der Zugang zu den einzelnen Regelungen erheblich erleichtert wurde[209].
Im Gegensatz zum Haager Einheitlichen Kaufrecht sind Kaufabschlußregelungen und materielles Kaufrecht in einem (anstatt wie bislang in zwei) Abkommen zusammengefaßt, wodurch Wiederholungen und Überschneidungen vermieden und die Klärung von Detailfragen vereinfacht wurde[210].
Positiv zu bewerten ist auch die "self-executing"-Ausgestaltung des UN-Kaufrechts, während die Haager Kaufgesetze jeweils als Anhang zu den völkerrechtlichen Übereinkommen ausgearbeitet worden sind und selbständig in Kraft zu setzen waren[211].

---

deswegen noch nicht unterzeichnet hat, weil das UN-Kaufrecht einen solchen Vorbehalt nicht mehr vorsieht (vgl. Ludwig, S. 289 Fn. 10).

207 Hierzu und zu anderen juristischen Kritikpunkten vgl. Herber, RIW/AWD 1974, S. 578.

208 v.Caemmerer/Schlechtriem-Schlechtriem spricht vom "Probelauf der Haager Kaufgesetze", vgl. Einl. Teil II a.E.

209 Teil I (Art. 1-13) regelt Anwendungsbereich und allgemeine Bestimmungen , Teil II (Art. 14-24) den Vertragsschluß, Teil III (Art. 25-88) Pflichten und Rechtsbehelfe der Parteien sowie die Gefahrtragung, und Teil IV (Art. 89-101) schließlich beinhaltet die Schlußbestimmungen. Das UN-Kaufrecht ist weitaus straffer gefaßt als das Haager Recht: 101 EKG-Artikel entsprechen 77 im UN-Kaufrecht.

210 Diedrich, Auslegung, S. 136.

211 v.Caemmerer/Schlechtriem-Schlechtriem , Einl. Teil II.

Ein wesentlicher Vorzug des Wiener Kaufrechts liegt auch darin, daß die Fülle von Vorbehalten, die nach dem Haager Einheitskaufrecht zulässig waren und von denen die Vertragsstaaten auch auf die unterschiedlichste Weise Gebrauch gemacht hatten, nunmehr entfällt.

Dadurch ist eine größere Einheitlichkeit der Anwendung und Auslegung in den Vertragsstaaten gewährleistet. Der wichtigste Vorbehalt[212] erlaubt gemäß Art. 92, das Abkommen ohne den zweiten oder dritten Teil zu übernehmen. Des weiteren sind Vorbehalte praktisch nur noch für die Anwendung auf Verträge im Verhältnis zu Nichtvertragsstaaten sowie gemäß Art. 96 für das Erfordernis der Schriftform zulässig[213].

4) Die Akzeptanz der Kodifikation als "Weltkaufrecht"

Zum endgültigen Durchbruch zu einem weltweit anerkannten Einheitsrecht führte letztlich jedoch die Tatsache, daß die Staaten innerhalb der Vereinten Nationen an der Ausarbeitung des UN-Kaufrechts gleichberechtigt mitarbeiten konnten.

Die Haager Konventionen sind von Europäern vorbereitet und von den Industrienationen beschlossen worden. Weder die kommunistischen Staaten noch die Entwicklungsländer waren bei den maßgeblichen Konferenzen repräsentativ beteiligt, so daß sie dem neuen Einheitsrecht ablehnend gegenüber standen[214].

---

212 Die Vorbehaltsmöglichkeiten regeln Artt.. 92-96.

213 Jagert/Derichsweiler, JuS 1989, S. 975.

214 Die kommunistischen Staaten bezeichneten das Haager Kaufrecht als "imperialistisches Recht" und monierten vor allem, daß sie an dessen Entstehung keinen maßgeblichen Anteil hatten. Hierbei handelt es sich aber zumindest teilweise um eine Schutzbehauptung, da tatsächlich einige kommunistische Staaten (Bulgarien, Jugoslawien und Ungarn) aktiv an der Erarbeitung der Haager Gesetze mitgewirkt hatten (vgl. Stern, S. 2). Die Entwicklungsländer (mit Ausnahme von Gambia) verweigerten die Annahme eines Einheitsrechts, das dem Rechtssystem der ehemaligen europäischen Kolonialmächte angeglichen war. Inhaltlich richtete sich ihre Kritik vor allem gegen die ihrer Meinung nach zu starke Stellung des Verkäufers, da sie sich selbst in der Position des unerfahrenen schutzbedürftigen Käufers und die Industriestaaten in der Rolle des

Das Haager Kaufrecht war endlich auch deswegen zum Scheitern verurteilt, weil namhafte Handelsnationen wie *Frankreich* und vor allem die *Vereinigten Staaten von Amerika* von einer Ratifikation absahen[215], von einem "Weltkaufrecht" insofern keine Rede mehr sein konnte[216].
In Folge der zögerlichen Haltung der *USA* konnten sich schließlich auch die skandinavischen Staaten nicht zu einer Ratifizierung der Abkommen entschließen[217]. Die fehlende Ratifikationsbereitschaft der *USA* war insgesamt wegen deren Gewicht als Handelspartner von erheblicher Bedeutung für die mangelnde Attraktivität der Haager Einheitlichen Kaufgesetze[218].

Als endgültiges Eingeständnis des Scheiterns der Haager Gesetze dürfte letztlich der im Jahre 1968 von der UN-Kommission für internationales Handelsrecht (UNCITRAL)[219] gefaßte Beschluß aufzufassen sein, ein neues, teilweise geändertes Einheitskaufrecht zu erarbeiten, um doch noch möglichst viele Staaten zu einem Beitritt zum Kaufabkommen zu bewegen[220].
Daher warteten selbst solche Länder, die einer Kaufrechtsvereinheitlichung aufgeschlossen gegenüber standen, zunächst ab und ratifizierten die Haager Übereinkommen nicht[221].

Im Gegensatz hierzu waren bei der Ausarbeitung des UN-Kaufrechts nicht nur alle großen Welthandelsnationen[222], sondern auch sämtliche

---

erfahrenen technisch versierten Verkäufers sahen. Vgl. hierzu Reinhart, FS Niederländer, S. 355; Schlechtriem, UN-Kaufrecht, S. 31 f.; Magnus, Erfahrungen, S. 8; Stern, S. 2; Diedrich, Auslegung, S. 120 f.

215 Die USA traten den Abkommen insbesondere deswegen nicht bei, weil der Erfolg, den der Uniform Commercial Code 1956 durch seine Annahme in den meisten Einzelstaaten der USA errungen hatte, nicht gefährdet werden sollte, vgl. Reinhart, Einl. Rdnr. 12; Stern, S. 1.

216 Diedrich, Auslegung, S. 122.

217 Vgl. v.Caemmerer, SJZ 1981, S. 259.

218 Jagert/Derichsweiler, JuS 1989, S. 972.

219 Eine genaue Beschreibung der Aufgaben und der Arbeitsweise der UNCITRAL findet sich bei Bischoff, SZIER 1993, S. 623 ff.

220 Diedrich, Auslegung, S. 122.

221 Hutter, S. 4.

222 Zu den Gründen, warum die USA dem UN-Übereinkommen - im Gegensatz zu den Haager Einheitsgesetzen - ohne Zögern beitraten, vgl. die interessanten Ausführungen von Bonell, RabelsZ 58 (1994), S. 36. Zu den Vor- und Nach-

Regionen sowie Rechts- und Wirtschaftssysteme maßgeblich beteiligt[223].
So sind beispielsweise die Vorentwürfe über die Regelungen des Abkommens allen Mitgliedern der UNO zur Äußerung zugegangen[224]. Damit konnten die verschiedensten Interessen und Vorstellungen bei den Verhandlungen berücksichtigt und somit die Grundlage für eine weltweite Anerkennung des Vertragswerks geschaffen werden[225].

Bemerkenswert ist in diesem Zusammenhang auch, daß bei den Arbeiten zum UN-Kaufrecht das Haager Recht weitgehend als Ausgangsbasis für das neue Regelungswerk diente und nicht wenige Haager Bestimmungen letztendlich unverändert übernommen wurden[226].
Dies zeigt noch einmal deutlich, daß den Haager Kaufgesetzen insbesondere aufgrund der unausgewogenen Staatenbeteiligung kein Erfolg beschieden war[227].

Daß das UN-Abkommen von 1980 von den Staaten angenommen wird, zeigt sich gegenwärtig insbesondere daran, daß immer mehr nationale Rechtsordnungen das UN-Kaufrecht als Vorbild für Reformen betrachten.

---

teilen des UN-Kaufrechts aus der Sicht amerikanischer Rechtsanwender vgl. Lavers, International Business Lawyer 1993, S. 10 ff..

223 Brandi-Dohrn, CR 1993, S. 476; Diedrich, Auslegung, S. 122 f. An der Abschlußkonferenz in Wien vom 11.03.-11.04.1980 nahmen die Repräsentanten von 62 Staaten und 8 internationalen Organisationen teil. Das EKG war demgegenüber nur von neun Staaten ratifiziert worden und auch der Teilnehmerkreis der Haager Konferenz von 1964 war mit 28 Staaten verhältnismäßig klein.

224 v.Caemmerer, SJZ 1981, S. 260.

225 Die UNCITRAL hatte zwar weiterhin eine beschränkte Mitgliederzahl, diese aber proporzmäßig verteilt nach regionalen Kriterien unter Berücksichtigung der verschiedenen rechtlichen und wirtschaftlichen Systeme (vgl. Stern, S. 2).

226 Reinhart, Einl. Rdnr. 15; Materialien, S. 67 f; Brandi-Dohrn, CR 1991, S. 705; vgl. auch Diedrich, Auslegung, S. 129, der das Wiener Kaufrecht insoweit als "grundlegend überarbeitete Version des Haager Einheitskaufrechts" bezeichnet.

227 Zu den wesentlichen Neuerungen gegenüber dem Haager Recht, vgl. Herrmann, IPRax 1981, S. 111; Schlechtriem, From Hague to Vienna, S. 125 ff..

So haben *Finnland*, *Norwegen* und *Schweden* ihre neuen Kaufgesetze an das Konzept des UN-Kaufrechts angepaßt[228].
Auch die ehemalige *Tschechoslowakei* hat Bestimmungen des UN-Kaufrechts in ihr Handelsgesetzbuch von 1991 eingearbeitet[229]. Für *Schottland* hat die Scottish Law Commission die Übernahme des Vertragsabschlußrechts der UN-Konvention empfohlen[230].
Großen Einfluß hat die Konzeption des Wiener Kaufrechts auch auf das neugefaßte Obligationenrecht des *niederländischen* Wetboecks ausgeübt, hier insbesondere auf die Lehre des Zustandekommens von Verträgen[231].
Ebenfalls kann erwartet werden, daß bei der in *Deutschland* bevorstehenden Schuldrechtsreform das UN-Kaufrecht maßgeblich berücksichtigt werden wird[232], wobei insbesondere das Leistungsstörungsrecht des UN-Kaufrechts den neu zu schaffenden *deutschen* Regelungen als Vorbild dienen soll[233].

Die breite Akzeptanz der Konvention spiegelt sich letztlich auch in der mittlerweile vorliegenden großen Anzahl nationaler Gerichtsentscheidungen wider[234], die Fragen des UN-Kaufrechts zum Gegenstand haben[235].
Letztlich hängt der Erfolg der UN-Konvention allerdings auch von der individuellen Vertragsgestaltung der Parteien ab, denen Art. 6 die Mög-

---

228 Vgl. hierzu auch Bloth, S. 252 ff., der die Systematik der skandinavischen Kaufgesetze übersichtlich darstellt.

229 Das Handelsgesetzbuch von 1991 (insbesondere die §§ 409 ff.) gilt heute in der tschechischen und slowakischen Republik weiter. Vgl. auch Magnus, ZEuP 1993, S. 81.

230 Magnus, ZEuP 1993, S. 81.

231 Hartkamp, AcP 191 (1991), S. 403; v.Caemmerer/Schlechtriem-Schlechtriem, Einl. Anm. III.

232 Medicus, NJW 1992, S. 2384 ff.; Huber, Gutachten, S. 663 f.; Diedrich, RIW 1995, S. 353; vgl. auch Schubert, S. 415 ff.

233 Vgl. Schlechtriem, ZEuP 1993, S. 217 ff. und Ernst, JZ 1994, S. 801, der allerdings insgesamt harsche Kritik an den Reformvorschlägen der Schuldrechtskommission übt.

234 Veröffentlicht werden die Urteile nationaler Gerichte in CLOUT, vgl. oben Fn. 78.

235 Eine sehr übersichtliche Zusammenstellung der das UN-Kaufrecht betreffenden (deutschen und ausländischen) Gerichtsentscheidungen (1988-1995) bietet Will, CISG, S. 238 ff..

lichkeit einräumt, die Anwendbarkeit des Übereinkommens auszuschließen[236]. Im Hinblick auf die oben erläuterten Vorteile des Einheitsrechts kann jedoch erwartet werden, daß von dieser Ausschlußmöglichkeit in Zukunft nur noch vereinzelt Gebrauch gemacht werden dürfte.

Festzuhalten bleibt daher, daß das UN-Kaufrecht mit seinen praktikablen und angemessenen Lösungen enorme Bedeutung für die internationalen Handelsbeziehungen hat und eine ernstzunehmende Rechtsvereinheitlichung auf dem Gebiet des Kaufrechts darstellt.
Insbesondere für die stark außenhandelsorientierte Wirtschaft der *Bundesrepublik Deutschland* wird das Einheitskaufrecht eine erhebliche Rationalisierung der Rechtsgrundlagen des Außenhandelsgeschäfts mit sich bringen.

Insofern besteht auch - wie oben bereits erwähnt - die Notwendigkeit der Beantwortung der Frage, ob die Parteien im Rahmen der Regelungen des UN-Kaufrechts gegebenenfalls Ansprüche aus der Verletzung vorvertraglicher Verhaltenspflichten geltend machen können.

---

236 In der Wahl "deutschen Rechts" oder des nationalen Rechts eines anderen Vertragsstaates ist allerdings kein Ausschluß der Konvention zu sehen, da das UN-Kaufrecht Bestandteil des Sachrechts der jeweiligen Rechtsordnung ist, vgl. Piltz, IPRax 1994, S. 192; Magnus, JuS 1995, S. 870 Erl. 3. Wählen also etwa ein Deutscher und ein Franzose für ihren Kaufvertrag einfach "deutsches Recht", dann gilt Einheitskaufrecht (und nicht etwa die §§ 433 ff. BGB), sofern der Vertrag in den sachlichen Anwendungsbereich des UN-Kaufrechts fällt. Zu den sonstigen Problemen des Art. 6 vgl. Holthausen, RIW 1989, S. 513 ff.; Czerwenka, S. 168 ff.; Witz/Schweitzer, JuS 1994, S. 320.

HAUPTTEIL

I) Das Rechtsinstitut der Culpa in contrahendo

A) Vorbemerkung

Um die Frage beantworten zu können, ob die vorvertragliche Haftung einer Partei eine vom Regelungsbereich des UN-Kaufrechts erfaßte Sachmaterie darstellt, müssen zunächst die Grundzüge der dogmatischen Struktur der Culpa in contrahendo näher untersucht werden.

Dabei sollen Lehre und Rechtsprechung des *deutschen* Rechts an den Anfang der Betrachtung gestellt werden, um mit den hier gewonnenen Erkenntnissen eine gesicherte Basis für den sich anschließenden Vergleich mit den Lösungen der übrigen Vertragsstaaten bilden zu können[237].

Grundlage, Berechtigung und Reichweite des Rechtsinstituts der Culpa in contrahendo sind noch heute im *deutschen* Recht sehr umstritten. Hinzukommt die Praxis der Rechtsprechung, die Haftung aus Culpa in contrahendo auf immer neue Fallgestaltungen auszudehnen, so daß ein Ende der dogmatischen Diskussion nicht abzusehen ist.

Die breite Auseinandersetzung mit den unterschiedlichen Theorien und Ansichten, wie sie im deutschen Rechtskreis vertreten werden, würde den Rahmen dieser Arbeit sprengen, so daß sich die folgenden Ausführungen auf die Darstellung der herrschenden Lehre und Rechtsprechung beschränken müssen.[238].

---

237 Vgl. oben S. 55 ff.

238 Zur Vertiefung wird insoweit verwiesen auf: Stoll, FS v.Caemmerer, S. 434 ff.; Larenz, MDR 1954, S. 515 ff.; Küpper, S. 21 ff. Frick, S. 19 ff.; Weitnauer, S. 71 ff.; Choi, S. 171 ff.; Pouliadis, S. 30 ff.; Nirk, FS Möhring (65), S. 385 ff.;

B) Entstehung und Entwicklung der Lehre von der Culpa in contrahendo

Die ersten Ansätze einer vorvertraglichen Haftung finden sich schon im preußischen Allgemeinen Landrecht von 1794 (ALR)[239]. Dort hieß es in § 284, I.Teil, 5.Titel :

" Was wegen des bey Erfuellung des Vertrages zu vertretenden Grades der Schuld Rechtens ist, gilt auch auf den Fall, wenn einer der Contrahenten bey Abschließung des Vertrages die ihm obliegenden Pflichten vernachlässigt hat".

Hinsichtlich des Umfanges des Schadensersatzanspruchs stellte ALR I, 5 § 285 Pflichtverletzungen bei Abschluß denjenigen bei Erfüllung des Vertrages ausdrücklich gleich[240]. Auch an zahlreichen anderen Stellen ordnete das ALR ausdrücklich eine Haftung für Verschulden bei Vertragsschluß an[241].
Ob die Redaktoren des preußischen Gesetzbuches mit den Bestimmungen der §§ 284, 285 ALR tatsächlich auch eine allgemeine Anspruchsgrundlage wegen Verschuldens bei Vertragsverhandlungen schaffen wollten, war indes schon unter den Autoren in der preußischen Literatur streitig und kann heute nicht mehr mit Gewißheit festgestellt werden[242].

Als der eigentliche Begründer der Lehre der Culpa in contrahendo gilt indes *Rudolf von Jhering*[243], der für bestimmte Fälle verschuldeter Unwirksamkeit eines Vertrages die Haftung auf das negative Interesse forderte. Im Blick hatte *von Jhering* dabei insbesondere die Haftung des

---

Ballerstedt, AcP 151 (1950/51), S. 501 ff.; Medicus, Festgabe M.Kaser, S. 69 ff.; Ebke, S. 37 ff.; Horn, JuS 1995, S. 377.

239 Degner, kollisionsrechtliche Probleme, S. 190 Fn. 7.

240 Vgl. Choi, S. 176.

241 Vgl. nur ALR I, 4 §§ 56, 79, 85, 86; I, 5 §§ 33, 105; I, 11 §§ 505, 506, 533, 535, 1005-1007; I, 13 §§ 9, 146; I, 20 §§ 618, 619.

242 Armasow, S. 94 f.

243 v.Jhering, JherJB 4 (1861), S. 1 ff..

Vertreters ohne Vertretungsmacht, des Irrenden nach der Anfechtung und des Verkäufers einer nicht existenten Sache.

Teilweise wird die Bezeichnung *von Jherings* als Begründer der Culpa in contrahendo als nicht ganz gerechtfertigt angesehen, weil er seinerzeit nicht die heute zur Culpa in contrahendo gerechneten Fälle zum Gegenstand seiner Untersuchungen machte. Tatsache bleibt aber, daß *von Jhering* mit seiner Lehre den Anstoß zur Entwicklung der heutigen vorvertraglichen Haftung gab, so daß er durchaus als deren "juristischer Entdecker" angesehen werden kann[244].
Das Ergebnis seiner Untersuchungen faßte *von Jhering* wie folgt zusammen:

"Das Gebot der contractlichen diligentia gilt wie für gewordene, so auch für werdende Contractsverhältnisse, eine Verletzung derselben begründet, hier wie dort die Contractsklage auf Schadensersatz"[245].

Die Verfasser des BGB haben die Gedanken *von Jherings* aufgegriffen und verschiedene Einzelvorschriften für die Haftung bei Fehlschlagen des Vertragsschlusses und bei vorvertraglichem Verschulden in das Gesetzeswerk aufgenommen[246].
Zu einer Ausgestaltung der Culpa in contrahendo als allgemeines Rechtsinstitut - vergleichbar etwa mit der Regelung im preußischen Allgemeinen Landrecht - konnte man sich allerdings nicht durchringen. Die Frage der dogmatischen Herleitung und des genauen Umfangs einer vorvertraglichen Haftung sollte vielmehr, wie aus den Motiven hervorgeht, der Lehre und Wissenschaft überlassen bleiben:

"Ob begrifflich die Haftung für Culpa in contrahendo auf einen Eingriff in den fremden Rechtskreis, mithin auf eine unerlaubte Handlung, oder auf die Verletzung einer rechtsgeschäftlichen Pflicht zurückzuführen sei, ist eine Konstruktionsfrage, deren Lösung der Wissenschaft überlassen werden darf"[247].

---

244 Vgl. Emmerich, Jura 1987, S. 561.

245 v.Jhering, JherJB 4 (1861), S. 52.

246 Vgl. z.B. §§ 122, 179, 307, 309 BGB.

247 Motive, Band I, S. 195; Band II, S. 178 ff.

So bemühten sich Rechtsprechung und Lehre alsbald nach Inkrafttreten des BGB, die Lehre von der Culpa in contrahendo zu einem durchgängigen Haftungsinstitut fortzuentwickeln.

Wichtig war in diesem Zusammenhang, daß das BGB in einigen Fällen Rechtsfolgen an das vorvertragliche Fehlverhalten knüpfte, auch wenn ein wirksamer Vertrag zustande gekommen war[248].
Diese Fälle hatte *von Jhering* bei seinen Betrachtungen nicht berücksichtigt, da er lediglich die vorvertragliche Haftung bei unwirksamen Verträgen überprüfte[249].
Damit aber war der Weg frei, die Verletzung vorvertraglicher Pflichten auch in sonstigen, nicht vom BGB ausdrücklich geregelten Fällen zu ahnden, indem man die bestehenden Grundsätze analog darauf anwendete.

Trotzdem behandelte das Reichsgericht angesichts der gesetzgeberischen Zurückhaltung die vorvertragliche Haftung in den Anfangsjahren eher zaghaft.
Anerkannt wurde die Culpa in contrahendo zunächst nur in den ausdrücklich normierten Fällen des BGB[250]. Schadensersatz wegen Verletzung vorvertraglicher Pflichten war ansonsten nur möglich, wenn sich die schädigende Handlung zugleich auch als unerlaubte Handlung im Sinne der §§ 823 ff. BGB darstellte.

Um die Schwächen des *deutschen* Deliktsrechts auszugleichen[251], aber auch, weil die Existenz vorvertraglicher Sorgfaltspflichten längst Be-

---

248 Vgl. §§ 463, 480 Abs. 2, 523 f. BGB.

249 Vgl. Choi, S. 176; Küpper, S. 22. Von Jhering befaßte sich ausschließlich mit den Fällen, in denen ein Vertrag zwar der äußeren Form nach geschlossen wurde, sich später aber als unwirksam herausstellte. Sobald ein wirksamer Vertrag geschlossen war, konnte nach Ansicht von Jherings (nur) aus dem Vertrag geklagt werden.

250 RG, JW 1908, S. 657.

251 Die Deliktshaftung stellte sich insbesondere aus folgenden Gründen als unzulänglich heraus (vgl. auch Horn, JuS 1995, S. 379):
1. Fehlen einer generellen Haftung für Vermögensschäden (vgl. § 823 Abs. 1 BGB)
2. Exkulpationsmöglichkeit des Geschäftsherrn nach § 831 BGB
3. Kurze Verjährung in drei Jahren (vgl. § 852 BGB)

standteil des allgemeinen Rechtsbewußtseins geworden war[252], ordnete man bald auch deliktische Verletzungen dem Institut unter[253], was mit einer Art "Vorwirkung des späteren Vertrages" begründet wurde[254].
Da diese Lösung aber in den Fällen unbrauchbar war, in denen es später - eben wegen des unzulässigen Verhaltens - nicht zu einem Vertragsschluß zwischen den Parteien kam, erkannte das Reichsgericht wenig später eine Haftung aus Culpa in contrahendo auch ohne nachfolgenden gültigen Vertragsschluß an[255].

Die dogmatische Begründung dieser vorvertraglichen Haftung blieb allerdings umstritten.
Durchsetzen konnte sich die Ansicht, es handele sich um ein - in Erweiterung gesetzlicher Einzelbestimmungen anzuerkennendes[256] - vertragsähnliches Vertrauensverhältnis unter den Parteien, welches sie zur Beachtung der im Verkehr erforderlichen Sorgfalt verpflichte[257].

C) Rechtsgrundlage der Haftung für Verschulden bei Vertragsschluß

Der Bundesgerichtshof knüpfte an die Gedanken des Reichsgerichts an und bezeichnete die Culpa in contrahendo in seiner Leitentscheidung aus dem Jahre 1952 wie folgt:

"Die Haftung aus Verschulden bei Vertragsschluß ist eine solche aus einem in Ergänzung des geschriebenen Rechts geschaffenen gesetzlichen Schuldverhältnis, das aus der Aufnahme von Vertragsverhandlungen entspringt und

---

4. Grundsätzlich volle Beweislast des Geschädigten.

252 Küpper, S. 23.

253 Vgl. RGZ 78, S. 239 ff.(Linoleumrollen).

254 RG, JW 1912, S. 743 (Luisinlichtfall); RGZ 88, S. 99 (105); 95, S. 58 (60); 97, S. 325 (327); Grundlegend hierzu: Leonhard, S. 58.

255 Grundlegend RGZ 104, S. 265 (Weinsteinsäurefall); vgl. auch Weber, Treu und Glauben, S. 173.

256 Gemeint ist die Anlehnung an die §§ 122, 179, 307 und 309 BGB. Kritisch hierzu Gottwald, JuS 1982, S. 877.

257 RGZ 120, S. 249 (251); 159, S. 33 (54); 162, S. 129 (156); Weber, Treu und Glauben, S. 173.

zur verkehrsüblichen Sorgfalt im Verhalten gegenüber dem Geschäftsgegner verpflichtet"[258].

Rechtsfolge der Verletzung dieses Schuldverhältnisses ist die Pflicht zum Schadensersatz.
Bei dieser Auffassung der Culpa in contrahendo ist es bis heute geblieben, wobei die folgenden drei Elemente das Rechtsinstitut charakterisieren:

1) Gesetzliches Schuldverhältnis

Da eine Haftung aus Culpa in contrahendo unabhängig davon ist, ob im späteren Verlauf ein Vertrag wirksam zustande kommt oder nicht, konnte die Theorie der "Vorwirkung des Vertrages"[259] nicht weiterverfolgt werden[260].

Einig ist man sich heute vielmehr, daß die Vertragsanbahnung ein gesetzliches Schuldverhältnis begründet[261].

Der Begriff "gesetzlich" deutet an, daß sich die Pflichten in Art und Ausmaß grundsätzlich unabhängig vom Parteiwillen ergeben. Zu beachten ist aber, daß "das Gesetz" zur vorvertraglichen Beziehung der Parteien gerade nichts sagt. Gemeint ist vielmehr die Entwicklung des Rechtsinstituts durch Richter- und Gewohnheitsrecht, die zu denselben Auswirkungen führt wie eine gesetzliche Bestimmung innerhalb des Schuldrechts.

Voraussetzung für die Entstehung des Schuldverhältnisses ist nur ein Verhalten, das auf Abschluß eines Vertrages oder auf die Anbahnung geschäftlicher Kontakte abzielt[262].

---

258 BGHZ 6, S. 330 (333).

259 Vgl. oben S. 81.

260 Emmerich, Jura 1987, S. 561 ff..

261 Ein rechtsgeschäftliches Schuldverhältnis scheidet grundsätzlich aus, da der vorvertraglichen Haftung keine Vereinbarung der Parteien zugrunde liegt.

262 Frick, S. 143

Inhalt des Schuldverhältnisses sind keine primären Leistungspflichten, sondern nur bestimmte vorvertragliche Verhaltens- und Sorgfaltspflichten[263].

2) Vertrauenshaftung

Rechtsgrund für die Haftung aus Culpa in contrahendo ist nach herrschender Lehre und Rechtsprechung die Inanspruchnahme und Gewährung von Vertrauen[264].

---

263 Jauernig-Vollkommer, § 276 Anm. VI.3.a)bb).

264 BGHZ 60, S .226; 71. S. 393; BGH, WM 1988, S. 791; Ballerstedt, AcP 151 (1951), S. 507; Stoll, FS v.Caemmerer, S. 435 ff.; Gottwald, JuS 1982, S. 878; v.Craushaar, JuS 1971, S. 128; Palandt-Heinrichs, § 276 Rdnr.66; Hartwieg, JuS 1973, S. 737; allgemein zum Gedanken des Vertrauensschutzes: Loges, S. 37 ff.. Kritisch gegenüber der h.M.: MüKo-Emmerich, vor § 275 Rdnr.55; Picker, JZ 1987, S. 1045 f..
Nach anderer Ansicht kommen als Haftungsgrundlagen insbesondere in Betracht (vgl. die Übersicht bei Soergel-Wiedemann, vor § 275 Rdnr.115 ff.):
1.<u>Gesteigerter sozialer Kontakt</u>
Grund der Haftung ist die Tatsache, daß jemand seine Güter dem Einfluß eines anderen aussetzt, indem er insbesondere in die von diesem beherrschte Rechtssphäre eintritt und ihr damit seine Güter anvertraut. "Gesteigerter" sozialer Kontakt bedeutet, daß es sich um einen Kontakt auf der Ebene des Geschäftsverkehrs handeln muß, der zumindest die Möglichkeit in sich schließt, zu einem Geschäftsabschluß zu führen, vgl. Esser/Schmidt, S. 134; Thiemann, S. 64 ff.. Kritisch Picker, JZ 1987, S. 1045. Diese Lehre wird zumeist mit dem Vertrauensgedanken der h.M. verbunden.
2. <u>Gesetzliche Schutzpflichten als Korrelat privatautonomer Gestaltung</u>
Grund der Haftung ist, daß derjenige, der sich mit Rücksicht auf die gesetzlich eingeräumte Möglichkeit privatautonomer Gestaltung in den fremden Einflußbereich begibt, einem größeren Schadensrisiko ausgesetzt ist als dem ohnehin mit jedem menschlichen Zusammenleben verbundenen. Die vorvertraglichen Pflichten sind daher Ausdruck der Sozialbindung privatautonomer Selbstgestaltungsmacht. Vgl. Frotz, Gedenkschrift Gschnitzer, S. 168 ff..
3. <u>Lehre vom geschäftlichen Interesse</u>
Die Rechtfertigung der Haftung ergibt sich aus dem geschäftlichen Interesse, das der Pflichtige mit der Aufnahme geschäftlichen Kontakts verfolge. Der geschäftliche Kontakt im Rahmen der Vertragsanbahnung bedeutet eine Chance, die nutzbar gemacht werden kann. Dafür, daß sich der Partner im Interesse des

Derjenige, der Verhandlungen aufnimmt, muß sich im Interesse eines redlichen Verkehrs in einer Weise verhalten, die eine vertrauensvolle Zusammenarbeit ermöglicht.
Verlangt wird überwiegend aber nicht "konkretes" Vertrauen, sondern daß die Pflichten auf dem generellen Vertrauen aufbauen, das unter redlichen und loyalen Partnern üblich ist und deshalb dem Vertragspartner als Grundvoraussetzung eines reibungslosen Geschäftsverkehrs entgegengebracht werden darf[265].

3) Gewohnheitsrechtliche Anerkennung

Aufgrund einer seit Jahrzehnten praktizierten Rechtsüberzeugung gilt das Rechtsinstitut der Culpa in contrahendo heute als gewohnheitsrechtlich anerkannt[266], was auch durch die gesetzliche Regelung in § 11 Nr. 7 AGBG zum Ausdruck kommt.

D) Funktionen der Culpa in contrahendo

Gegenwärtig stellt die Culpa in contrahendo im *deutschen* Recht einen allgemeinen Haftungstatbestand dar, der zur Erledigung der vielfältigsten Aufgaben dienen soll.
Demgemäß hat sich der Begriff "Culpa in contrahendo" zu einer Sammelbezeichnung für verschiedene Fallkonstellationen entwickelt, welche auf den ersten Blick nur gemeinsam haben, daß sie schädigende Verhaltensweisen im Laufe von Vertragsverhandlungen betreffen[267].

---

anderen besonderen Gefahren aussetzt, ist diesem die erhöhte Sorgfalt zumutbar. Vgl. Larenz, MDR 1954, S. 518.

265 Gottwald, JuS 1982, S. 878. Der BGH spricht vom "allgemeinen Verhandlungsvertrauen" (WM 1986, S.1047).

266 BGH, NJW 1979, S. 1983; Fikentscher, S. 69; Jauernig-Vollkommer, § 276 Anm. VI.1.c).

267 Frick, S. 35.

Insoweit umfaßt der Haftungstatbestand alle Fälle, in denen eine Partei den ihr gerade durch den Eintritt in Vertragsverhandlungen auferlegten besonderen Treu-, Schutz-, Obhuts- und Rücksichtspflichten unter Nichteinhaltung der situationsgebotenen Sorgfalt zuwiderhandelt[268].

Da jede Verletzung eines nach Treu und Glauben geschuldeten Verhaltens im vorvertraglichen Bereich zur Haftung aus Culpa in contrahendo führt, kann diese Haftung überall dort eingesetzt werden, wo andere Haftungsgrundlagen fehlen oder unanwendbar sind[269].
So enthält das Rechtsinstitut eine Generalklausel, die unter anderem herangezogen wird, um die vertragliche oder deliktische Haftung fortzuentwickeln und zu ergänzen[270].

E) Rechtsvergleich der dogmatischen Strukturen

Um eine einheitliche Behandlung des Verschuldens bei Vertragsschluß im Rahmen des UN-Kaufrechts zu gewährleisten, ist es nunmehr notwendig, das *deutsche* dogmatische Verständnis der Culpa in contrahendo mit dem der übrigen Vertragsstaaten des Wiener Kaufrechts zu vergleichen, damit grundsätzliche Gemeinsamkeiten und Gegensätze der verschiedenen Rechtsordnungen ausfindig gemacht werden können.

Allerdings bleibt hier zu beachten, daß allein die dogmatischen Grundlagen des Rechtsinstituts - mögen sie sich in den einzelnen Rechtsordnungen gleichen oder völlig voneinander differieren - keine endgültige Aussage darüber zulassen, ob die Konstruktion einer vorvertraglichen Haftung der Parteien einheitsrechtlich möglich ist oder nicht.
Denn entscheidend ist am Ende nur, ob die Vertragsstaaten der Wiener Konvention Lösungen für die in Frage stehenden Lebenssachverhalte bereithalten, die gewissermaßen auf "einen Nenner" gebracht werden können und somit eventuell eine Basis für eine Regelung im Rahmen des UN-Kaufrechts bilden.

268 Esser/Schmidt, S.135.

269 Choi, S. 182.

270 Stoll, FS v.Caemmerer, S. 435 f..

Hier zeigt sich die besondere Bedeutung der funktionalen Rechtsvergleichung, die insbesondere die den Rechtsordnungen eigentümliche Systematik und Dogmatik grundsätzlich unberücksichtigt läßt und lediglich überprüft, ob im jeweiligen Recht ein Bedürfnis nach der rechtlichen Lösung eines bestimmten Problems vorliegt, und wie dieses Bedürfnis gegebenenfalls befriedigt wird.

Ausgangspunkt einer solchen Rechtsvergleichung ist aber keinesfalls das "rechtstechnische Gewand", mit dem das Problem einer Regelung zugeführt wird, sondern vielmehr das konkrete Sachproblem selbst[271].

Gleichwohl ist ein Blick auf Strukturen und Grundlagen des Rechtsinstituts in den verschiedenen Rechtsordnungen sinnvoll, um deren konkrete Lösung des Sachproblems, die regelmäßig auf dem dogmatischen Grundverständnis fußt, für den "Außenstehenden" verständlich und nachvollziehbar zu machen.

Insofern sollen hier die für die Rechtsordnungen anderer Vertragsstaaten entscheidenden Strukturmerkmale des Rechtsinstituts der Culpa in contrahendo kurz aufgezeigt werden.

1) Schweiz

Die von *Jhering* begründete Lehre vom Verschulden bei Vertragsschluß ist auch in das *schweizerische* Recht übernommen worden, wo-bei jedoch die Rechtsnatur des Rechtsinstituts umstritten ist[272].
Gesetzliche Ausprägung hat die vorvertragliche Haftung gefunden in Art. 26 OR (fahrlässiger Irrtum), Artt. 36, 39 OR (fehlende Vertretungsmacht)[273] und Art. 411 ZGB (Verleitung zur Annahme der Handlungsfähigkeit)[274].

---

[271] Zweigert/Kötz, Band I, S. 35. Vgl. oben S. 44.

[272] Scheffler, IPRax 1995, S. 22; Gonzenbach, S. 20 ff.; Dreyer, S. 69; Keller/Schöbi, S. 36; Kessler/Fine, Harvard Law Review 1964, S. 406.

[273] Vgl. BGE 104 II 94.

[274] Küpper, S. 102 f.

Das Bundesgericht greift einerseits auf die deliktische Haftung zurück[275], will sie aber in einigen anderen Fällen dem Grundsatz nach wie eine Vertragsverletzung behandeln[276].

In neuerer Zeit wird vom Bundesgericht - ohne Stellungnahme zur Rechtsnatur der Culpa in contrahendo - für jede zur Diskussion stehende Modalität selbständig untersucht, ob die vertragliche oder die außervertragliche Regelung maßgebend sei[277].
Aus Gründen der Rechtssicherheit behandelt das Bundesgericht die Verjährung aber grundsätzlich nach Deliktsrecht (Art. 60 OR)[278], während sich die Hilfspersonenhaftung regelmäßig nach Vertragsrecht (Art. 101 OR) richtet[279].

Die Rechtsprechung des Bundesgerichts macht deutlich, daß im *schweizerischen* Recht die Frage nach der Rechtsnatur der Culpa in contrahendo nicht abschließend beantwortet werden soll.
Es soll vielmehr genügen, im jeweiligen Einzelfall den wahren Kern der Haftung und die danach angemessene Lösung (Vertrags- oder Deliktsrecht) zu ermitteln[280].

Unabhängig davon, an welche Voraussetzungen nun im einzelnen die Haftung aus Culpa in contrahendo geknüpft wird, ist man sich in der *schweizerischen* Lehre und Rechtsprechung aber einig, daß der Schutz des Vertrauens - als Ausfluß des als Leitprinzip geltenden Grundsatzes von Treu und Glauben - das haftungsbegründende Element des Rechtsinstituts darstellt[281].
Insofern sich danach das Verhalten eines Verhandlungspartners als treuwidrig erweist, entstehen Schadensersatzansprüche aus Verschulden bei Vertragsschluß[282].

---

275 BGE 36 II 203; 40 II 372; 45 II 554; 80 II 38.

276 BGE 68 II 303; 77 II 135; 90 II 458.

277 BGE 108 II 311; 101 II 266; 98 II 28. Kritisch zu dieser Rechtsprechung Guhl, S. 99.

278 BGE 104 II 94; 101 II 268 f..

279 BGE 108 II 422. Siehe auch Guhl, S. 99.

280 Frick, S. 144; Gonzenbach, S. 73 f.

281 Dreyer, S. 69; Frick, S. 143; Gonzenbach, S. 71; Keller/Schöbi, S. 37.

282 Guhl, S. 98; Scheffler, IPRax 1995, S. 22.

2) Österreich

Auch in der *österreichischen* Rechtsordnung gibt es keine generelle Regelung der vorvertraglichen Pflichten, doch enthält das ABGB verschiedene Einzelbestimmungen, in denen für den konkreten Fall eine Haftung für Verschulden bei Vertragsschluß angeordnet wird[283].

Im Laufe der Jahrzehnte hat sich die Culpa in contrahendo aber auch als selbständiges Haftungsinstitut durchgesetzt[284].

Nach heute herrschender Ansicht treten Geschäftspartner schon mit der Aufnahme eines Kontaktes zu rechtsgeschäftlichen Zwecken in ein beiderseitiges Schuldverhältnis, das sie zu gegenseitiger Rücksichtnahme bei der Vorbereitung und beim Abschluß des Geschäfts verpflichtet[285].

Grund für die allgemeine Anerkennung der Rechtsfigur der Culpa in contrahendo war - ähnlich wie im *deutschen* Recht - die Unzulänglichkeit des heimischen Deliktsrechts[286].

Zwar enthält § 1295 ABGB - im Gegensatz zu § 823 Abs. 1 BGB - keine ausdrückliche Begrenzung der Deliktshaftung auf die Verletzung absoluter Rechte und Rechtsgüter. Doch fordert § 1294 ABGB eine widerrechtliche Schadensverursachung und die Rechtswidrigkeit gilt grundsätzlich nur bei Verletzungen absoluter Rechtsgüter als indiziert[287].
Hinzu kommt, daß regelmäßig ein Verstoß gegen ein Verhaltensgebot gefordert wird, mit der Folge, daß fahrlässig verursachte Vermögensbeschädigungen deliktsrechtlich nicht zu ahnden sind[288]. Schließlich sieht das Deliktsrecht im Rahmen des § 1315 ABGB nur dann eine Ge

283 Nirk, RabelsZ 18 (1953), S. 315. Vgl. nur § 866 (Vertretung ohne Vertretungsmacht), § 869 (geheimer Vorbehalt) sowie § 874 (List).

284 Küpper, S. 96.

285 Koziol/Welser, S. 205 f. m.w.N.

286 Küpper, S. 95 f.

287 Küpper, S. 95.

288 OGH SZ 56/135; Küpper, S. 95.

hilfenhaftung vor, wenn diesbezüglich ein Auswahlverschulden nachzuweisen ist. Die vertragsrechtliche Regelung des § 1313a ABGB[289] erweist sich auch hier insoweit als effizienter, als jeder Teil das Verschulden solcher Personen, deren er sich zur Vertragsvorbereitung bedient, wie sein eigenes Verschulden zu verantworten hat[290].

Die Unzulänglichkeiten des deliktsrechtlichen Haftungssystem führten daher zur Annahme eines vorvertraglichen Schuldverhältnisses, das nach Vertragsgrundsätzen zu beurteilen ist und aus welchem sich - der *deutschen* Lehre entsprechend - Schutz-[291], Aufklärungs-[292] und Mitwirkungspflichten[293] ergeben[294].

3) Italien

Der 1942 in Kraft getretene Codice civile enthält eine ausdrückliche und generelle Regelung der vorvertraglichen Haftung für die Fälle, in denen kein wirksamer Vertrag zustande gekommen ist[295].

So verlangt die Generalklausel des Art. 1337 C.c. von den Parteien, sich bei den Vertragsverhandlungen und beim Vertragsabschluß nach Treu und Glauben zu verhalten.
Darüber hinaus verpflichtet die Vorschrift des Art. 1338 C.c. diejenige Partei zum Ersatz des Vertrauensschadens, die der anderen Partei die Gründe für die Unwirksamkeit des Vertrages nicht mitgeteilt hat.

---

289 Vergleichbar der Vorschrift des § 278 BGB.

290 Nirk, RabelsZ 18 (1953), S. 317; Küpper, S. 96.

291 OGH SZ 52, 135; 51, 111; 48, 100.

292 OGH SZ 52, 90; 49, 97; 49, 13.

293 OGH SZ 50, 132.

294 Koziol/Welser, S. 206; Küpper, S. 96. Als dogmatische Grundlage für dieses Schuldverhältnis wird zumeist eine Rechtsanalogie zu den §§ 866, 874, 878 ABGB genannt (vgl. Koziol/Welser, S. 206 m.w.N.; Nirk, RabelsZ 18 (1953), S. 316 f.).

295 Küpper, S. 110; Nirk, RabelsZ 18 (1953), S. 323; Kessler/Fine, Harvard Law Review 1964, S. 407.

Aus diesen beiden Bestimmungen haben *italienische* Rechtsprechung und Lehre ein komplexes System der vorvertraglichen Haftung entwickelt, aus dem sich verschiedene Verhaltenspflichten der Verhandlungspartner ergeben[296].

Daß das *italienische* Recht einer Haftung aus Culpa in contrahendo dermaßen aufgeschlossen gegenüber steht, ist umso erstaunlicher, als Art. 2043 C.c. eine deliktsrechtliche Generalklausel enthält, nach der jede vorsätzliche oder fahrlässige Handlung, die einem anderen widerrechtlich Schaden zufügt, schadensersatzpflichtig macht[297].
Außerdem haftet der Geschäftsherr gemäß Art. 2049 C.c. ohne Exkulpationsmöglichkeit für unerlaubte Handlungen seiner Gehilfen, die diese in Ausführung ihrer Verrichtungen begangen haben.

Doch trotz dieser weitgehenden deliktischen Haftung hat sich der *italienische* Gesetzgeber entschlossen, für das Stadium der Vertragsverhandlungen eine eigenständige Regelung in das Gesetz aufzunehmen. Dadurch kann dem besonderen Verhältnis der Parteien in der Verhandlungsphase, die sich von der allgemeinen Pflichtenlage zwischen beliebigen Dritten abhebt, Rechnung getragen werden[298].

Auch wenn die Haftung aus Culpa in contrahendo danach in erster Linie auf die Artt. 1337, 1338 C.c. (und nicht auf Art. 2043 C.c.) gestützt wird, so wird die Rechtsnatur des Rechtsinstituts trotzdem überwiegend[299] als deliktisch bezeichnet[300].

---

296 Kindler, S. 189 f.; Nirk, RabelsZ 18 (1953), S. 326. Zu diesen Verhaltenspflichten gehören beispielsweise das Verbot des ungerechtfertigten Verhandlungsabbruchs sowie bestimmte Mitteilungs- und Aufklärungspflichten.

297 Küpper, S. 110.

298 Küpper, S. 110.

299 Das gilt zumindest für die Rechtsprechung, vgl. Frick, S. 84 Fn. 618 m.N.

300 Kindler, S. 189; Frick, S. 84; Nirk, RabelsZ 18 (1953), S. 326. In der italienischen Literatur werden aber auch die Auffassungen vertreten, die Haftung sei vertraglich oder sogar eine solche sui generis, vgl. Küpper, S. 111 Fn. 205 m. w. N.

4) Frankreich

Rudolf von Jherings Gedanken über die vorvertragliche Haftung aus rechtsgeschäftlichem Kontakt waren auch im *französischen* Recht Ausgangspunkt sämtlicher Diskussionen über ein vorvertragliches Haftungsinstitut ("responsabilité précontractuelle")[301].

Als Ausdruck des der Culpa in contrahendo zugrunde liegenden Rechtsgedankens wird im Code civil insbesondere die Regelung des Art. 1599 gesehen[302].
Danach wird dem Verkäufer einer fremden Sache eine Schadensersatzpflicht auferlegt, soweit dem Käufer dieser nach *französischem* Recht zur Nichtigkeit des Vertrages führende Umstand[303] weder bekannt war, noch bekannt sein mußte[304].
Aus dieser Vorschrift wurde - in Zusammenhang mit Art. 1601 (Nichtigkeit des Vertrages, wenn im Zeitpunkt des Vertragsabschlusses die verkaufte Sache ganz untergegangen war) - die allgemeine Verpflichtung abgeleitet, für die rechtliche Wirksamkeit des Vertrages Sorge zu tragen[305].

Trotzdem blieben Rechtscharakter und Grenzen dieser "responsabilité précontractuelle" heftig umstritten.
Die wohl herrschende Lehre und Rechtsprechung spricht der Culpa in contrahendo einen vertraglichen Charakter ab und unterstellt das Verschulden bei Vertragsschluß dem Deliktsrecht[306].

Der Grund für die deliktsrechtliche Qualifikation der Culpa in contrahendo[307] ist leicht einzusehen, wenn man bedenkt, daß die deliktische

---

301 Lorenz, ZEuP 1994, S. 219; Ferid/Sonnenberger, Rdnr. 1 F 267; Frick, S. 76; Renner, S. 194; Kessler/Fine, Harvard Law Review 1964, S. 406.

302 Kessler/Fine, Harvard Law Review 1964, S. 407.

303 Nirk, RabelsZ 18 (1953), S. 324.

304 Küpper, S. 114; Lorenz, ZEuP 1994, S. 219. Die Vorschrift gleicht dem deutschen § 307 BGB.

305 Küpper, S. 114; Nirk, RabelsZ 18 (1953), S. 325.

306 Lorenz, ZEuP 1994, S. 219 f; Schmidt-Szalewski, S. 95; Renner, S. 194; Ferid/Sonnenberger, Rdnr. 1 F 267; Küpper, S. 114 m.w.N.; Frick, S. 76

Generalklausel des Art. 1382 in jeder Situation für einen angemessenen Ausgleich sorgt[308].

Danach wird - anders als beispielsweise im *deutschen* Recht - die Begründung von Schadensersatzansprüchen auch wegen bloßer Vermögensbeschädigungen ermöglicht[309].

Hinzu kommt die strenge Haftung nach Art. 1384 Abs. 5 C.c., wonach der Geschäftsherr für schuldhaftes Handeln seiner Hilfspersonen ohne Exkulpationsmöglichkeit einstehen muß[310].

Aufgrund dieser Bestimmungen des Deliktsrechts wird verständlich, daß im *französischen* Recht ein Bedürfnis nach einer vertraglichen bzw. vertragsähnlichen Haftung im Rahmen der Verhandlungsphase nur beschränkt vorhanden ist[311].

5) England und USA

Die "klassische", dem *deutschen* Recht vergleichbare Lehre von der Culpa in contrahendo ist dem angelsächsischen Rechtsdenken eher fremd[312].

Dies gilt insbesondere insofern, als eine vertragliche Erfassung der Fälle des Verschuldens bei Vertragsschluß im anglo-amerikanischen Rechtskreis kaum möglich ist, weil hier sowohl die Strenge der "consideration-Lehre" als auch die Grundregel des "caveat emptor" die Fortentwicklung von Lösungswegen im vertraglichen Bereich nicht zulassen[313].

---

307 Zur praktischen Relevanz der deliktsrechtlichen Behandlung der Culpa in contrahendo vgl. die Ausführungen von Lorenz, ZEuP 1994, S. 220 ff. sowie von-Ferid/Sonnenberger, Rdnr. 1 F 268 ff.

308 Lorenz, ZEuP 1994, S. 220; Ferid/Sonnenberger, Rdnr. 1 F 267.

309 Ferid/Sonnenberger, Rdnr. 1 F 267; Küpper, S. 115.

310 Ferid/Sonnenberger, Rdnr. 1 F 267; Küpper, S. 115; Frick, S, 77.

311 Lorenz, ZEuP 1994, S. 220; Ferid/Sonnenberger, Rdnr. 1 F 267; Küpper, S. 115; Frick, S, 77.

312 Nirk, RabelsZ 18 (1953), S. 332; Kessler/Fine, Harvard Law Review 1964, S. 448; Frick, S. 103.

313 Frick, S. 104.

Sowohl nach *englischem* als auch nach *amerikanischem* Recht kommt ein Vertrag aufgrund zweier Leistungsversprechen zustande, wobei ein solches Versprechen grundsätzlich nur dann bindend ist, wenn es im Hinblick auf ein "Gegenopfer" des Versprechensempfänger, d.h. gegen eine "consideration"[314], abgegeben wird[315].

Es wird daher postuliert, daß der Versprechende im Gegenzug ein Recht erwirbt, ein rechtliches Interesse oder irgendeinen wirtschaftlichen Vorteil aus dem Vertrag hat, oder aber daß der Vertragspartner (Versprechensempfänger) irgendeine Einbuße oder einen Verlust erleidet, oder eine Haftung übernimmt[316].
Fehlt es danach an einem "Gegenopfer", das der Empfänger seinerseits sofort erbringt oder zu erbringen verspricht, so wird die Zusage nur dann wirksam, wenn sie in gesiegelter Urkunde ("under seal") abgegeben wird[317].

Grundgedanke der "consideration-Lehre" ist das Prinzip der Gegenseitigkeit, letzteres allerdings nicht bezogen auf Leistung und Gegenleistung, sondern vielmehr auf das Verhältnis von Versprechen und dem dafür zu entrichtenden Preis[318].
Mit anderen Worten ausgedrückt: es wird ein wirtschaftliches Gegenopfer des Versprechensempfänger verlangt, das in gewisser Weise den Preis darstellt, für den das gegebene Versprechen eingehandelt wird[319].
Das erkaufte Versprechen ist demnach gerichtlich nur einklagbar, wenn dieser Preis bezahlt wurde oder zumindest das Versprechen eines Preises abgegeben wurde[320].

---

314 Unter dem Begriff "consideration" ist all das zu verstehen, was auch nur im weitesten Sinne zu Lasten des Versprechensempfängers geht oder sich zu Gunsten des Versprechenden auswirken kann, vgl. Ludwig, S. 178 f.

315 Zweigert/Kötz, Band II, S. 62, 84; Küpper, S. 120; Ludwig, S. 175 f.

316 Stathopoulos, AcP 194 (1994), S. 550.

317 Zweigert/Kötz, Band II, S. 62 f.

318 Ludwig, S. 179.

319 Stathopoulos, AcP 194 (1994), S. 550.

320 Ludwig, S. 179.

Dementsprechend sind beispielsweise formlose Schenkungsversprechen ebensowenig bindend wie Vertragsofferten vor ihrer Annahme durch ein Gegenversprechen.
Konsequenterweise gelten daher etwa auch bloße Vertragsverhandlungen ohne nachfolgenden Vertragsschluß als rechtlich unerheblich[321].

Darüber hinaus gilt es auch, die im Vertragsrecht des anglo-amerikanischen Rechtskreises verbreitete Grundregel des "caveat emptor" zu beachten.

Jene besagt ganz allgemein, daß jede Partei sich beim Vertragsabschluß ausschweigen und aus der Unkenntnis oder dem Irrtums des Partners Vorteil ziehen darf[322].

Konsequenz dieses Prinzips ist die Tatsache, daß dem Verhandlungspartner grundsätzlich keine Aufklärungspflichten gegenüber der anderen Partei obliegen[323] und im anglo-amerikanischen Rechtskreis daher eine Entwicklung von Aufklärungs- und Mitwirkungspflichten, wie sie innerhalb der "eigentlichen" Lehre der Culpa in contrahendo zu finden sind, nicht stattgefunden hat[324].

Um jedoch bei bestimmten Fallgruppen Unbilligkeiten der consideration-Doktrin zu vermeiden, wird insbesondere im *amerikanischen* Recht auf die Lehre vom "promissory estoppel" zurückgegriffen[325], die von den Gerichten entwickelt und in § 90 des *amerikanischen* Restatement of the Law of Contracts ausdrücklich Niederschlag gefunden hat[326].

Danach ist ein formloses Versprechen trotz fehlender consideration klagbar, wenn der Versprechensempfänger im Vertrauen darauf sein

---

321 Küpper, S. 121.
322 Nirk, RabelsZ 18 (1953), S. 333; Frick, S. 85; Stathopoulos, AcP 194 (1994), S. 560.
323 Frick, S. 85.
324 Nirk, RabelsZ 18 (1953), S. 332.
325 Näher zum "estoppel-Prinzip" unten S. 160 ff.
326 Zweigert/Kötz, Band II, S. 88.

Verhalten erheblich geändert hat und der Versprechende dies voraussehen konnte und bei Unklagbarkeit daher Ungerechtigkeit entstehen würde[327].

In der Sache handelt es sich hier also um Fälle, die etwa im *deutschen* Recht mit Hilfe der Culpa in contrahendo gelöst würden[328], so daß - bei funktionaler Betrachtung - auch im anglo-amerikanischen Recht eine Vorverlagerung des Vertrauensschutzes ins Stadium der Vertragsverhandlungen stattgefunden hat[329].

Im *englischen* Recht hat sich der Gedanke des "promissory estoppel" allerdings (noch) nicht in dem Maße durchgesetzt, wie es in der *amerikanischen* Rechtsprechung der Fall war.

Anders als in den Vereinigten Staaten kann derjenige, der sich auf das (ohne Gegenleistung abgegebene) Versprechen des anderen eingerichtet hat, daraus nur eine Einwendung herleiten, mit der er sich gegen den Anspruch der anderen Seite verteidigt[330]. Es ist ihm aber grundsätzlich nicht möglich, auf Erfüllung des Versprechens oder auf Schadensersatz wegen Nichterfüllung zu klagen[331].
Ansprüche auf Schadensersatz kommen daher grundsätzlich nur aus dem Deliktsrecht ("law of torts") in Betracht[332].

Auch die Grundregel des "caveat emptor" gilt allerdings nicht ausnahmslos.
Gestattet das anglo-amerikanische Recht den in Vertragsverhandlungen stehenden Partnern grundsätzlich, sich auszuschweigen, so stellt es andererseits - insoweit wiederum in Übereinstimmung mit dem *deutschen* Recht - dem durch positive Handlungen, durch wissentlich oder fahr-

---

327 Stathopoulos, AcP 194 (1994), S. 551; Zweigert/Kötz, Band II, S. 89; Küpper, S. 122 f.

328 Zweigert/Kötz, Band II, S. 90; Kessler/Fine, Harvard Law Review 1964, S. 408, 422; Köndgen, S. 82.

329 Küpper, S. 124 f; Kessler/Fine, Harvard Law Review 1964, S. 401; Frick, S. 104; Nirk, RabelsZ 18 (1953), S. 338 f.

330 Vgl. hierzu unten S. 161.

331 Zweigert/Kötz, Band II, S. 90; Küpper, S. 134.

332 Küpper, S. 135.

lässig unrichtig abgegebene Äußerungen getäuschten Vertragsgegner Rechtsbehelfe zur Verfügung, die ihn vor einer Vermögensbeschädigung schützen sollen[333].

In diesem Zusammenhang gewährt beispielsweise die "Misrepresentation-Lehre"[334] dem geschädigten Partner Schadensersatzansprüche und Einreden[335].

Diese verschiedenen Ausnahmen vom Prinzip des "caveat emptor" können insoweit durchaus als "substitute for culpa in contrahendo"[336] bezeichnet und als Beispiele für eine teilweise, wenn auch unvollkommene Anerkennung der Lehre der Culpa in contrahendo im anglo-amerikanischen Recht charakterisiert werden[337].

F) Zusammenfassung und Stellungnahme

Zwischen dem deutschen und dem romanischen Rechtskreis besteht weitgehend Einigkeit darüber, daß die Sanktionierung des Verschuldens bei Vertragsschluß im Prinzip zu Recht besteht[338].

Uneins sind die beiden Rechtsfamilien nur, soweit es um die Rechtsnatur und die Grenzen dieser Verantwortlichkeit geht[339].

Hier fällt vor allem auf, daß in *Deutschland*, *Österreich* und teilweise auch in der *Schweiz* die Culpa in contrahendo eher dem Vertragsrecht zugeordnet wird, während *Italien* und *Frankreich* zu einer deliktsrechtlichen Qualifikation der Rechtsfigur neigen.

---

333 Nirk, RabelsZ 18 (1953), S. 335.
334 Näheres zum Anwendungsbereich dieser Lehre unten S. 124 ff.
335 Frick, S. 95; Nirk, RabelsZ 18 (1953), S. 335 f.
336 Kessler/Fine, Harvard Law Review 1964, S. 447.
337 Frick, S. 104; Kessler/Fine, Harvard Law Review 1964, S. 446.
338 Nirk, RabelsZ 18 (1953), S. 323.
339 Nirk, RabelsZ 18 (1953), S. 324.

Grund für diese abweichenden Einordnungen vorvertraglicher Haftung ist insbesondere die unterschiedliche Ausgestaltung des Deliktsrechts innerhalb der verschiedenen Rechtsordnungen.

Dort, wo die deliktischen Regelungen ein weites Anwendungsgebiet besitzen, blieb das Bedürfnis nach der Einbeziehung des Verschuldens bei Vertragsschluß in das Vertragsrecht gering. Hier können schon mit Hilfe des Deliktsrechts sachgerechte Lösungen erzielt werden.
Die Rechtsordnungen aber - wie insbesondere das *deutsche* und *österreichische* Recht - , deren deliktische Vorschriften in einer Vielzahl von Fällen keinen ausreichenden Schutz der Verhandlungspartner gewährleisten können, sahen sich gezwungen, die Vorteile des heimischen Vertragsrechts auch im vorvertraglichen Bereich zur Anwendung zu bringen.
Der einfachste Weg hierzu war die vertragliche Einordnung der Culpa in contrahendo.

Trotz dieser in dogmatischer Hinsicht unterschiedlichen Auffassungen kann aber festgestellt werden, daß die *Jheringsche* Idee in beiden Rechtskreisen Fuß gefaßt hat und in den einzelnen Rechtsordnungen - den nationalen Bedürfnissen angepaßte - vorvertragliche Haftungssysteme entwickelt wurden, die allesamt auf dem Prinzip des Vertrauensschutzes basieren.

Zu undifferenziert erscheint auch die Aussage, die Lehre von der Haftung aus Culpa in contrahendo existiere im anglo-amerikanischen Rechtsdenken nicht[340].

Zwar scheint auf den ersten Blick festzustehen, daß das Common Law tatsächlich keine der Culpa in contrahendo entsprechende Lehre entwickelt hat, doch bei näherer Betrachtung kann festgestellt werden, daß sich auch im anglo-amerikanischen Recht Grundsätze - wie beispielsweise die Prinzipien des "promissory estoppel" oder der "misrepresentation" - durchgesetzt haben, die im wesentlichen die der Culpa in contrahendo allgemein zugeschriebenen Funktionen ausüben[341].

---

340 So aber noch Nirk, RabelsZ 18 (1953), S. 332.

341 Kessler/Fine, Harvard Law Review 1964, S. 401, 448; Küpper, S. 130.

So verstehen sich insbesondere sowohl das Rechtsinstitut der Culpa in contrahendo als auch das Institut der "promissory estoppel" als Ausprägung des Vertrauensgedankens[342].

In diesem Zusammenhang betont *Farnsworth*, daß "even in Europe it is difficult to find cases that actually impose precontractual liability where an American Court would clearly not do so on other grounds"[343].

Im Ergebnis läßt sich also feststellen, daß das im Rahmen von Vorverhandlungen begründete Vertrauen einer Partei sowohl im Civil Law als auch im Common Law zwar auf systematisch verschiedenen Wegen, im Ergebnis aber doch in gleicher Weise geschützt wird[344].

Da hier aber nur interessiert, wie das jeweilige Rechtssystem die Aufgabe meistert, den Vertrauensgedanken juristisch operational zu machen, spielt es für die vorliegende Untersuchung keine Rolle, wie dieser Vertrauensschutz rechtstechnisch im einzelnen präzisiert wird.

---

342 Der jeweils verlangte Vertrauenstatbestand ist zwischen den beiden Instituten allerdings unterschiedlich. Während bei der Culpa in contrahendo der Vertrauenstatbestand praktisch präsumiert wird, sobald die Parteien in geschäftlichen Kontakt treten, wird das Vertrauen bei der "promissory estoppel" vom Versprechenden final erzeugt, denn das Versprechen hat ja den alleinigen Zweck, beim Gläubiger gezielt Erwartungen zu wecken, vgl. Köndgen, S. 82.

343 Farnsworth, Columbia Law Review 1987, S. 239 f.

344 Frick, S. 104.

II) Fallgruppen der Culpa in contrahendo

Wie bereits erwähnt stehen die vorvertraglichen Pflichten in engem Zusammenhang mit dem "Vertrauen" des Geschädigten, welches er seinem Verhandlungspartner entgegenbringt und entgegenbringen darf. Die zentrale Frage ist daher, welchen Inhalt das "Vertrauen" hat, worauf also letztendlich vertraut wird.
Aufgrund der Vielgestaltigkeit der Sachverhalte, auf welche die Culpa in contrahendo Anwendung findet, kann es hierauf keine einheitliche Antwort geben, so daß auch eine allgemeine Definition vorvertraglicher Pflichten nicht angebracht erscheint[345].
Um dem Rechtsinstitut trotzdem klare Konturen zu verleihen, ist es notwendig - und allgemein anerkannt[346] -, Fallgruppen zu bilden, welche die von der Culpa in contrahendo erfaßten Tatbestände näher umschreiben.

Grundsätzlich kann man die Fälle des Verschuldens bei Vertragsverhandlungen in zwei große Gruppen einteilen[347]. Die Unterscheidung richtet sich danach, ob Pflichten hinsichtlich vertragsfremder Rechtsgüter (sogenannte Schutz[348]- oder Verkehrspflichten[349]) oder aber solche hinsichtlich des abzuschließenden Vertrages selbst (sogenannte vertragsbezogene Loyalitätspflichten[350]) verletzt werden.

Die vertragsbezogenen Loyalitätspflichten lassen sich unterteilen in die Fälle, in denen ein Vertrag nicht wirksam zustande gekommen ist, und

---

345 Loges, S. 38.

346 Vgl. nur Küpper, S. 26 f.; Fikentscher, S. 70; Medicus, Gutachten, S. 487.

347 Soergel-Wiedemann, vor § 275 Rdnr.110; Erman-Battes, § 276 Rdnr.111; Medicus, FS Max Keller, S. 209.

348 Michalski, Jura 1993, S. 25; Fikentscher, S. 70.

349 Soergel-Wiedemann, vor § 275 Rdnr.110; Gottwald, JuS 1982, S. 878. Teilweise werden diese Pflichten auch als Verkehrssicherungspflichten (Emmerich, S. 46) oder Erhaltungspflichten (Frick, S. 48) bezeichnet.

350 Küpper, S. 28; Soergel-Wiedemann, vor § 275 Rdnr.110.

solche, in denen ein nachteiliger oder unangemessener Vertrag abgeschlossen wurde[351].

Ist ein wirksamer Vertragsschluß gescheitert, so läßt sich weiter differenzieren[352]:
Eine Partei bricht die Vertragsverhandlungen ab oder verweigert nach der Einigung die Erfüllung eines Formerfordernisses.
Möglich ist aber auch der Abschluß eines Vertrages, der wegen Nichtigkeit oder einer fehlenden Genehmigung nicht wirksam wird.

Beim Zustandekommen eines nachteiligen bzw. unangemessenen Vertrages kann die Entschließungsfreiheit der einen Partei durch die andere unkorrekt beeinflußt worden sein, etwa durch Täuschung oder fehlende Aufklärung.

Die nachfolgende Darstellung der verschiedenen Fallgruppen orientiert sich an der Unterteilung nach Schutz- und Verkehrspflichten einerseits und dem Nichtzustandekommen eines Vertrages bzw. dem Abschluß nachteiliger Verträge andererseits[353].

A) Schutz- und Verkehrspflichten

1) Tatbestand

Jeder Verhandlungspartner ist verpflichtet, in seinem eigenen Bereich die erforderlichen Schutzmaßnahmen zu treffen, damit im Verlauf der Verhandlungen vertragsfremde Güter des Partners, die dieser der Ein-

---

351 Erman-Battes, § 276 Rdnr.117, 125; Medicus, Schuldrecht, S. 56; Palandt-Heinrichs, § 276 Rdnr.72, 77 f.; Soergel-Wiedemann, vor § 275 Rdnr.112 f.; Küpper, S. 28.

352 Medicus, Gutachten, S. 488.

353 Eine solche Unterteilung findet sich auch bei: Palandt-Heinrichs, § 276 Rdnr.71 ff.; Erman-Battes, § 276 Rdnr.117 ff.; Medicus, Schuldrecht, S. 56 ff..

wirkungsmöglichkeit des anderen aussetzt, nicht beeinträchtigt werden[354].

Geschützt wird zunächst die körperliche Integrität des Verhandlungspartners, insbesondere also sein Leben und seine Gesundheit[355]. Beispielsfälle hierfür sind die Haftung für den Sturz eines Kunden auf einer in den Verkaufsräumen liegengebliebenen Bananenschale[356] oder für die Verletzung einer Kundin durch eine umfallende Linoleumrolle[357].

Die Obhutspflicht erstreckt sich außerdem auf die im Eigentum des Verhandlungspartners stehenden Sachen, wenn dieser sie der anderen Partei bereits während der Verhandlungen anvertraut[358].

Eine vorvertragliche Haftung kommt danach z.B. in Betracht, wenn ein Kaufinteressent bei einer Probefahrt das Kraftfahrzeug des Anbieters beschädigt[359], wenn der Vermieter dem Mieter bereits vor Vertragsabschluß den Einzug in die Wohnung gestattet[360], die dieser dann verunstaltet, oder wenn ein Reparaturunternehmer eine ihm schon vor Abschluß des Werkvertrages vom Besteller übergebene Sache zerstört[361].

Die Verpflichtung umfaßt außerdem den Schutz aller sonstigen Rechtsgüter der anderen Partei, unter Einschluß auch ihres gesamten Vermögens[362].

---

354 Horn, JuS 1995, S. 380; Frick, S. 8; Emmerich, S. 46, der von einer Parallele zu den deliktischen Verkehrssicherungspflichten spricht.

355 Palandt-Heinrichs, § 276 Rdnr.71.

356 BGH, NJW 1962, S. 32. Vgl. auch BGHZ 66, S. 54 (Gemüseblatt) oder BGH, BB 1986, S. 1185 (Fußbodenbelag). Vorausgesetzt wird aber, daß der Kunde die Räume tatsächlich zur Geschäftsanbahnung betritt (Gegenbeispiel ist der Obdachlose, der sich in den Verkaufsräumen nur aufwärmen will).

357 RGZ 78, S. 239.

358 MüKo-Emmerich, vor § 275 Rdnr.76.

359 BGH, NJW 1972, S. 1363. Auf der anderen Seite muß der Anbieter natürlich dafür Sorge tragen, daß sich das Fahrzeug in verkehrssicherem Zustand befindet.

360 BGH LM § 278 Nr.39.

361 BGH, NJW 1977, S. 376; OLG Karlsruhe, VersR 1986, S. 708.

362 Messer, FS Steindorff, S. 745; MüKo-Emmerich, vor § 275 Rdnr.77.

Deshalb kann ein Partner aus Culpa in contrahendo haften, wenn er während der Vertragsverhandlungen die qualifiziertesten Mitarbeiter der anderen Seite abwirbt[363] oder wenn er ihm dabei vertraulich mitgeteilte Geschäftsgeheimnisse weiterverrät[364].

In all den oben genannten Fällen kann der Geschädigte grundsätzlich auch deliktische Ansprüche geltend machen (z.B. aus § 823 Abs. 1 BGB)[365], doch wird regelmäßig auf die Culpa in contrahendo zurückgegriffen, um die Schwächen des Deliktsrechts auszugleichen[366] und dadurch für unbillig empfundene Ergebnisse zu vermeiden[367].

Dieser Anwendungsbereich der Culpa in contrahendo betrifft somit Verletzungen, die als Positive Vertragsverletzung zu qualifizieren wären, wenn sie sich nach Vertragsschluß ereignet hätten. Da es im Ergebnis aber gleich bleiben muß, ob sich die Schädigung vor oder nach Vertragsschluß ereignet hat, werden die Vertragspflichten in den vorvertraglichen Bereich hineingezogen.[368].

Die Haftung nach den Grundsätzen des Verschuldens bei Vertragsverhandlungen findet ihre Rechtfertigung letztlich darin, daß sich der Geschädigte im Rahmen des geschäftlichen Kontakts in den Gefahren- und Einflußbereich des anderen Teils begibt und daher auf einen gesteigerten Schutz seiner Rechtsgüter vertrauen kann[369].

---

363 BGH, NJW 1961, S. 1308 ff.

364 MüKo-Emmerich, vor § 275 Rdnr.77.

365 Zur Konkurrenz von Ansprüchen aus Vertrag und Delikt vgl. Schlechtriem, Vertragsordnung, S. 289 ff.: "Die Konkurrenzmöglichkeit gilt als selbstverständlich"

366 Vgl. oben Fn. 251.

367 So insbesondere, um Vermögensschäden zu ersetzen, die im Deliktsrecht nur über § 826 BGB bzw. über § 823 Abs. 2 i.V. mit einer Strafvorschrift erfaßt werden.

368 Vgl. Medicus, Gutachten, S. 487.

369 Gottwald, JuS 1982, S. 878; Medicus, FS Max Keller, S. 210. Die Schutzpflicht beginnt nicht erst bei Eintritt in die eigentlichen Vertragsverhandlungen, sondern schon bei Betreten der fremden Rechtssphäre (z.B. der Verkaufsräume), vgl. BGH, NJW 1962, S. 31 f..

2) Rechtsfolgen

Gemäß § 249 BGB hat der Ersatzpflichtige den von ihm verursachten Schaden grundsätzlich voll zu ersetzen. Der Geschädigte ist also so zu stellen, wie er ohne die Pflichtwidrigkeit des Gegners gestanden hätte.

Die Anwendung des § 249 BGB ist in den Fällen der Verletzung von Schutz- und Verkehrspflichten unproblematisch.
Der Schuldner hat das volle Integritätsinteresse zu ersetzen, wobei der Unterschied zwischen positiven und negativen Interesse ebensowenig eine Rolle spielt wie (sonst) im Deliktsrecht. Denn dem Schaden fehlt hier jeder Bezug zu einem Erfüllungsanspruch aus einer Sonderverbindung, aus dem sich ein Schadensersatz wegen Nichterfüllung und damit ein positives Interesse begründen ließe[370]. Hinzukommt, daß die Verletzung des Verhandlungspartners oftmals jede Konkretisierung möglicher Verträge verhindert[371].

3) Rechtsvergleichende Übersicht

a) Schweiz und Österreich

Hinsichtlich der ebenfalls dem deutschen Rechtskreis angehörenden Rechtsordnungen der *Schweiz* und *Österreichs* kann im wesentlichen auf die obigen Ausführungen zum *deutschen* Recht verwiesen werden, da die Entwicklung in Bezug auf die Schutz- und Verkehrspflichten in allen drei Staaten ähnlich verlaufen ist[372].

So erkennt die *österreichische* Rechtsprechung ebenfalls ein vorvertragliches Schuldverhältnis an, aus welchem sich bestimmte Schutz-

---

370 Medicus, FS Lange, S. 541.
371 Gottwald, JuS 1982, S. 884.
372 Frick, S. 70; Medicus, FS Max Keller, S. 212.

und Verkehrspflichten ergeben können und das nach Vertragsgrundsätzen zu behandeln ist[373].

Diese Entscheidungen erstrecken den Schutz des vorvertraglichen Rechtsverhältnisses entsprechend der "Bananenschalenentscheidung" des Bundesgerichtshofes[374] auch auf deliktisch geschützte Rechtsgüter, um vor allem zur Anwendbarkeit des § 1313a ABGB (vertragliche Gehilfenhaftung) zu gelangen[375].

Auch das *schweizerische* Bundesgericht hat - zumindest anfänglich - die Verletzung einer Schutzpflicht dem Grundsatz nach wie eine Vertragsverletzung behandelt, weil den Partnern eine erhöhte Sorgfaltspflicht obliege, die derjenigen von Vertragsparteien angenähert sei[376]. Da die Rechtsprechung aber mittlerweile dazu übergegangen ist, im konkreten Einzelfall zu ermitteln, ob Vertrags- oder Deliktsrechts zur Anwendung gelangen soll[377], bleibt abzuwarten, ob die Fälle der Verletzung von Schutz- und Verkehrspflichten auch weiterhin einer vertragsähnlichen Culpa-in-contrahendo-Haftung zugerechnet werden.

b) Frankreich

Verletzungen des Verhandlungspartners oder Sach- bzw. Vermögensbeschädigungen im Stadium der Verhandlungsphase sind im *französischen* Recht zu keiner Zeit Gegenstand einer besonderen Erörterung unter dem Gesichtspunkt der Culpa in contrahendo gewesen[378].

Vielmehr werden in *Frankreich* Schadensersatzansprüche des Vertragspartners aus körperlichen bzw. vermögensrechtlichen Schädigungen durch den Verhandlungspartner oder dessen Gehilfen rein deliktisch aufgefaßt und daher auf der Grundlage der Artt. 1382, 1384 C.c.

---

373 OGH SZ 48/100; SZ 51/111; SZ 52/135.

374 BGH, NJW 1962, S. 32.

375 Küpper, S. 96 Fn 156.

376 BGE 68 II 295. Kritisch Keller/Schöbi, S. 36.

377 Vgl. oben S. 86 f.

378 Ferid/Sonnenberger, Anm. 1 F 275.

abgewickelt[379]. Dabei spielt es im übrigen keine Rolle, ob der Vertragsabschluß an der Verletzung scheitert oder dennoch zustande kommt[380].

Die rein deliktsrechtliche Qualifikation des Verschuldens bei Vertragsschluß bei Verletzungen des Integritätsinteresses hat ihre Ursache in der "Schlagkraft" des französischen Deliktsrechts, welches Vermögensschäden grundsätzlich erfaßt[381] und eine Exkulpationsmöglichkeit des Geschäftsherrn regelmäßig nicht[382] anerkennt[383].

Ein Rückgriff auf die Prinzipien der Culpa in contrahendo ist in der *französischen* Rechtsordnung somit entbehrlich.

c) Italien

Ähnlich wie im *französischen* Code civil ist die Situation im Recht *Italiens*.

So enthält Art. 2043 C.c. eine deliktische Generalklausel, nach der jede vorsätzliche oder fahrlässige Handlung, die einem anderen widerrechtlich Schaden (an Körper oder Eigentum) zufügt, schadensersatzpflichtig macht.

Zudem haftet gemäß Art. 2049 C.c. der Geschäftsherr ohne Exkulpationsmöglichkeit für die unerlaubte Handlung eines Gehilfen, die dieser in Ausführung seiner Verrichtung begeht.

Demnach werden auch im *italienischen* Recht die Verletzungen vorvertraglicher Schutz- und Verkehrspflichten nicht mit Hilfe des Rechtsin-

---

379 Frick, S. 74; Ferid/Sonnenberger, Anm. 1 F 275.

380 Ferid/Sonnenberger, Anm. 1 F 275.

381 Vgl. Art. 1382 C.c.

382 Vgl. Art. 1384 Abs. 5 C.c.

383 Lorenz, ZEuP 1994, S. 240 f.

stituts der Culpa in contrahendo, sondern unter Anwendung der deliktsrechtlichen Vorschriften geahndet[384].

d) England und USA

Schließlich wird auch im anglo-amerikanischen Rechtskreis bei Schutzpflichtverletzungen ausschließlich auf die Grundsätze des Deliktsrechts zurückgegriffen[385], wie insbesondere die Entscheidung *Turner v. Arding & Hobbs* verdeutlicht[386]:

Die Käuferin rutschte beim Aussuchen von Waren in dem Ladengeschäft des Verkäufers auf einem Gemüseblatt aus und verletzte sich.
Die Geschädigte erhielt Schadensersatz nicht unter dem - wie auch immer ausgestalteten - Gesichtspunkt der Culpa in contrahendo, sondern aufgrund der action for damages for negligence[387].

In dem Fall *Jacobs v. London County Council*[388] stolperte eine Kundin kurz vor Betreten des Ladenlokals über einen aus dem Grundstück des Beklagten ragenden Wasserhahn und verletzte sich.
Der Klägerin wurde auch hier weder ein vertraglicher noch ein vertragsähnlicher Schadensersatz zugesprochen[389].

---

384 Frick, S. 83 f.

385 Nirk, RabelsZ 18 (1953), S. 351; Frick, S. 102.

386 King`s Bench Division (1949) 2 All E.R. 911 = RabelsZ 16 (1951), S. 409.

387 Der die Entscheidung tragende Satz der Urteilsgründe lautet: "...in a store of this sort, into which people are invited to come, there is a duty on the shopkeeper to see that his floor are kept reasonably safe". Vgl. auch Nirk, RabelsZ 18 (1953), S. 351.

388 Court of Appeal (1949) 1 All E.R. 790 = RabelsZ 16 (1951), S. 409; House of Lords (1950) A.C. 361 ff.; siehe auch Nirk, RabelsZ 18 (1953), S. 353; Frick, S. 103.

389 Im übrigen wurde der Klägerin in diesem Fall auch kein außervertraglicher Schadensersatz zugesprochen, da die Sorgfaltspflichten eines Grundstücksbesitzers im anglo-amerikanischen Deliktsrecht abgestuft sind und die Klägerin - vereinfacht ausgedrückt - nicht dem geschützten Personenkreis angehörte, vgl. hierzu Nirk, RabelsZ 18 (1953), S. 353 Fn. 2.

4) Fazit

Der rechtsvergleichende Umblick hat gezeigt, daß der deutsche Rechtskreis mit seiner Einbeziehung von Schutz- und Verkehrspflichten in den Tatbestand des Verschuldens bei Vertragsschluß allein dasteht.

Das Problem der vorvertraglichen Pflichten zum Schutz vertragsfremder Rechtsgüter ist - wie bereits erörtert - in erster Linie das Problem der Korrektur von Unzulänglichkeiten des *deutschen* Deliktsrechts[390]. Dementsprechend ist den übrigen Rechtsordnungen eine dem deutschen Rechtskreis vergleichbare Vorverlegung der Vertragshaftung eher fremd[391].

Da es sich bei dieser Fallgruppe der Culpa in contrahendo, in der eine Partei durch die Vernachlässigung von Obhutspflichten die Gesundheit oder das Eigentum des Verhandlungspartners verletzt, dem Grunde nach um klare Deliktsfälle handelt, wird die vorvertragliche Verletzung vertragsfremder Rechtsgüter in ausländischen Rechten durchweg unter rein deliktsrechtlichen Aspekten geprüft und entschieden[392], was angesichts der weit gefaßten Deliktstatbestände auch ohne größere Schwierigkeiten möglich ist.

B) Abschluß nachteiliger Verträge

1) Tatbestand

Häufig führen die Vertragsverhandlungen zu einem (zunächst) wirksamen Vertragsschluß, der bei pflichtgemäßem Verhalten des Verhand

390 Stoll, FS v.Caemmerer, S. 437; Frick, S. 54.

391 Nirk, RabelsZ 18 (1953), S. 351; Medicus, Gutachten, S. 489.

392 Stoll, FS v.Caemmerer, S. 437; Nirk, RabelsZ 18 (1953), S. 351; Frick, S. 53; Medicus; Gutachten, S. 489

lungspartners aber nicht oder zumindest zu anderen Bedingungen zustande gekommen wäre.
Hier geht es vor allem um die Fälle, in denen auf die Willensbildung einer Partei pflichtwidrig eingewirkt wurde. Das pflichtwidrige Verhalten kann dabei in einem Tun, einer Irreführung oder einem Unterlassen, zum Beispiel dem Verschweigen von Tatsachen, bestehen[393].

a) Beeinflussung durch Täuschung oder Drohung

Im Falle einer arglistigen Täuschung oder widerrechtlichen Drohung steht dem Geschädigten zunächst das Anfechtungsrecht nach § 123 BGB zu[394].

Daneben kann er aber auch Ansprüche aus Culpa in contrahendo geltend machen[395].
Die Aufnahme von Vertragsverhandlungen begründet ein gesetzliches Schuldverhältnis zwischen den Parteien, aus dem sich nicht nur vorvertragliche Aufklärungs-, Offenbarungs- oder Hinweispflichten, sondern auch sonstige Verhaltenspflichten, insbesondere allgemeine Schutzpflichten ergeben, welche die Parteien verpflichten, sich so zu verhalten, daß Person, Eigentum und sonstige Rechtsgüter des anderen nicht verletzt werden.

Durch eine arglistige Täuschung oder eine widerrechtliche Drohung, die den Verhandlungspartner zum Abschluß eines Vertrages "zwingt", wird dessen geschütztes Recht auf freie Willensbestimmung und damit eine allgemeine Verhaltenspflicht verletzt[396].

---

393 Palandt-Heinrichs, § 276 Rdnr.78.

394 In Betracht kommen aber auch deliktische Ansprüche. Vgl. Schlechtriem, Vertragsordnung, S. 302 ff.

395 BGH, NJW 1979, S. 1983; NJW 1990, S. 1662; NJW 1991, S. 1675.

396 BGH, NJW 1979, S. 1983.

Die arglistige Täuschung und die widerrechtliche Drohung begründen daher - neben Ansprüchen aus § 123 BGB - zugleich eine Haftung aus Culpa in contrahendo[397].

b) Verletzung von Aufklärungs- und Informationspflichten

Auch aufgrund mangelnder Aufklärung und Information über bestimmte Umstände durch einen Vertragspartner kann die andere Partei zu einem ihr ungünstigen Vertragsabschluß bewogen worden sein[398].

Der Unterschied zur oben genannten arglistigen Täuschung besteht hier vor allem darin, daß eine Partei lediglich aus Fahrlässigkeit bei der anderen einen Irrtum erregt hat und die andere Partei erkennbar unter dem Einfluß dieses Irrtums den Vertrag abschließt[399].

Grundsätzlich besteht allerdings keine generelle Pflicht zur Aufklärung über alle für den Vertragspartner erheblichen Umstände[400]. Vielmehr ist es zunächst jedermanns Aufgabe, sich selbst über die allgemeinen Marktverhältnisse und die sich daraus ergebenden Chancen und Risiken zu informieren[401].
Aufzuklären ist aber über solche Umstände, die den Vertragszweck vereiteln können und daher für den anderen Teil von wesentlicher Bedeutung sind, so daß er nach der Verkehrsauffassung und nach Treu und Glauben eine Mitteilung erwarten darf[402].

---

397 Zur Anspruchskonkurrenz zwischen Culpa in contrahendo und § 123 BGB vgl. unten S. 114 f.

398 Zu den Informationspflichten im einzelnen vgl. Breidenbach, S. 52 ff. und Teichmann, JA 1984, S. 545 ff..

399 MüKo-Emmerich, vor § 275 Rdnr.94; BGH, NJW 1990, S. 2544; BGHZ 71, S. 101 (105); 96, S. 311 f.; 111, S. 80; Horn, JuS 1995, S. 380.

400 BGH, NJW 1993, S. 2107; Jauernig-Jauernig, § 123 Anm. 2.a); allgemein zu möglichen Auskunftsansprüchen im Bürgerlichen Recht Lorenz, JuS 1995, S.

401 Emmerich, S. 48.

402 BGH, NJW 1993, S. 2107; BGH, NJW-RR 1991, S. 240; Gottwald, JuS 1982, S. 880; Jauernig-Jauernig, § 123 Anm. 2.a)

Die schwierige Aufgabe einer Grenzziehung zwischen berechtigtem Gewinnstreben einerseits und der Pflicht zur Wahrung der Interessen der Gegenpartei andererseits erfordert immer eine Abwägung aller Umstände des Einzelfalls[403].

Der Umfang der gebotenen Aufklärung hängt insbesondere von der Intensität der Verhandlungen ab. So wird eine Aufklärungspflicht beispielsweise bejaht, wenn sich die Vertragsverhandlungen über einen längeren Zeitraum hinziehen, ein gewisses Vertrauensverhältnis zwischen den Parteien entstanden ist und seitens des Verkäufers Angaben gemacht werden, die für die Kaufentscheidung erkennbar von wesentlicher Bedeutung sind, deren tatsächliche Grundlagen aber noch vor Vertragsschluß entfallen und sich damit als unrichtig herausstellen[404].

Die Informationspflichten können sich auch erhöhen, wenn ein Verhandlungspartner überlegene Fachkunde besitzt und bei den Verhandlungsgesprächen besonderes Vertrauen darauf in Anspruch nimmt[405].

Dies gilt in besonderem Maße vor allem dann, wenn der Partner erkennt, daß die Gegenseite keine oder nur laienhafte Vorstellungen und Vorkenntnisse besitzt[406].

Auf der anderen Seite kann die Aufklärungspflicht bei Spekulationsgeschäften zwischen Branchenkennern gänzlich entfallen, wenn die das Risiko maßgeblich bestimmenden Umstände objektiv erkennbar sind[407].

---

403 BGH, WM 1983, S. 1007; 1984, S. 817.

404 BGH, NJW 1983, S. 2494.

405 BGH, NJW 1981, S. 1266; NJW 1989, S. 2282 (der BGH spricht hier von einem "Wissensvorsprung"); NJW-RR 1988, S. 1290; Esser/Schmidt, S. 137.

406 OLG Köln, NJW 1994, S. 1355.

407 MüKo-Emmerich, vor § 275 Rdnr.80; Jauernig-Jauernig, § 123 Anm. 2.a).

2) Rechtsfolgen

a) Ersatz des negativen Interesses

Der Ersatz des negativen Interesses umfaßt den Ersatz der Nachteile, die dem Geschädigten durch das Zustandekommen oder die Durchführung des Vertrages erwachsen sind[408].
Ist es trotz der Pflichtverletzung zum Vertragsschluß gekommen, so kann der Geschädigte die Rückgängigmachung (Aufhebung) des Vertrages (§ 249 S.1 BGB) verlangen[409] und auch Ersatz seiner nutzlosen Aufwendungen (vgl. § 251 Abs. 1 BGB) fordern[410].

Sieht man in der Vertragsanfechtung nach § 123 BGB einerseits und im Wandlungsrecht nach § 459 BGB andererseits keine abschließenden Regelungen, um zur Auflösung ungünstiger Verträge zu gelangen[411], so bestehen keine Bedenken dagegen, die vorvertragliche Haftung mit dem in § 249 S.1 BGB verankerten Grundsatz der Naturalrestitution dahin zu verbinden, daß als Schadensersatz die Befreiung vom ungünstigen Vertrag zu gewähren ist. Die aus dem Vertragsschluß folgende Verpflichtung des geschädigten Teils belastet dessen Vermögen. Zwar kann die dem Betroffenen versprochene Leistung ein diese Belastung ausgleichender Vorteil sein. Sie ist es aber nicht, wenn sie hinter den Erwartungen der einen Partei zurückbleibt, weil der Verhandlungspartner sie über aufklärungspflichtige Umstände im unklaren ließ.
Aus dieser Pflichtverletzung rührt dann das Zurückbleiben des Wertes der versprochenen Leistung hinter derjenigen, die der Geschädigte erwarten konnte und durfte. Sieht man somit in der Leistung des Schädigers kein vollwertiges Äquivalent für die Belastung mit der Gegenlei-

---

408 Vgl. BGH, NJW 1974, S. 1505: Hotelbetrieb stellt aufgrund unrichtiger Informationen über den voraussichtlichen Verbrauch die Heizung von Öl auf Gas um.

409 Kritisch zur Aufhebung der Vertragsbindung wegen Verschuldens bei Vertragsschluß: Hartwieg, JuS 1973, S. 733 ff.

410 Erman-Battes, § 276 Rdnr.126 f.; Medicus, FS Lange, S. 555; Gottwald, JuS 1982, S. 884.

411 So aber Medicus, JuS 1965, S. 209 ff.

stungspflicht, so ist die Beeinträchtigung der Vermögenslage durch die Befreiung von der Gegenleistungspflicht auszugleichen[412].

Die Entsprechung zum negativen Interesse beruht hier darauf, daß der Geschädigte so gestellt wird, wie er ohne die erfüllten Erwartungen stünde: Er hätte dann den Vertrag nicht geschlossen und folglich auch durch ihn keine Vermögensnachteile erlitten[413].

b) Anspruch auf Vertragsanpassung

Die Rechtsprechung hat dem Geschädigten aber noch einen weiteren Rechtsbehelf gewährt:
Der Geschädigte kann an dem geschlossenen Vertrag festhalten und durch eine Änderung des Vertragsinhalts - insbesondere durch eine Herabsetzung der Gegenleistung - soll der Kontrakt den enttäuschten Erwartungen angepaßt werden[414].

Auch dieser Anspruch läßt sich ohne weiteres als Schadensersatzanspruch bezeichnen, wenn der Vertrag ohne die unbegründete Erwartung zu dem herabgesetzten Preis zustande gekommen wäre. In diesem Fall wird nämlich durch die Preisherabsetzung der Zustand hergestellt, der jetzt ohne die zum Ersatz verpflichtenden Angaben bestünde (§ 249 S.1 BGB)[415].

Die Rechtsprechung geht aber noch einen Schritt weiter und fordert von dem geschädigten Teil nicht einmal den Nachweis dafür, daß sich der

412 Messer, FS Steindorff, S. 749 f.

413 Medicus, FS Lange, S. 555; Messer, FS Steindorff, S. 750.

414 BGH, NJW 1993, S. 1325; JZ 1989, S. 592 f.; NJW 1981, S. 2051; NJW 1977, S. 1537 f; Jauernig-Vollkommer, § 276 Anm. VI. 4.e); Horn, JuS 1995, S. 383.

415 Medicus, FS Lange, S. 556.

Schädiger damals tatsächlich mit einem Vertragsschluß unter diesen (neuen) Bedingungen einverstanden erklärt hätte[416].

Diese Ansicht ist jedoch nicht ganz unproblematisch, führt sie doch zu einer "Korrektur" des § 249 BGB[417]. Da der Geschädigte so zu stellen ist, wie er stünde, wenn die schädigende Handlung nicht erfolgt wäre, muß er grundsätzlich nachweisen, daß auch der Vertragsgegner den Vertrag so, wie ihn der Geschädigte jetzt gelten lassen will (also mit geändertem Inhalt), geschlossen hätte[418]. Kann er diesen Nachweis nicht führen, will er aber gleichwohl die Sache behalten, muß er den Vertrag so hinnehmen, wie er abgeschlossen worden ist und auf einen Schadensersatz verzichten[419].

Auf der anderen Seite führt die Auffassung der Rechtsprechung zu sachgerechten Ergebnissen, wenn der Käufer die erlangte Sache aus tatsächlichen oder wirtschaftlichen Gründen nicht mehr herausgeben kann[420]. Im Interesse der Rechtssicherheit und der Rechtsklarheit muß diese Alternative - Herabsetzung des vereinbarten Preises oder Rückzahlung des Mehrbetrages - aber unabhängig davon gelten, ob dem Erwerber im Einzelfall die Rückgabe der Sache unmöglich bzw. unzumutbar ist oder nicht[421].

Erhebliche Bedenken gegen diese Rechtsprechung möchte ich allerdings noch insoweit erheben, als der Anspruch auf Vertragsanpassung

---

416 BGH, WM 1980, S. 1006 f., unter ausdrücklicher Aufgabe seiner früheren (vgl. BGH, WM 1969, S. 497 f.) Auffassung: Der Nachweis sei "hypothetisch und ohnehin kaum zu führen".

417 Vgl. hierzu die Ausführungen von Tiedtke, JZ 1989, S. 569 ff. und Stoll, FS Riesenfeld, S. 275 ff..

418 Unter anderem deshalb diese Ansicht ablehnend: Messer, FS Steindorff, S. 749 ff.

419 Tiedtke, JZ 1989, S.570.

420 Z.B. wenn der Käufer das gekaufte Unternehmen, über dessen Umsätze und Erträge falsche Angaben gemacht worden sind, nicht zurückgeben kann, weil er es in seinem Betrieb eingegliedert hat und es nicht aus ihm herauslösen kann.

421 BGH, WM 1980, S. 1006 f.; Tiedtke, JZ 1989, S. 570; im Ergebnis dem BGH zustimmend auch Medicus, FS Lange, S. 557. Eher zurückhaltend Palandt-Heinrichs, § 276 Rdnr.102.

im Endeffekt nichts anderes als eine "Minderung" im Sinne der Gewährleistungsvorschriften des BGB darstellt[422] und das Gewährleistungsrecht als abschließendes Regelungssystem grundsätzlich Ansprüche aus Culpa in contrahendo ausschließt.

Voraussetzung für eine Vertragsanpassung ist daher immer, daß die Erklärung des Verkäufers weder ausdrücklicher Vertragsinhalt ("term of the contract") geworden noch eine vertragliche Zusicherung ist. Andernfalls folgt die Haftung ausschließlich dem Vertragsrecht, so daß das Rechtsinstitut der Culpa in contrahendo als vertragsähnliche Haftung in diesem Sinne subsidiär ist[423].

3) Konkurrenzen[424]

Nach Ansicht der Rechtsprechung wird beim Abschluß nachteiliger Verträge der Anspruch aus Culpa in contrahendo durch die Anfechtungsvorschriften des BGB nicht ausgeschlossen[425]. Im Verhältnis zum Schadensersatzanspruch auf Schuldbefreiung stellen die Vorschriften des Anfechtungsrechts keine Spezialregelung dar:

§ 123 BGB schützt die freie rechtsgeschäftliche Selbstbestimmung gegen unerlaubte Mittel der Willensbeeinflußung, und zwar unabhängig vom Eintritt eines Schadens. Demgegenüber hat die Haftung aus Verschulden bei Vertragsschluß andere Voraussetzungen und Wirkungen, insbesondere führt nur die Entstehung eines Schadens zum Anspruch auf Ersatz desselben.

---

422 Gottwald, JuS 1982, S. 884.

423 Stoll, FS Riesenfeld, S. 275. Zum Konkurrenzproblem vgl. nachfolgend 3).

424 Zur Konkurrenz von Ansprüchen aus Vertrag und Delikt vgl. Schlechtriem, Vertragsordnung, S. 289 ff.

425 Jauernig-Vollkommer, § 276 Anm. VI.2.c); Palandt-Heinrichs, § 276 Rdnr.78; BGH, NJW 1979, S. 1983 f; BGH, NJW 1993, S. 1704.

Bei näherer Betrachtung zeigt sich aber, daß die Ansprüche aus § 123 BGB und aus Culpa in contrahendo zumindest in ihren Rechtsfolgen zu den gleichen Ergebnissen führen.

Als "Schaden" kann grundsätzlich der eingegangene Vertrag gesehen werden. Der "Schadensersatz" ist dann die Aufhebung dieses Vertrages. Insoweit stimmt die Rechtslage bei Anfechtung und culpa in contrahendo wieder überein. Auch der Personenkreis, für den ein Verhandlungspartner wegen Culpa in contrahendo einzustehen hat, ist der gleiche wie bei § 123 Abs. 2 BGB, weil diese Vorschrift für den Fall arglistiger Täuschung im Rahmen von Vertragsverhandlungen als eine gesetzliche Sonderregelung der Haftung für Culpa in contrahendo anzusehen ist[426].

Unterschiede zwischen den Anfechtungsvorschriften und der Culpa in contrahendo bestehen aber in der Wirkung der Vertragsauflösung. Während mit der Geltendmachung eines Schadensersatzanspruchs aus Verschulden bei Vertragsschluß nur erreicht wird, daß der Verpflichtete keine Rechte aus dem Vertrag herleiten kann, führt eine Anfechtung nach § 123 i.V.m. § 142 Abs. 1 BGB auch zu einer Dritten gegenüber wirksamen völligen Beseitigung der Schuldverpflichtung[427].

Insofern erscheint es in der Tat gerechtfertigt, den Anfechtungsrechten gegenüber den Schadensersatzansprüchen im Hinblick auf die Verschiedenartigkeit ihrer Wirkungen (dinglich die eine und schuldrechtlich die andere) den Charakter von Sondervorschriften abzusprechen.

Ein weiteres Konkurrenzproblem zwischen der Anfechtung nach § 123 BGB und dem Schadensersatzanspruch aus Culpa in contrahendo ergibt sich im Hinblick auf die Vorschrift des § 124 BGB.
Die Anfechtung ist mit Bedacht in § 123 BGB an den Vorsatz des Täters und durch § 124 BGB an kurze Fristen geknüpft worden. Der vor-

---

426 Vgl. BGH, NJW 1990, S. 1662.
427 BGH, NJW 1962, S. 1196 (1198 f.); Choi, S. 259.

sätzlich Handelnde braucht daher nur ein Jahr mit der Aufhebung des Vertrages zu rechnen[428].
Demgegenüber richten sich Ansprüche aus Culpa in contrahendo nach § 195 BGB, so daß bei bloßer Fahrlässigkeit dreißig Jahre lang die Vertragsaufhebung verlangt werden kann[429].

Aber auch dieses auf den ersten Blick merkwürdig anmutende Ergebnis nimmt die Rechtsprechung ohne weiteres in Kauf[430]. Arglistige Täuschung nach § 123 BGB und Culpa in contrahendo seien eben - wie oben beschrieben - eigenständige Tatbestände, zwischen denen aufgrund ihrer verschiedenartigen Schutzrichtungen uneingeschränkt Anspruchskonkurrenz bestehe. Es sei anerkannt, daß deliktische Schadensersatzansprüche anstatt der Anfechtung und insbesondere auch nach Ablauf der Frist des § 124 BGB erhoben werden können, mithin sogar nach Ablauf der Verjährungsfrist zur Verweigerung der Vertragserfüllung (§ 853 BGB). Es bestehe insoweit kein Anlaß, den damit konkurrierenden Anspruch aus Verschulden bei Vertragsschluß anders zu behandeln.

Beim Kauf gehen die §§ 459 ff. BGB der Haftung aus Culpa in contrahendo schließlich als abschließende Sonderbestimmungen vor, soweit sich das Verschulden auf Fehler und zugesicherte (bzw. zusicherungsfähige) Eigenschaften bezieht[431]. Unberührt bleiben jedoch die Haftung für falsche Informationen über den Kaufgegenstand, die nicht in den

---

428 Die Anfechtungsfrist beginnt mit dem Zeitpunkt, in welchem der Anfechtungsberechtigte die Täuschung entdeckt hat, vgl. § 124 Abs. 2 BGB.

429 BGHZ 83, S. 223; 84, S. 149; 111, S. 82; Jauernig-Vollkommer, § 276 Anm. VI. 4.a). Kritisch deshalb u.a. Gottwald, JuS 1982, S. 881; Medicus, Schuldrecht, S. 61.
Nach Ablauf der Anfechtungsfrist kann aber auch § 852 BGB in Betracht kommen, wenn der Tatbestand des Betruges (§ 263 StGB), der Nötigung (§ 240 StGB), der Erpressung (§ 253 StGB) oder der vorsätzlichen sittenwidrigen Schädigung (§ 826 BGB) erfüllt ist.

430 BGH, NJW 1979, S. 1984; BGH, NJW-RR 1988, S. 745.

431 BGHZ 114, S. 266; Horn, JuS 1995, S. 381. Interessant ist in diesem Zusammenhang auch die Konkurrenz von Ansprüchen aus dem Kaufvertrag einerseits und dem Deliktsrecht andererseits. Eingehend hierzu Schlechtriem, Vertragsordnung, S. 289 ff.

Anwendungsbereich der §§ 459 ff. BGB fallen[432], für vorsätzliches Handeln[433] und die Eigenhaftung des Vertreters. Der Vertreter ist insoweit persönlich aus Verschulden bei Vertragsschluß haftbar, wenn er am Vertragsschluß ein unmittelbar eigenes, wirtschaftliches In-teresse hat oder wenn er ein besonderes persönliches Vertrauen in Anspruch genommen hat[434].

4) Rechtsvergleichende Übersicht

In allen Rechtsordnungen ist anerkannt, daß arglistige Täuschung und Drohung zur Anfechtung des Vertrages bzw. der Willenserklärung berechtigen können[435].

Die Frage, unter welchen Voraussetzungen eine arglistige Täuschung gegeben ist, wird dabei überall durchaus ähnlich entschieden. Gewisse Nuancierungen treten nur bei dem Problem auf, wann genau das bloße Verschweigen einer für den Vertragsschluß erheblichen Tatsache die Gegenseite zur Anfechtung wegen Täuschung berechtigt[436].

Im anglo-amerikanischen Recht entspricht der arglistigen Täuschung die Rechtsfigur der "fraudulent misrepresentation", deren Voraussetzung ist, daß der Erklärende seinem Partner gegenüber tatsächliche Angaben gemacht hat, deren Unrichtigkeit er mindestens billigend in Kauf nahm[437].
Im übrigen kennen die kontinental-europäischen Rechtsordnungen dem § 123 BGB vergleichbare Regelungen, wie etwa der *österreichische* § 870 ABGB, die *französischen* Artt. 1110, 1116 C.c. oder die *italienischen* Artt. 1439, 1440 C.c.

---

432 BGH, NJW 1991, S. 1223 f.; Horn, JuS 1995, S. 381.

433 BGH, NJW 1992, S. 2565; NJW-RR 1990, S. 79, 971.

434 Ausführlich hierzu Palandt-Heinrichs, § 276 Rdnr.93 ff..

435 Zweigert/Kötz, Band II, S. 122 f. Täuschung, Verschweigen, insbesondere arglistiges, und Drohung sind seit altersher in sämtlichen Rechtsordnungen verpönt gewesen, vgl. auch Kessler, FS v.Caemmerer, S. 873 Fn. 2.

436 Zweigert/Kötz, Band II, S. 124.

437 Eingehend zur "fraudulent misrepresentation" unten S. 124 f.

Allein interessant für das Problem der Culpa in contrahendo ist aber die Frage, ob die verschiedenen Rechtsordnungen Schadensersatzansprüche auch dann gewähren, wenn im vorvertraglichen Stadium fahrlässig falsche oder unvollständige Angaben gemacht wurden, ohne daß hier-bei eine arglistige Täuschung vorliegt.
Denn hier greifen die sich auf arglistiges Verhalten einer Partei beziehenden nationalen Vorschriften nicht ein, so daß diesbezüglich auf andere Rechtsbehelfe zurückgegriffen werden muß.
Im *deutschen* Recht geht man - wie oben gezeigt - von allgemeinen Aufklärungs- und Informationspflichten aus, deren Verletzung Ansprüche aus Culpa in contrahendo zur Folge haben kann.

Im Mittelpunkt der rechtsvergleichenden Betrachtung soll daher die Frage stehen, ob in anderen Rechten den Verhandlungspartnern ähnliche Aufklärungspflichten obliegen und gegebenenfalls zu welchen Konsequenzen die fahrlässige Verletzung derselben führt.

Dabei wird sich zeigen, daß das Problem der Schadensersatzpflicht wegen mangelhafter Aufklärung über vertragswesentliche Umstände auch in anderen Rechtsordnungen diskutiert wird.

a) Schweiz und Österreich

Die in der *Schweiz* und in *Österreich* im Hinblick auf diesen Tatbestand der Culpa in contrahendo zu findenden Auffassungen und gerichtlichen Entscheidungen entsprechen weitgehend der *deutschen* Lehre und Rechtsprechung[438].

Wer schuldhaft vorvertragliche Aufklärungspflichten verletzt, macht sich daher auch nach *Schweizer* Recht aus Culpa in contrahendo schadensersatzpflichtig[439].

---

438 Frick, S. 42 f, 70.

439 BGE 41 II 82; 68 II 301; 80 III 53; Scheffler, IPRax 1995, S. 22; Guhl, S. 98.

Zwar ist es auch hier jedem Verhandlungspartner zumutbar, sich selbst über diejenigen Umstände zu informieren, die für den Vertragsabschluß bedeutsam sind bzw. sein können[440].

Doch können sich - ähnlich wie im *deutschen* Recht - auch für die Verhandlungspartner besondere Aufklärungspflichten ergeben, je nach Art des intendierten Vertrages, dem Ablauf der Verhandlungen oder den Absichten und Kenntnissen der Beteiligten[441].

Insbesondere schuldet eine Partei dem anderen Teil Aufklärung, wenn dieser sich erkennbar irrt[442]. Schadensersatzpflichtig aus Culpa in contrahendo macht sich aber auch derjenige Partner, der wesentliche Umstände verschweigt, die der andere nicht kennt oder kennen muß[443].

Wer Verhandlungen anbahnt und fortführt, aber nicht auf Umstände aufmerksam macht, von denen sich die Gegenseite selbst weder Kenntnis verschaffen kann oder verschaffen muß, der haftet auch nach *österreichischem* Recht für die Verletzung dieser Aufklärungspflicht nach den Grundsätzen der Culpa in contrahendo[444].

Ebenso wie in der *Schweiz* und in *Deutschland* besteht allerdings keine allgemeine Rechtspflicht, den Partner über alle Umstände aufzuklären, die auf seinen Entschluß Einfluß haben könnten[445].

Eine Aufklärungspflicht ist nur zu bejahen, wenn der andere Teil nach den Grundsätzen des redlichen Geschäftsverkehrs Aufklärung erwarten durfte[446].

---

440 BGE 102 II 81; 92 II 328.

441 BGE 105 II 75; Scheffler, IPRax 1995, S. 22.

442 Dreyer, S. 72; Scheffler, IPRax 1995, S. 22.

443 BGE 102 II 81.

444 OGH SZ 46/22; 48/102 = JBl 1976, S. 205; 49/13; 49/97 = JBl 1977, S. 315; 52/90 = JBl 1980, S. 33; Frick, S. 42 f.; Küpper, S. 96; Koziol/Weber, S. 206.

445 Koziol/Weber, S. 207.

446 OGH SZ 52/22; 55/51; 59/15.

b) Italien

Art. 1337 C.c. verpflichtet die Parteien im *italienischen* Recht zu einem Verhalten nach Treu und Glauben während der Vertragsverhandlungen.

Zu den vorvertraglichen Pflichten, die Art. 1337 C.c. statuiert, gehören nach herrschender Auffassung in Italien auch Informations- und Aufklärungspflichten[447].
Dabei hat jeder Verhandlungspartner die Pflicht, die Gegenseite über solche Umstände aufzuklären, die dieser unbekannt zu sein scheinen und sie bei gehöriger Kenntnis davon abhalten würden, den Vertrag insgesamt oder doch in dieser Form abzuschließen[448].

Eine Spezialnorm stellt allerdings Art. 1338 C.c. dar, der von seinem Wortlaut her (nur) die Schädigung des Verhandlungspartners im Zusammenhang mit einem nichtigen oder vernichtbaren Vertrag erfaßt.

Art. 1338 C.c. wird aber - über seinen Wortlaut hinausgehend - ebenfalls als Grundlage allgemeiner Mitteilungs- und Aufklärungspflichten angesehen[449].

Danach ergibt sich - unabhängig davon, welchem Verpflichtungstatbestand man folgen möchte - auch nach *italienischem* Recht eine allgemeine Informationspflicht bezüglich der "elementi necessari per formarsi un'esatta idea del contratto"[450].

---

[447] Nickl, S. 114. Eine spezielle Regelung hat die vorvertragliche Aufklärungspflicht in Art. 1892 Abs. 1 C.c. im Rahmen von Versicherungsverträgen erfahren.

[448] Nickl, S. 114.

[449] Nirk, RabelsZ 18 (1953), S. 326; Frick, S. 81; Nickl, S. 115 f..Kindler, S. 190.

[450] Frick, S. 81.

c) Frankreich

Der Haftung für die Verletzung von vorvertraglichen Aufklärungs- und Informationspflichten (obligation précontractuelle de renseignements[451]) kommt im *französischen* Recht ebenso wie im *deutschen* Recht hinsichtlich der Irrtumsanfechtung eine ergänzende und lückenfüllende Funktion zu[452].

Die Rechtsprechung hat, teils gestützt auf die Maxime, daß doloses Verhalten im Rechtsverkehr unzulässig ist, teils auf der Grundlage des den Rechtsverkehr allgemein beherrschenden Gebots verantwortlichen und den Geboten der Gutgläubigkeit entsprechenden Verhaltens, eine vorvertragliche Informationspflicht grundsätzlich bejaht[453].

Insoweit kann von einer richterrechtlich gesicherten vorvertraglichen Aufklärungspflicht ausgegangen werden[454], nach der zusammenfassend folgendes gilt:

Grundregel der "obligation précontractuelle de renseignements" ist, daß derjenige den Verhandlungspartner zu informieren hat, der eine für diesen bedeutsame Eigenschaft kennt oder - insbesondere wegen eines überlegenen Fachwissens - kennen muß und sich der Bedeutung dieser Tatsache für den anderen bewußt ist[455].

---

451 Umfassend hierzu Chaussade-Klein, Vorvertragliche "obligation de renseignements" im französischen Recht.

452 Lorenz, ZEuP 1994, S. 233.

453 Vgl. nur Cass.Civ., Bull.Civ. 1985 I Nr. 137; Bull.Civ. 1985 I Nr. 201; Bull. Civ. 1976 I Nr. 370; Ferid/Sonnenberger, Anm. 1 F 281; Lorenz, ZEuP 1994, S. 234.
Eine gesetzliche Präzisierung der vorvertraglichen Informationspflicht wurde durch Gesetz vom 18.1.1992 für Verbraucherverträge eingeführt und ist nunmehr in Art. L 111-1 C.Consom normiert. Danach hat ein gewerblicher Leistungsanbieter einem Verbraucher ohne Rücksicht auf dessen Möglichkeiten zur Selbstinformation die Informationen zu geben, die ihn in die Lage versetzen, die wesentlichen Eigenschaften der Leistung zu kennen, vgl. Ferid/ Sonnenberger, Anm. 1 F 281.

454 Ferid/Sonnenberger, Anm. 1 F 281.

455 Lorenz, ZEuP 1994, S. 234; Cass.Civ., Bull.Civ. 1976 I Nr. 370; Bull.Civ. 1985 I Nr. 201.

Allerdings gilt auch im *französischen* Recht die Regel, daß sich jede Partei über Chancen und Risiken des Geschäfts grundsätzlich selbst zu informieren hat[456].
Eine Aufklärungspflicht besteht daher nur gegenüber demjenigen, der sich nicht selbst über die relevanten Umstände informieren kann, etwa weil er aufgrund seiner Unkenntnis des Vertragsobjekts objektiv dazu nicht in der Lage ist[457] oder weil er keine Sachkunde besitzt und deshalb berechtigt darauf vertrauen darf, von seinem Verhandlungspartner umfassend informiert zu werden[458].

Im Gegensatz zum deutschen Rechtskreis wird in *Frankreich* das Problem mangelhafter Aufklärung über vertragswesentliche Umstände aber über die Statuierung deliktischer Schadensersatzansprüche nach Art. 1382 C.c. gelöst[459].

Im *französischen* Recht wird - wie oben bereits dargestellt[460] - die Notwendigkeit einer außerdeliktischen, vertragsähnlichen Haftung für das vorvertragliche Stadium weitgehend bestritten[461], weil die deliktische Generalklausel der Artt. 1382, 1383 und 1384 Abs. 5 C.c. weit gefaßt ist und auch die Begründung von Schadensersatzpflichten wegen bloßer Vermögensschäden ermöglicht[462].

Grundlage der Haftung für diesen Tatbestand der Culpa in contrahendo ist somit die Verletzung einer vorvertraglichen Aufklärungs- und Informationspflicht, deren fahrlässige Verletzung (négligence) bereits eine "faute" im Sinn des Art. 1382 C.c. begründen kann[463].

---

456 Cass.Civ., Bull.Civ. 1986 IV Nr. 33.
457 Cass.Civ., Bull.Civ. 1972 III Nr. 324.
458 Lorenz, ZEuP 1994, S. 234; Ferid/Sonnenberger, Anm. 1 F 281.
459 Nickl, S. 118; Lorenz, ZEuP 1994, S. 232; Ferid/Sonnenberger, Anm. 1 F 281.
460 Vgl. oben S. 91.
461 Schmidt-Szalewski, S. 95.
462 Küpper, S. 114 f; Ferid/Sonnenberger, Anm. 1 F 267.
463 Lorenz, ZEuP 1994, S. 232 f; Ferid/Sonnenberger, Anm. 1 F 281; Nickl, S. 118.

d) England und USA

Im anglo-amerikanischen Recht spielt die Irreführung des Gegners durch mangelhafte Angaben ebenfalls eine große Rolle[464].

Wenn es aber um Aufklärungs- und Mitteilungspflichten der Parteien geht, so ist im anglo-amerikanischen Rechtskreis zunächst der "caveat emptor"-Grundsatz[465] zu beachten, der in dieser Rechtsfamilie eine überaus wichtige Regel darstellt[466].

Danach besteht seitens der Vertragsparteien grundsätzlich keine Verpflichtung zur Mitteilung selbst wesentlicher Tatsachen, welche den Vertragspartner bei Kenntnis derselben möglicherweise vom Vertragsabschluß abgehalten hätten[467].

Dem Geschäftsgegner ist ein Schweigen über Umstände, die für den Willensentschluß des anderen Teils von entscheidender Bedeutung sein können, selbst dann noch gestattet, wenn er darüber ausdrücklich befragt wird[468]. Jeder Vertragspartner hat sich daher selbst um die für ihn wichtigen Informationen zu kümmern.

Demnach hat im anglo-amerikanischen Rechtskreis ein Verhandlungspartner grundsätzlich keine Aufklärungs- oder Informationspflichten[469].

---

464 Nickl, S. 119.

465 Vgl. zu diesem Prinzip die Ausführungen oben S. 94 f.

466 Frick, S. 85.

467 Choi, S. 235.

468 Nirk, RabelsZ 18 (1953), S. 333. Die Strenge des Grundsatzes, daß das bloße Verschweigen einer Tatsache die Vertragsgültigkeit nicht beeinflußt, wird aber bei zwei Fallgruppen gemildert, nämlich bei den sog. Verträgen uberimae fidei und den fiduciary relationships (vgl. hierzu Frick, S. 93 f.; Nirk, RabelsZ 18 (1953), S. 334; Nickl, S. 120; Kessler/Fine, Harvard Law Review 1964, S. 441). Der Grundsatz der fehlenden Informationspflichten wird außerdem durch einige gesetzliche Ausnahmeregelungen begrenzt (vgl. z.B. sec. 38 des Company's Act von 1948).

469 Frick, S. 85; Nickl, S. 119 f.

Die Grenze des rechtlich Erlaubten wird nur dort überschritten, wo bei dem anderen Partner die falsche Vorstellung durch ein positives Handeln in der Absicht veranlaßt wird, den Gegner etwas Unrichtiges glauben zu lassen[470]. Dies gilt selbst dann, wenn der wahre Sachverhalt sich leicht hätte feststellen lassen[471].

Jede über das bloße Verschweigen einer wesentlichen Tatsache hinausgehende Zustimmungsäußerung kann insofern eine "misrepresentation"[472] darstellen[473].

Dabei wird unterschieden zwischen "fraudulent, negligent und innocent misrepresentation"[474].

Stellt eine Partei absichtlich unrichtige Behauptungen auf oder gibt sie Erklärungen ab, deren Richtigkeit der Gegner selbst nicht beurteilen kann, oder erweckt die Partei durch ihr Verhalten den Anschein, als ob sie ihrer Sache sicher sei, so erwächst dem enttäuschten Partner aus dieser sogenannten "fraudulent misrepresentation"[475] ein Schadensersatzanspruch (action for damages for deceit)[476] oder ein Anspruch auf Vertragsaufhebung (rescission)[477].

---

470 Kessler, FS Rheinstein, S. 765; Nirk, RabelsZ 18 (1953), S. 333. Außerdem unterliegt eine Partei einer Mitteilungspflicht, wenn sie im Laufe der Vertragsverhandlungen erkennt, daß eine ein von ihr als richtig angesehene Erklärung sich als unrichtig herausstellt, vgl. Choi, S. 235.

471 Kessler, FS Rheinstein, S. 765.

472 Unter "Misrepresentation" versteht man eine "unrichtige Darstellung" bzw. eine "fehlerhafte Tatsachenbehauptung".

473 Das Rechtsinstitut wird vom Misrepresentation Act vom 22.3.1967 erfaßt, welcher allerdings die Regelungen des Common law und equity nicht außer Kraft gesetzt hat, so daß in diesem Bereich Konkurrenz der verschiedenen Rechtsbehelfe vorliegt, vgl. Frick, S. 86.

474 Vgl. Frick, S. 87.

475 Übersetzt bedeutet dies etwa "arglistige Täuschung" oder "betrügerische Falscherklärung".

476 Nirk, RabelsZ 18 (1953), S. 335.

477 Zweigert/Kötz, Band II, S. 116; Frick, S. 87.

Die - zumindest nach *englischem* Recht mögliche[478] - "negligent misrepresentation"[479] ist der "fraudulent misrepresentation" - jedenfalls nach heutiger Auffassung - weitgehend gleichgestellt.

Sie liegt vor bei einer Erklärung, "which is made carelessly, or without reasonable grounds for believing it to be true"[480]. Auch diese Art der "misrepresentation" erlaubt dem Geschädigten, den Vertrag aufzuheben oder gegebenenfalls einen Schadensersatzanspruch geltend zu machen[481].

Eine "innocent misrepresentation" stellt schließlich jede Falscherklärung dar, die in gutem Glauben, ohne jede Täuschungsabsicht oder Fahrlässigkeit und mit vermeintlich guten Gründen abgegeben wurde[482].

Im Gegensatz zu "fraudulent bzw. negligent misrepresentation" hat die geschädigte Partei hier allerdings nur das Recht, entweder Vertragsaufhebung zu verlangen oder sich in die Position zurückversetzen zu lassen, in der sie sich vor Eingehung des Rechtsgeschäfts befand[483] (indemnity[484]).

Insgesamt läßt sich also feststellen, daß die "misrepresentation"-Lehre, insbesondere die "negligent und innocent misrepresentation", Rechtsbehelfe zur Verfügung stellt, die den Geschäftspartnern Schutz gegen eine Verletzung vorvertraglicher Pflichten gewähren und damit im weitesten Sinne Funktionen der Culpa in contrahendo ausüben[485].

---

478 Frick, S. 90 f.

479 Zu übersetzen etwa mit "fahrlässiger Falscherklärung".

480 Frick, S. 90.

481 Hedley Byrne & Co.ltd. v. Heller & Partners Ltd., 1964 A.C. 465; 1963 2 All. E.R. 575; Esso Petroleum Co. Ltd. v. Mardon, 1976 2 All. E.R. 5. Vgl. auch Sec. 2 (1) des Misrepresentation Act von 1967.

482 Zweigert/Kötz, Band II, S. 116; Nirk, RabelsZ 18 (1953), S. 335; Frick, S. 91.

483 Nirk, RabelsZ 18 (1953), S. 335.

484 "indemnity" läßt sich etwa mit "Schadloshaltung" übersetzen. Nirk bezeichnet die "innocent misrepresentation" als der deutschen Lehre von der Culpa in contrahendo besonders nahestehend (RabelsZ 18 (1953), S. 335 Fn. 4)

485 Nirk, RabelsZ 18 (1953), S. 338; Kessler/Fine, Harvard Law Review 1964, S. 446.

Neben der "misrepresentation-Lehre" muß aber auch noch der Grundsatz "estoppel by matter in pais"[486] als "substitute for culpa in contrahendo"[487] genannt werden.

Kurz umschrieben besagt die "rule of estoppel" allgemein folgendes:

Wer durch Worte oder schlüssiges Verhalten einem anderen eine bestimmte Sachlage als bestehend hinstellt, ist gehindert ("estopped"), sich später auf das Gegenteil zu berufen, wenn der andere im Vertrauen auf die vorgestellte Sachlage Dispositionen getroffen hat, die ihm jetzt zum Nachteil ausschlagen würden[488].

Bei der "estoppel by matter in pais" geht es um die Fallkonstellation, daß die falsche Erklärung eines Verhandlungspartners zu einem Vertragsschluß geführt hat und die benachteiligte Partei trotzdem an dem geschlossenen Vertrag festhalten will[489].

Der Erklärende muß sich dann so an seine Erklärung halten[490], wie sie sich dem Erklärungsempfänger objektiv darstellte.
Falls dies - wie regelmäßig - zum Nachteil beim Empfänger der falschen Erklärung führt, muß der Erklärende diese Benachteiligung "wiedergutmachen"[491].
Insofern läßt sich diese Konstellation durchaus auch mit einem im *deutschen* Recht möglichen Anspruch auf Vertragsanpassung[492] vergleichen.

Insgesamt bildet daher auch die Regelung des "estoppel by matter in pais" eine wichtige Ergänzung im Bereich des Verhaltens in contrahen-

---

486 Was soviel heißt wie Unzulässigkeit der Rechtsausübung aufgrund schuldhaften eigenen Verhaltens. Teilweise wird auch der Ausdruck "estoppel by representation" (Verwirkung aufgrund eigener Angaben) gebraucht, vgl. Frick, S. 95; Nirk, RabelsZ 18 (1953), S. 338.

487 Kessler/Fine, Harvard Law Review 1964, S. 447; Frick, S. 95.

488 Zweigert/Kötz, Band II, S. 319; Nirk, RabelsZ 18 (1953), S. 338.

489 Frick, S. 96; Kessler/Fine, Harvard Law Review 1964, S. 447.

490 Er wird gehindert ("estopped"), sich auf die Fehlerhaftigkeit seiner Erklärung zu berufen.

491 Frick, S. 96.

492 Vgl. oben S. 112 f.

do, da als Voraussetzung weder Arglist noch ein Verschulden hinsichtlich der Schadenszufügung erforderlich ist[493].

5) Fazit

Es hat sich gezeigt, daß ein Bedürfnis nach einer Haftung für die Verletzung vorvertraglicher Informationspflichten auch in anderen Rechtskreisen und -ordnungen vorhanden und anerkannt ist.

Lediglich im Detail und bei der Frage, mit welchen rechtstechnischen Mitteln das Problem anzugehen ist, bestehen zwischen den untersuchten Rechtsordnungen Unterschiede. So wird die Pflichtverletzung teilweise unter das Deliktsrecht subsumiert, teilweise - im Rahmen der "klassischen" Culpa in contrahendo - vertragsähnlich eingeordnet. Das anglo-amerikanische Recht bedient sich besonderer Rechtsfiguren - "misrepresentation-Lehre" und "estoppel-Prinzip" - , um zu sachgerechten Lösungen zu gelangen.

Trotz dieser Divergenzen läßt sich aber feststellen, daß die problematischen Fälle eines unvorteilhaften Vertragsschlusses wegen mangelhafter Aufklärung im kontinental-europäischen und anglo-amerikanischen Rechtskreis - wenn auch unter Zugrundelegung verschiedener Ausgangspunkte - mit vergleichbaren Ergebnissen gelöst werden[494].

Identisch ist insbesondere die Funktion, welche die verschiedenen nationalen Rechtsbehelfe erfüllen sollen. Diese liegt darin, den Irrtum einer Vertragspartei, der durch die andere Seite schuldhaft herbeigeführt wurde, auszugleichen und somit die Vertragsabschlußfreiheit und das rechtliche Gleichgewicht der Parteien nachträglich wieder herzustellen[495]

---

493 Nirk, RabelsZ 18 (1953), S. 338 f.
494 Nickl, S. 121.
495 Nickl, S. 122.

C) Vertrauen auf das Zustandekommen eines Vertrages

Diese Fallgruppe ist dadurch gekennzeichnet, daß es infolge des pflichtwidrigen Verhaltens eines Verhandlungspartners nicht zu dem - vom Geschäftspartner erhofften - wirksamen Vertragsschluß kommt.

Hier sind zwei Konstellationen zu unterscheiden: Möglich ist, daß die Parteien zwar einen Vertrag abschließen, dieser aber nichtig ist oder wird. Denkbar ist aber auch der bloße Abbruch der Vertragsverhandlungen durch einen Partner, ohne daß es überhaupt zu dem Anschein eines wirksam abgeschlossenen Vertrages kommt[496].

1) Der Vertrag ist nicht wirksam zustande gekommen

a) Tatbestand

In dieser Gruppe geht es darum, daß die Vertragsverhandlungen scheinbar zu einem Vertragsabschluß geführt haben, dieser Vertrag sich aber letztendlich als unwirksam herausstellt. Dabei erleidet eine Partei im Vertrauen auf die Wirksamkeit und Beständigkeit des Vertrages einen Schaden.

Das Gesetz hat Fälle dieser Art in §§ 122, 179, 307, 309 BGB ausdrücklich geregelt. Die Rechtsprechung hat die diesen Vorschriften zugrundeliegenden Gedanken fortgeführt und insbesondere auf folgende weitere Fälle ausgedehnt[497].

aa) Formbedürftigkeit des in Aussicht genommenen Vertrages

Erweckt beispielsweise ein Partner bei dem anderen den Anschein, ein formbedürftiger Vertrag sei gar nicht formbedürftig, und kommt es

---

496 Vgl. Medicus, Schuldrecht, S. 58 f.

497 Vgl. Medicus, Schuldrecht, S. 58.

dann tatsächlich nicht zu dem formgerechten Vertragsschluß[498], so haftet er dem anderen Teil aus Culpa in contrahendo[499].

Eine generelle Pflicht, den anderen Teil auf Formerfordernisse hinzuweisen, besteht aber auch hier grundsätzlich nicht, denn jede Partei muß die Gültigkeitserfordernisse ihrer Geschäfte eigenständig überprüfen. Etwas anderes gilt allerdings, wenn ein Beteiligter geschäftsmäßig auf dem betreffenden Gebiet tätig ist und erkennen muß, daß sein Gegenüber im Hinblick auf diese Sachkunde keine weiteren Erkundungen unternimmt (z.B. Verkauf im Rahmen einer "Baubetreuung" oder Vertragsabschluß mit einem Versicherungsagenten)[500].

Eine Schadensersatzpflicht aus Verschulden bei Vertragsverhandlungen ergibt sich in diesem Zusammenhang auch dann, wenn eine Partei trotz einer vollständigen Einigung den Vollzug der notwendigen Form verweigert[501].

Der Unterschied zum oben genannten Beispielsfall besteht darin, daß hier nicht über die Formbedürftigkeit des in Aussicht genommenen Vertrages getäuscht, sondern der formgültige Abschluß durch Untätigkeit vereitelt wird. In beiden Fällen kommt aber ein wirksamer Vertrag nicht zustande, weil ein Verhandlungspartner pflichtwidrig den formgültigen Abschluß verhindert.

bb) Unwirksamkeitsgründe aus der Sphäre allein einer Partei

Beruht die Unwirksamkeit eines Vertrages auf einem Wirksamkeitshindernis, das aus der Sphäre einer Partei stammt, so kann diese gege-

---

498 Bei Nichtbeachtung einer gesetzlichen Formvorschrift ist das Geschäft nach § 125 BGB nichtig.

499 BGHZ 116, S. 257 f.; Weber, Treu und Glauben, S. 176; OLG Hamburg, MDR 1954, S. 228.

500 BGH, NJW 1965, S. 812; WM 1967, S. 798; Esser/Schmidt, S. 137; Nickl, S. 10 f..

501 Jauernig-Vollkommer, § 276 Anm. VI.2.a); Beispiel: Der Verkäufer verweigert bei notwendiger notarieller Beurkundung "den Gang zum Notar".

benenfalls wegen Verursachung der Unwirksamkeit aus Culpa in contrahendo schadensersatzpflichtig sein[502].

Dies ist insbesondere anzunehmen, wenn eine Vertragsseite die Nichtigkeit des geschlossenen Vertrages wegen Sittenwidrigkeit gemäß § 138 BGB oder die Nichtigkeit einzelner Vertragsbestimmungen wegen Verwendung unangemessener Formularklauseln gemäß §§ 9 ff. AGBG zu vertreten[503] oder einen versteckten Dissens schuldhaft herbeigeführt hat[504].

Handelt es sich jedoch um allgemeine Wirksamkeitshindernisse, die nicht dem alleinigen Verantwortungsbereich einer Partei zuzuordnen sind, bestehen grundsätzlich keine Ansprüche aus Culpa in contrahendo. Die Wirksamkeit des Vertrages sicherzustellen ist insoweit ein Gebot des eigenen Interesses, aber keine Rechtspflicht gegenüber dem anderen Verhandlungspartner[505].

Ausnahmsweise schuldet eine Partei der anderen aber Aufklärung, beispielsweise über ihr bekannte Bedenken gegen die Gültigkeit des geschlossenen Vertrages. Wer ein objektives Hindernis für das Zustandekommen des Vertrages kennt oder kennen muß, bei seinem Verhandlungspartner aber gleichwohl das Vertrauen auf einen wirksamen Vertragsschluß hervorruft, macht sich schadensersatzpflichtig. Hier kann es sich z.B. um die Notwendigkeit einer behördlichen Genehmigung handeln[506], aber auch um die notwendige Zustimmung eines privaten Dritten[507].

---

502 Palandt-Heinrichs, § 276 Rdnr. 77; Horn, JuS 1995, S. 381 f..

503 BGHZ 99, S. 101 (107).

504 RGZ 104, S. 265 ff. (Weinsteinsäurefall) : Wegen einer schuldhaft undeutlichen Ausdrucksweise einer Partei war der Anschein eines Kaufabschlusses erweckt worden, obwohl beide Parteien verkaufen wollten.

505 Palandt-Heinrichs, § 276 Rdnr. 77; BGHZ 116, S. 257.

506 BGH, MDR 1974, S. 918: Notwendige Genehmigung der Aufsichtsbehörde bei einem von der Gemeinde abgeschlossenen Grundstückskaufvertrag.

507 BGH, MDR 1967, S. 835 : Notwendige Zustimmung des Grundstückseigentümers zu einem vom Erbbauberechtigten abgeschlossenen Mietvertrag. In § 179 BGB ist im übrigen ein Fall der notwendigen Genehmigung eines Dritten gesetzlich geregelt.

b) Rechtsfolgen

Geschuldet wird hier regelmäßig Ersatz des Vertrauensschadens, namentlich Ersatz für nutzlose Aufwendungen oder der Wert dessen, was der andere Teil sich im Vertrauen auf die Wirksamkeit des Vertrages anderweitig entgehen ließ[508].

Schwierigkeiten ergeben sich aber bei der aus der Verletzung gesetzlicher Formvorschriften folgenden Nichtigkeit des Vertrages.

Wenn der rechtzeitige Hinweis auf das Formerfordernis zu dessen Beachtung geführt hätte, so ließe sich eine Schadensersatzpflicht aus Culpa in contrahendo auf das positive Interesse[509] oder sogar auf die Nachholung eines wirksamen Vertragsschlusses konstruieren[510].
Dies liefe aber dem vor allem auf Übereilungsschutz gerichteten Zweck der Formvorschriften zuwider. An die Stelle der als Hemmschwelle gedachten Form, die beispielsweise beim Notar mit einer sachkundigen Beratung verbunden ist, träte als ausreichender Grund für eine Verpflichtung zu Erfüllung oder Schadensersatz wegen Nichterfüllung die bloße Nachlässigkeit[511].

Entgegenzuhalten ist dieser Ansicht aber insbesondere folgendes:

Bei der Vertragsunwirksamkeit wegen Formmangels hat der Verpflichtete die irrige Vorstellung des anderen zu verantworten, der Vertrag bedürfe keiner besonderen Form und sei deshalb bereits wirksam zustande gekommen. Der Vorwurf der Pflichtverletzung bezieht sich dabei auf die unterlassene Aufklärung über die Formbedürftigkeit. Die Pflichtwidrigkeit des Partners besteht also nicht in der Vereitelung eines wirksamen Vertragsschlusses, so daß ihm nur vorgeworfen werden kann, bei dem anderen einen falschen Anschein hervorgerufen zu ha-

---

508 Messer, FS Steindorff, S. 746.

509 Also Schadensersatz wegen Nichterfüllung.

510 BGH, NJW 1965, S. 812 ff..

511 Medicus, FS Max Keller, S. 214.

ben. Daraus wiederum kann sich lediglich eine Ersatzpflicht bezüglich des negativen Interesses ergeben[512].

Darüber hinaus verbietet sich ein Anspruch auf Ersatz auch des positiven Interesses, weil insoweit in die Privatautonomie eingegriffen und der Schutzzweck der Formvorschriften unerträglich beeinträchtigt würde[513].

Ausnahmsweise billigt die Rechtsprechung aber auch den Erfüllungsanspruch zu, wenn nach den gesamten Umständen die Nichtigkeitsfolge mit Treu und Glauben unvereinbar wäre. Dies soll insbesondere der Fall sein, wenn dem für die Formnichtigkeit verantwortlichen Teil die Berufung auf die Formvorschrift wegen Arglist zu versagen ist[514].

Auch bei den anderen Unwirksamkeitsgründen - so insbesondere bei der Nichtigkeit nach den §§ 134, 138 BGB - ist Gegenstand des geschuldeten Schadensersatzes der Ersatz des Vertrauensinteresses.

Der Ausschluß von Schadensersatzansprüchen auf das positive Interesse ist hier sogar noch dringlicher, denn bei diesen Vorschriften wird der getroffene Vertragsinhalt gerade mißbilligt. Dann darf dieser aber auch nicht auf dem Umweg über solche Schadensersatzansprüche wirksam werden, die als Schadensersatz wegen Nichterfüllung die mißbilligten Leistungspflichten ersetzen[515]. Es kann nicht richtig sein, daß mittels eines Culpa-in-contrahendo-Anspruches gerade die Erfüllungssituation herbeigeführt wird, die das Gesetz ausschließen wollte[516].

512 So auch Medicus, FS Max Keller, S. 214.
513 MüKo-Emmerich, vor § 275 Rdnr. 162.
514 BGHZ 16, S. 334; vgl. auch Horn, JuS 1995, S. 382.
515 Medicus, FS Lange, S. 547.
516 Esser/Schmidt, S. 443.

2) Abbruch von Vertragsverhandlungen

a) Tatbestand

Bricht eine Partei die Vertragsverhandlungen ohne triftigen Grund ab, obwohl sie in der anderen die Vorstellung erweckt hatte, sie habe fest vor, den Vertrag zu schließen, so kann sich daraus eine Schadensersatzpflicht aus Culpa in contrahendo ergeben[517].

Zwar hat jede Partei im Rahmen der Vertragsfreiheit bis zum endgültigen Vertragsschluß das Recht, von dem in Aussicht genommenen Vertrag wieder Abstand zu nehmen. Maßnahmen und Aufwendungen zur Durchführung und Vorbereitung des Vertrages trifft daher jeder Verhandlungspartner grundsätzlich auf eigene Gefahr[518].
Daß für solche Aufwendungen selbst dann kein Ersatz verlangt werden kann, wenn die Verhandlungen später ohne einleuchtenden Grund abgebrochen werden, erscheint schon deshalb sachgerecht, weil andernfalls eine Partei durch die Vornahme erheblicher Aufwendungen die andere - im Widerspruch zur Privatautonomie - in Zugzwang bringen könnte[519]. Es zählt eben zum normalen Geschäftsrisiko, daß die Erwartungen auf das Zustandekommen eines angestrebten Vertrages gewisse Aufwendungen verursachen können[520].

Die Verhandlungsaufnahme hat gerade zur Aufgabe, daß die Beteiligten überprüfen, ob sie sich über alle für den Vertragsabschluß wesentlichen Punkte einigen können. Hierbei darf auch jeder Partner seine eigenen Interessen im Auge behalten und versuchen, sie gegenüber dem anderen durchzusetzen[521]. Mißlingt dieser Versuch aber und will jene Partei sich andererseits nicht auf die Bedingungen des Partners einlassen, so

---

517 Ausführlich zu dieser höchst umstrittenen Fallgruppe: Küpper, Das Scheitern von Vertragsverhandlungen; Weber, AcP 192 (1992), S. 390 ff.; Singer, S. 268 ff..

518 BGH, NJW-RR 1989, S. 627; Soergel-Wiedemann, vor § 275 Rdnr.130; Horn, JuS 1995, S. 381.

519 Vgl. MüKo-Emmerich, vor § 275 Rdnr.160.

520 Nirk, RabelsZ 18 (1953), S. 347.

521 Frick, S. 21; Hollwegs, S. 102.

scheitert der Vertragsschluß. Einen Ersatzanspruch löst der Fehlschlag einer vertraglichen Einigung im allgemeinen nicht aus[522].

Von diesem Grundsatz gibt es aber Ausnahmen, die sich in zwei Kategorien einordnen lassen[523]:

aa) Schuldhaftes Handeln

Zunächst kommt eine vorvertragliche Haftung dann in Betracht, wenn ein Verhandlungspartner bei dem anderen schuldhaft die irrige Vorstellung hervorruft, der Vertrag werde sicher zustande kommen, er die Verhandlungen später aber gleichwohl willkürlich abbricht[524].
Schadensersatzpflichtig macht sich insbesondere derjenige, der seine Abschlußbereitschaft gegenüber dem anderen Teil von vornherein nur vorgetäuscht hat[525].
Es verstößt gegen den Grundsatz redlicher Verhandlungsführung, gegenüber dem Verhandlungspartner eigene Abschlußbereitschaft deutlich zu machen und ihn somit zu Dispositionen zu veranlassen, obwohl intern bereits eine endgültige negative Entscheidung vorliegt[526].
Das vorvertragliche gesetzliche Schuldverhältnis verpflichtet jeden Verhandlungspartner, auf den anderen Rücksicht zu nehmen und ihn wahrheitsgemäß über seine innere Einstellung zum Vertragsschluß zu unterrichten.

Hier geht es also nicht um den Vorwurf des grundlosen Scheiternlassens des Vertrages, sondern vielmehr um die unrichtige Unterrichtung

522 Küpper, S. 17.

523 Vgl. auch Reinicke/Tiedtke, ZIP 1989, S. 1093.

524 H.M., vgl. BGH, WM 1974, S. 1223; WM 1972, S. 772; MüKo-Emmerich, vor § 275 Rdnr.161; Gunst, JZ 1991, S. 203; Reinicke/Tiedtke, ZIP 1989, S. 1094; Horn, JuS 1995, S. 381.

525 OLG Stuttgart, BB 1989, S. 1932; MüKo-Emmerich, vor § 275 Rdnr.161; Reinicke/Tiedtke, ZIP 1989, S. 1094. In den Fällen vorsätzlicher Schädigung kommt auch ein Schadensersatzanspruch aus § 826 BGB in Betracht, wenn etwa eine Partei nur zum Schein verhandelt, um den anderen Teil von einem anderweitigen Vertragsabschluß fernzuhalten, vgl. Medicus, Gutachten, S. 495.

526 Soergel-Wiedemann, vor § 275 Rdnr.135; Horn, JuS 1995, S. 381.

über die innere Einstellung zum Vertragsschluß. Wird der Vertrag später doch abgeschlossen, so entfällt nicht die schuldhafte Pflichtverletzung, sondern es fehlt an einem zu ersetzenden Schaden, da die "getäuschte" Partei dann so steht, wie sie bei richtiger Information durch den anderen Teil stünde[527].

Diese konkludente oder ausdrückliche Erklärung kann aber auch fahrlässig geschehen, sofern sich eine Partei sagen muß, ihr Verhalten könne von dem Partner nur so verstanden werden, daß sie den Vertragsschluß herbeiführen wolle[528].

Hat eine Partei zunächst wahrheitsgemäß ihre Abschlußbereitschaft erklärt, doch ändert sie im Laufe der Verhandlungen ihre Einstellung, so muß sie dem Verhandlungspartner unverzüglich mitteilen, daß sie nunmehr den Vertrag nicht mehr schließen wolle[529].
Auch hier besteht das schuldhafte Verhalten nicht in dem Abbruch der Vertragsverhandlungen. Vorwerfbar ist hier nur, daß die Gegenseite nicht sofort über die Änderung der Absichten informiert und ihm hierdurch ein Schaden zugefügt wurde.

Die Haftung entfällt allerdings, wenn der die Verhandlungen Abbrechende für sein Verhalten einen triftigen Grund hatte. Triftige Gründe sind insbesondere unvorhersehbare und erhebliche Umstände, die zu einem früheren Zeitpunkt in die Willensbildung noch nicht aufgenommen werden konnten[530].

Ein triftiger Grund kann das günstigere Angebot eines anderen Interessenten sein.
Der Verhandlungspartner, dem der Vertragsschluß als sicher in Aussicht gestellt worden ist, kann sich nur darauf verlassen, daß der Vertrag bei gleichbleibenden Verhältnissen abgeschlossen wird. Allerdings muß derjenige, der ein günstigeres Angebot annehmen will, seinen Verhandlungspartner umgehend darüber unterrichten.

527 Vgl. Reinicke/Tiedtke, ZIP 1989, S. 1094.

528 Reinicke/Tiedtke, ZIP 1989, S. 1094.

529 Gottwald, JuS 1982, S. 879; Grunewald, JZ 1984, S. 709.

530 Soergel-Wiedemann, vor § 275 Rdnr.136.

Ein trifftiger Grund für die Abstandnahme vom Vertrag liegt auch dann vor, wenn die gebundene Partei - wäre der beabsichtigte Vertrag bereits geschlossen - sich ohne Haftungsfolge von dem Vertrag lösen könnte. Die Verweigerung des Vertragsschlusses ist entsprechend den Regeln über die positive Vertragsverletzung insbesondere dann gerechtfertigt, wenn der andere Teil durch sein Verhalten den Zweck des abzuschließenden Vertrages derart gefährdet, daß dem gebundenen Teil nach Treu und Glauben das Festhalten an der durch die Vertrauenswerbung geschaffenen Bindung nicht zugemutet werden kann[531].

Teilweise wird auch die Auffassung vertreten, ein triftiger Grund für die Lösung von der Vertrauensbindung liege nur dann vor, wenn die neu eingetretene Situation verobjektiviert mit der Rechtsfigur des Wegfalls der Geschäftsgrundlage gleichgestellt werden könne[532].

Richtig dürfte es sein, an das Vorliegen eines triftigen Grundes jedenfalls keine zu hohen Anforderungen zu stellen, da zwischen den Parteien eben noch keine vertragliche Bindung besteht[533].
Dieselben Voraussetzungen für einen triftigen Grund zu verlangen, wie sie für die Lösung von einem Vertrag erforderlich sind, erscheint jedenfalls schon deswegen nicht sachgerecht, weil die vorvertragliche Bindung schon unter weitaus minderen Voraussetzungen eintritt als die vertragliche[534].

bb) Schuldloses Setzen eines Vertrauenstatbestandes

Die zweite Fallgruppe ist dadurch gekennzeichnet, daß eine Partei bei der Gegenseite zwar nicht schuldhaft, aber zurechenbar das aus deren Sicht berechtigte Vertrauen erweckt hat, der Vertrag werde mit Sicherheit zustande kommen, sodann aber die Verhandlungen ohne triftigen Grund abbricht.

---

531 Stoll, FS v. Caemmerer, S. 450.
532 Nirk, FS Möhring (75), S. 84.
533 Palandt-Heinrichs, § 276 Rdnr. 72.
534 Medicus, Gutachten, S. 497.

Ein Partner hat z.B. wahrheitsgemäß seine Abschlußbereitschaft erklärt, später jedoch seine Einstellung geändert und dies dem anderen Teil unverzüglich mitgeteilt. Dieser kann aber im Hinblick auf den sicher erwarteten Vertragsschluß schon umfangreiche Aufwendungen ge-macht haben[535].

Ob auch in solchen Fällen eine Haftung aus Culpa in contrahendo in Betracht kommt, ist äußerst umstritten.

Nach der Rechtsprechung genügt es, wenn die abbrechende Partei den Vertragsschluß als sicher hingestellt hat. Auf ein Verschulden hierbei soll es nicht ankommen[536]. Danach besteht schon durch das schuldlose Setzen eines Vertrauenstatbestandes die Verpflichtung, die Verhandlungen nicht mehr ohne triftigen Grund abzubrechen.

Erforderlich ist allerdings die Schaffung eines sogenannten "qualifizierten" Vertrauenstatbestandes[537]. Ein solcher ist zum Beispiel gegeben,

- wenn eine Partei die andere zu Vorleistungen auf den späteren Vertrag veranlaßt hat, etwa durch Zahlung eines Vorschusses[538];

- wenn die Parteien mit der Durchführung des Vertrages begonnen haben[539], beispielsweise dadurch, daß der Besitz eines Grundstücks zur Bebauung bereits überlassen wird;

- wenn sich die Verhandlungspartner nahezu vollständig über sämtliche Vertragspunkte geeinigt haben, ein Vertragsabschluß in naher Zukunft daher sicher erscheint[540].

---

535 Vgl. Reinicke/Tiedtke, ZIP 1989, S. 1097.
536 BGH, NJW-RR 1989, S. 627; WM 1970, S. 1110; WM 1969, S. 595.
537 Palandt-Heinrichs, § 276 Rdnr.74.
538 Soergel-Wiedemann, vor § 275 Rdnr.136.
539 Palandt-Heinrichs, § 276 Rdnr.74.
540 Soergel-Wiedemann, vor § 275 Rdnr.136.

Die Pflichtverletzung beruht hier letztlich auf einem Verstoß gegen das Verbot widersprüchlichen Verhaltens (venire contra factum proprium): gegenüber der zurechenbar geschaffenen Vertrauensbasis stellt sich der spätere Verhandlungsabbruch als treuwidriges, weil widersprüchliches Verhalten dar[541].

In der Literatur ist diese Rechtsprechung auf heftige Kritik gestoßen[542].

Teilweise wird der Rechtsprechung vorgeworfen, sie nehme eine partielle Korrektur des § 145 BGB vor, die unzulässig sei.
Das Gesetz knüpfe an den Abbruch von Vertragsverhandlungen nur dann eine Rechtsfolge - nämlich die Erfüllungspflicht - an, wenn ein bindender Antrag vorliegt. Demzufolge dürfe man nur auf einen bindenden Antrag vertrauen[543].
Außerdem, so wird argumentiert, liefe die Ansicht des Bundesgerichtshofs auf einen mittelbaren Kontrahierungszwang hinaus, der mit den Grundsätzen der Privatautonomie unvereinbar sei[544].

In der Tat erscheint die Rechtsprechung zu dieser Fallgruppe bedenklich.

Die Haftung aus Culpa in contrahendo setzt zunächst die Verletzung einer Sorgfaltspflicht voraus. Wer den Abschluß eines Vertrages tatsächlich anstrebt und den Partner hierüber wahrheitsgemäß unterrichtet, handelt aber nicht pflichtwidrig, selbst wenn hierdurch bei der Gegenseite Vertrauen auf das Zustandekommen eines Vertrages erweckt wurde[545].

---

541 Soergel-Wiedemann, vor § 275 Rdnr.136; MüKo-Emmerich, vor § 275 Rdnr.161.

542 Reinicke/Tiedtke, ZIP 1989, S. 1097 f.; Gunst, JZ 1991, S. 202 ff.; Gottwald, JuS 1982, S. 879; Emmerich, JuS 1987, S. 564; Grunewald, JZ 1984, S. 710 f.; Singer, S. 271. Dem BGH im Ergebnis zustimmend: MüKo-Roth, § 242 Rdnr.346 f..

543 v.Bar, JuS 1982, S. 639; wohl auch Medicus, Schuldrecht, S. 58 f.

544 Reinicke/Tiedtke, ZIP 1989, S. 1098.

545 Überzeugend Gunst, JZ 1991, S. 204; Singer, S. 271.

Eine Sorgfaltspflicht, Vertragsverhandlungen nicht ohne triftigen Grund abzubrechen, existiert nicht und würde darüber hinaus der prinzipiellen Abschlußfreiheit widersprechen.
Von der Privatautonomie gedeckt ist auch das Recht des einzelnen, sich ohne Angabe nachvollziehbarer Gründe gegen einen Vertragsschluß entscheiden zu können. Eine Verpflichtung zum Vertragsschluß kann eben nur ein bindendes Angebot gemäß § 145 BGB oder ein Vorvertrag begründen[546].

Das schuldlose Erwecken des Vertrauens auf das Zustandekommen eines Vertrages verletzt demnach keine dem Verhandlungspartner gegenüber bestehende Sorgfaltspflicht. Pflichtwidrig handelt nur derjenige, der es schuldhaft versäumt, den anderen Teil auf die - auf welchen Gründen auch immer beruhende - Unsicherheit des Vertragsschlusses hinzuweisen.
Bloße Vorbesprechungen tragen keinen rechtlichen Wert in sich, sondern dienen nur zur Annäherung der künftigen Kontrahenten. Würde man hier irgendwelche juristische Konsequenzen in Form einer verschuldensunabhängigen Verantwortlichkeit annehmen, so würde sich bald niemand mehr auf das gefährliche Terrain der Vertragsverhandlungen einlassen[547].

Ebensowenig pflichtwidrig handelt derjenige, der zunächst wahrheitsgemäß seinen Abschlußwillen bekundet und seinen späteren Sinneswandel dem Partner unverzüglich mitteilt.

In diesem Zusammenhang geht auch der Hinweis auf das Verlöbnis (§§ 1297-1302 BGB) fehl[548].
Zwar stellt das Verlöbnis ein Rechtsverhältnis dar, bei dem sich die potentiellen Kontrahenten ohne wichtigen Grund nur um den Preis der Vertrauenshaftung befreien können (vgl. § 1298 BGB). Die Verlobten

---

546 Die Eingehungsfreiheit wird jedoch vereinzelt durch einen gesetzlich vorgeschriebenen Kontrahierungzwang geschmälert, insbesondere bei Verträgen im Bereich der Daseinsvorsorge (vgl. §§ 22, 47 IV PBefG, § 6 EnergiewirtschaftsG, § 5 II PflVG, § 5 SchwbG, § 10 II BadWürtGemO). Weitere Beispiele bei Jauernig-Jauernig, vor § 145 Anm. 4.

547 Nirk, RabelsZ 18 (1953), S. 348; Horn, JuS 1995, S. 381.

548 Stoll, FS. v. Caemmerer, S. 446.

sind insofern nur "beschränkt" gebunden. Doch wird in diesem Fall ein Erfüllungsanspruch nur wegen der notwendigen Freiheit der Eheschließung verneint. Demgegenüber muß bei einem vorvertraglichen Vertrauensverhältnis die Abschlußfreiheit nicht mit gleicher Notwendigkeit gewahrt werden. Beide Fälle unterscheiden sich also wesentlich, so daß der eine nicht die gleichartige Regelung des anderen rechtfertigen kann[549].

Der Rechtsprechung zu dieser Fallgruppe kann daher nicht gefolgt werden. Die von ihr geschaffene verschuldensunabhängige Vertrauenshaftung mag zwar in vielen Fällen der Billigkeit entsprechen, kann aber nicht mehr dem Rechtsinstitut der Culpa in contrahendo zugeordnet werden.

b) Rechtsfolgen

Beim Abbruch von Vertragsverhandlungen ist grundsätzlich sowohl der Ersatz des positiven als auch des negativen Schadens denkbar. Die Erwartung eines wirksamen Vertrages läuft insoweit auch auf die Erwartung hinaus, Erfüllungsansprüche zu haben oder zu erhalten. Somit könnte ein schadensrechtlicher Ausgleich auf zwei Wegen erfolgen: Entweder der Erwartung wird entsprochen (positives Interesse) oder aber der Getäuschte wird so gestellt, als hätte er die enttäuschte Erwartung nicht gehabt (negatives Interesse)[550].

Soweit man - wie oben dargelegt - richtigerweise die Haftung der abbrechenden Partei auf die Verletzung einer Aufklärungs- bzw. Mitteilungspflicht zurückführt, gelangt man schon nach § 249 S. 1 BGB nur zum Ersatz des negativen Interesses. Bei ordentlicher Erfüllung der Aufklärungspflicht wäre kein Vertrauen des anderen Partners in den künftigen Vertragsabschluß begründet worden, so daß dieser die durch den Verhandlungsabbruch nutzlos gewordenen Aufwendungen und Maßnahmen ganz unterlassen hätte[551].

549 Medicus, Gutachten, S. 498:
550 Medicus, FS Lange, S. 542.
551 Medicus, FS Lange, S. 549.

Ein Ersatz auch des positiven Interesses kommt nur in Betracht, wenn man den Verhandlungsabbruch selbst als Pflichtverletzung wertet. Denkt man den Abbruch der Verhandlungen hinweg, so wäre der Vertrag geschlossen worden und der andere Teil hätte folgerichtig Erfüllung verlangen können (§ 249 S.1 BGB)[552].

Zu dieser Rechtsfolge sollte konsequenterweise[553] die Rechtsprechung gelangen, die für eine Haftung aus Culpa in contrahendo den bloßen Verhandlungsabbruch ohne vorheriges Verschulden genügen läßt[554]. Derjenige, der den Vertrag scheitern läßt, müßte den durch den Abbruch der Verhandlungen entstandenen Schaden ersetzen. Dieser Schaden besteht aber darin, daß der Vertrag nicht abgeschlossen wurde[555]. Die Rechtsfolge "Abschlußzwang" bzw. Ersatz des Erfüllungsinteresses läßt aber auch die Rechtsprechung nicht eintreten. Auch sie kommt vielmehr zu dem Ergebnis, den Schädiger zum Ersatz des Vertrauensinteresses zu verpflichten[556].

Durch Ersatz "nur" des negativen Interesses will der BGH wohl einen Ausgleich zwischen den widerstreitenden Prinzipien von Privatautonomie und Vertrauensschutz schaffen. Insoweit ist diese Haftung gewissermaßen das "schwächere Surrogat" für einen Kontrahierungszwang[557].

Festzuhalten bleibt, daß der Ersatzanspruch aus Culpa in contrahendo wegen des Abbruchs der Vertragsverhandlungen nur das negative Interesse umfaßt, nicht hingegen das positive Interesse, weil dies im Ergebnis auf einen Kontrahierungszwang aus Verschulden bei Vertragsschluß hinauslaufen würde[558].
Anzumerken ist jedoch, daß auch die Pflicht, dem anderen Teil das negative Interesse zu ersetzen, im Einzelfall dazu nötigen kann, den Vertrag, den man nicht mehr eingehen wollte, nun doch zu schließen. Dies

---

552 Küpper, S. 268.
553 Medicus, Gutachten, S. 498.
554 S. oben S. 121.
555 Reinicke/Tiedtke, ZIP 1989, S. 1098.
556 BGHZ 71, S. 386 (395); BGH, ZIP 1989, S. 514 f.
557 Vgl. Stoll, FS v.Caemmerer, S. 446.
558 MüKo-Emmerich, vor § 275 Rdnr.165.

insbesondere in den Fällen, in denen das negative Interesse die Höhe des positiven erreicht[559]. Dann muß der die Verhandlungen abbrechende Teil diesen Umstand in seine weiteren Überlegungen einbeziehen, so daß er gegebenenfalls bei seiner Entschließung nicht mehr frei ist und ihm letztendlich nur noch der Vertragsabschluß übrig bleibt.

3) Rechtsvergleichende Übersicht

Auch in den anderen Mitgliedstaaten des UN-Abkommens werden die beim Nichtzustandekommen eines wirksamen Vertrages auftretenden Probleme - insbesondere die Fälle des Abbruchs von Vertragsverhandlungen - behandelt und lebhaft diskutiert.

a) Formbedürftigkeit von Verträgen[560]

Alle modernen Rechtsordnungen gehen davon aus, daß bestimmte Verträge und Rechtsgeschäfte nur dann rechtliche Anerkennung finden können, wenn sie unter Beobachtung der notwendigen Formen getätigt werden.

Der Zwang zur Einhaltung einer bestimmten Form wird aber grundsätzlich überall als Ausnahme vom Prinzip der Formfreiheit angesehen[561]. Das gilt im besonderen für Kaufverträge über bewegliche Sachen[562].

---

559 BGH, ZIP 1988, S.89; Reinicke/Tiedtke, ZIP 1989, S. 1098.

560 Vgl. dazu insbesondere die rechtsvergleichende Darstellung bei Dölle-Reinhart, Art. 15 EKG Rdnr. 9-35.

561 Zweigert/Kötz, Band II, S. 53. Das Prinzip der Formfreiheit ergibt sich im deutschen Recht mittelbar aus § 125 BGB, vgl. auch Jauernig-Jauernig, § 125 Anm. 1.a).

562 Dölle-Reinhart, Art. 15 EKG Rdnr. 3.

aa) Schweiz und Österreich

Sowohl in der *Schweiz* als auch in *Österreich* wird der Grundsatz der Formfreiheit ausdrücklich im Gesetz fixiert[563].

So bestimmt beispielsweise Art. 11 OR, daß Verträge zu ihrer Gültigkeit "nur dann" einer besonderen Form bedürfen, wenn das Gesetz eine solche vorschreibt[564].

Die "eigentlichen" Formvorschriften finden sich - wie im *deutschen* BGB - über die Zivilgesetzbücher beider Länder verstreut, wobei je nach den Besonderheiten des Einzelfalles angeordnet wird, ob Schriftform oder notarielle Beurkundung erforderlich ist, ob nur die Erklärung des einen Vertragspartners oder aber die beider Parteien formbedürftig ist oder ob das formunwirksame Geschäft durch nachträgliche Erfüllung geheilt werden kann[565].

Ebenso wie in *Deutschland*[566] bedürfen Grundstückskaufverträge in der *Schweiz* einer besonderen Form (vgl. Art. 216 OR), während in *Österreich* auch der mündlich geschlossene Kaufvertrag über ein Grundstück regelmäßig bindend ist[567].
Der mündliche Vertragsabschluß ist im *österreichischen* Recht auch für den Abzahlungskauf ausreichend (vgl. § 24 Konsumentenschutzgesetz), während das *Schweizer* Recht zur Gültigkeit des Abzahlungsgeschäft - ähnlich wie früher § 1 a des *deutschen* Abzahlungsgesetzes - Schriftform verlangt (vgl. Art. 226a OR).

---

563 Staudinger-Dilcher, § 125 Rdnr. 57, 58; Dölle-Reinhart, Art. 15 EKG Rdnr. 11.

564 Ebenso § 883 ABGB.

565 Zweigert/Kötz, Band II, S. 61.

566 Vgl. § 313 BGB.

567 Zweigert/Kötz, Band II, S. 61. Zwar bedarf es im österreichischen Recht zur "Verbücherung" des Eigentumsübergangs einer beglaubigten Urkunde über das Erwerbsgeschäft (vgl. § 432 ABGB), doch schon auf Grund des mündlich geschlossenen Vertrages kann der Erwerber vom Veräußerer die Mitwirkung bei der Urkundsausstellung als Teil der Erfüllungshandlung verlangen.

Allein steht die *Schweiz* im deutschen Rechtskreis mit der Bestimmung des Art. 165 OR, wonach die Forderungsabtretung zu ihrer Gültigkeit der Schriftform bedarf[568].

Für die Bürgschaft ist in den dem deutschen Rechtskreis angehörenden Rechtsordnungen regelmäßig die Schriftform vorgeschrieben, um den Bürgen vor den Folgen seiner Verpflichtungserklärung ausreichend zu "warnen"[569].

Schließlich bedarf das Schenkungsversprechen in *Österreich* - ebenso wie im *deutschen* Recht - der notariellen Beurkundung, während die *Schweiz* die Schriftform genügen läßt, sofern nicht der versprochene Gegenstand ein Grundstück ist[570].

Sowohl im *österreichischen* als auch im *Schweizer* Recht führt die Verletzung gesetzlich vorgeschriebener Formen grundsätzlich zur Nichtigkeit des Rechtsgeschäfts[571].
Daher können sich nach dem Recht beider Länder Schadensersatzansprüche aus Culpa in contrahendo ergeben, wenn ein Partner die erforderlichen Formvorschriften schuldhaft nicht erfüllt und deswegen der erhoffte Vertrag nicht zustande kommt[572].

---

568 Zweigert/Kötz, Band II, S. 62. Im deutschen Recht wird eine solche Form nur bei der Abtretung einer hypothekarisch gesicherten Forderung verlangt (vgl. § 1154 BGB).

569 Zweigert/Kötz, Band II, S. 62; Jauernig-Jauernig, § 766 Anm. 1.a). Nach deutschem und österreichischem Recht kann eine Bürgschaft aber auch mündlich übernommen werden, wenn die Übernahme für den Bürgen ein Handelsgeschäft darstellt.

570 Zweigert/Kötz, Band II, S. 62.

571 Staudinger-Dilcher, § 125 Rdnr. 57, 58.

572 Koziol/Welser, S. 206 f; Keller/Schöbi, S. 35; vgl. auch BGE 105 II, S. 75 ff; 98 II, S. 28.

bb) Italien und Frankreich

Im romanischen Rechtskreis wird eine grundlegende Unterscheidung getroffen zwischen den Fällen, in denen die Beachtung von Formvorschriften Voraussetzung der Gültigkeit ist, und den anderen Fällen, in denen das Rechtsgeschäft beim Fehlen der vorgeschriebenen Form zwar gültig ist, aber vor Gericht nicht oder nur mit eingeschränkten Mitteln bewiesen werden kann[573].

Im *französischen* Recht gibt es nur wenige Fälle, in denen die Einhaltung einer Formvorschrift Gültigkeitsvoraussetzung ist.

Dort allerdings, wo das Gesetz eine solche Form verlangt, besteht sie stets in der notariellen Beurkundung [vgl. das Schenkungsversprechen (Art. 931 C.c.[574]) und den Ehevertrag (Art. 1394 C.c.)[575]].

Die gewöhnliche Schriftform hingegen ist - abgesehen vom eigenhändigen Testament (Art. 971 C.c.[576]) - niemals Gültigkeitserfordernis im strengeren Sinne[577].

Demnach können in *Frankreich* beispielsweise Grundstücke verkauft, Bürgschaften übernommen[578] und Dienstbarkeiten bestellt werden, ohne

---

573 Zweigert/Kötz, Band II, S. 57. Für das französische Recht vgl. Ferid/ Sonnenberger, Anm. 1 F 504 ff.

574 Ferid/Sonnenberger, Anm. 1 F 260.

575 Andere Beispiele sind die Hypothekenbestellung (Art. 2127 C.c.) und die vertragliche Einsetzung in die Rechte eines Gläubigers (Art. 1250 Nr. 2 C.c., sog. subrogation conventionelle).

576 Das privatschriftliche Testament muß sein" écrit en entier", vgl. Ferid/ Sonnenberger, Anm. 1 F 519 Fn. 39.

577 Zweigert/Kötz, Band II, S. 57; Staudinger-Dilcher, § 125 Rdnr. 59. Das gilt auch für den Abschluß eines Vergleichs: zwar schreibt hier Art. 2044 Abs. 2 C.c. ausdrücklich die schriftliche Abfassung vor; die Rechtsprechung hat die Bestimmung jedoch dahin ausgelegt, daß sie nur die Beweisbarkeit des formlos geschlossenen Vergleichs erschwert, nicht aber dessen Gültigkeit tangiert.

578 In neuerer Zeit hat der Kassationshof die Unterschrift des Verpflichteten samt dem handschriftlichen Zusatz der Höhe der Verpflichtung bei der Bürgschaft aber als konstitutiv angesehen, vgl. etwa Cass.Civ., Bull.Civ. 1986 I Nr. 29; Bull.Civ. 1986 I Nr. 287; Bull.Civ. 1983 I Nr. 182.

daß es zur Wirksamkeit dieser Geschäfte auf die Beobachtung einer Form ankommt[579].

Kaufverträge über bewegliche Sachen sind ebenfalls formlos gültig[580]. Zu beachten ist aber, daß in der Praxis viele Rechtsgeschäfte förmlich abgeschlossen werden, da Art. 1341 C.c. für alle Geschäfte mit einem Wert von mehr als 5.000 FF die Form der privatschriftlichen oder notariellen Urkunde vorschreibt und die Nichtbeachtung dieser Formen mit dem Ausschluß des Zeugenbeweises sanktioniert[581].
Allerdings gibt es vom Grundsatz des Art. 1341 C.c. wiederum etliche Ausnahmen[582].
Die wichtigste dürfte dabei sein, daß Art. 1341 C.c. nicht auf Handelsgeschäfte anwendbar ist (Art. 1341 Abs. 2 C.c., Art. 109 C.Com.), da im Handelsverkehr die Möglichkeit bestehen muß, Verträge auch auf einfachem und schnellem Wege, beispielsweise am Telefon, abzuschließen[583].

Die Formvorschriften des *italienischen* Rechts entsprechen in etwa denen des *französischen* Code civil[584].

Allerdings ordnet - insoweit über die *französische* Lehre hinausgehend - Art. 1350 C.c. die Schriftform für eine Reihe bestimmter Verträge an und sieht gleichzeitig ausdrücklich vor, daß der Vertrag bei Nichteinhaltung dieser Form nichtig ist ("sotto pena di nullità").

---

579 Vgl. auch Zweigert/Kötz, Band II, S. 57 f. sowie Ferid/Sonnenberger, Anm. 1 F 532 ff.

580 Dölle-Reinhart, Art. 15 EKG Rdnr. 20.

581 Dölle-Reinhart, Art. 15 EKG Rdnr. 20; Zweigert/Kötz, Band II, S. 57.

582 Vgl. hierzu Zweigert/Kötz, Band II, S. 58 ff.; Dölle-Reinhart, Art. 15 EKG Rdnr. 20.

583 Dölle-Reinhart, Art. 15 EKG Rdnr. 20.

584 Vgl. z.B. Art. 2721 Codice civile, nach dem - dem Art. 1341 Code civil entsprechend - für jeden Streitwert, der die Minimalgrenze von 5.000 Lire übersteigt, ein Zeugenbeweis ausgeschlossen wird (vgl. nur Staudinger-Dilcher, § 125 Rdnr. 60 sowie Dölle-Reinhart, Art. 15 EKG Rdnr. 21).

Hierher gehören insbesondere Verträge, die auf Grundstücksübereignung sowie auf Bestellung, Abänderung oder Übertragung dinglicher Rechte gerichtet sind[585].

Insgesamt wird deutlich, daß die Formvorschriften des romanischen Rechtskreises überwiegend Beweisfunktionen verfolgen.
Fehlt es danach an der vorgeschriebenen Form, so führt dies regelmäßig nicht zur Unwirksamkeit des Geschäfts, sondern lediglich zur Erschwerung seiner Beweisbarkeit[586].

Dementsprechend besteht hier praktisch kein Bedürfnis, auf dem Gedanken der Culpa in contrahendo basierende Schadensersatzansprüche wegen Nichteinhaltung der gebotenen Form zu statuieren.

cc) England und USA

Im anglo-amerikanischen Recht führt die "consideration-Lehre"[587] in bestimmten Fällen mittelbar zu einem Formzwang[588].

Danach ist ein Leistungsversprechen nur dann bindend, wenn es im Hinblick auf ein "Gegenopfer" des Versprechensempfängers abgegeben wird. Fehlt es aber an einem solchen "Gegenopfer", so ist die Zusage nur wirksam, wenn sie in der Form einer gesiegelten Urkunde ("under seal") vorliegt[589].

---

585 Zweigert/Kötz, Band II, S. 57.

586 Zweigert/Kötz, Band II, S. 60 f.; Ferid/Sonnenberger, Anm. 1 F 532 ff.

587 Vgl. dazu schon oben S. 80 f.

588 Zweigert/Kötz, Band II, S. 62 f; v.Caemmerer-Schlechtriem-Schlechtriem, Art. 11 Rdnr. 11; Staudinger-Magnus, Art. 11 Rdnr. 9.

589 Dazu genügt in der Praxis aber, daß eine in jedem Schreibwarengeschäft erhältliche Papiermarke auf die Urkunde geklebt wird oder daß sich auf ihr die vorgedruckten Buchstaben "L.S." (logo sigilli) oder das Wort "seal" befinden.

Ansonsten finden sich im anglo-amerikanischen Rechtskreis kaum Fälle, in denen die Beobachtung einer bestimmten Form Gültigkeitsvoraussetzung ist[590].
Vielmehr führt - ähnlich wie im romanischen Rechtskreis - die Nichtbeachtung gesetzlich vorgeschriebener Formen grundsätzlich dazu, daß das betreffende Rechtsgeschäft zwar nicht ungültig ist, wohl aber nicht vor Gericht eingeklagt werden kann[591].

Die wichtigsten Formvorschriften dieser Art sind im Statute of Frauds von 1677 enthalten[592].

Das Statute of Frauds sah unter anderem vor, daß bestimmte Verträge nur unter Vorlage einer Urkunde gerichtlich geltend gemacht werden konnten, um zu verhindern, daß in Wirklichkeit nicht gegebene mündliche Versprechen in betrügerischer Absicht mit Hilfe von Zeugen eingeklagt wurden[593].

Im Gegensatz zu *England*, das im Jahre 1954 die Nachfolgevorschriften des historischen Statute of Frauds nahezu ganz aufgehoben hat[594] und nur noch Interzessionsversprechen und Grundstücksverträge der Schriftform unterwirft[595], insbesondere aber nicht (mehr) Kaufverträge über bewegliche Sachen[596], enthalten der Uniform Commercial Code (UCC) und alle 50 Jurisdiktionen der *USA* derartige prozessuale Formvorschriften, die für bestimmte Typen von Verträgen deren Klagbarkeit vom Vorliegen einer Urkunde abhängig machen[597].

So bestimmt beispielsweise § 2-201 UCC, daß Kaufverträge über Waren mit einem Kaufpreis von 500 $ oder mehr grundsätzlich nur dann

---

590 Zweigert/Kötz, Band II, S. 63.
591 Zweigert/Kötz, Band II, S. 63; Staudinger-Dilcher, § 125 Rdnr. 61.
592 Ausführlich zur Geschichte, Bedeutung und Reichweite des Statute of Frauds siehe Donath, IPRax 1994, S. 333 ff.
593 Donath, IPRax 1994, S. 334
594 Vgl. Law Reform (Enforcement of Contracts) Act, 1954, 2 & 3 Eliz. 2, c. 34; Zweigert/Kötz, Band II, S. 64.
595 Zweigert/Kötz, Band II, S. 70.
596 Dölle-Reinhart, Art. 15 EKG Rdnr. 13.
597 Donath, IPRax 1994, S. 340.

einklagbar sind, wenn ein Schriftstück vorgelegt werden kann, aus dem sich der Abschluß des Vertrages entnehmen läßt[598].

Festzuhalten bleibt aber, daß im anglo-amerikanischen Rechtskreis - wie etwa im *französischen* und *italienischen* Recht - die bloße Formverletzung grundsätzlich keine Nichtigkeit der Erklärung bewirkt, sondern lediglich die Beweisbarkeit des Abschlusses des Rechtsgeschäfts ausschließen kann[599].
Folglich stellt sich in diesem Zusammenhang das Problem eines Schadensersatzanspruches aus Culpa in contrahendo regelmäßig nicht.

b) Unwirksamkeit bzw. Nichtigkeit von Verträgen

Gesetz- und Sittenwidrigkeit werden überall auf der Welt als Tatbestände angesehen, welche die Unwirksamkeit von Verträgen zur Folge haben[600].

Die Regeln, welche einen Vertrag aus den genannten Gründen für unwirksam erklären, lauten überall im wesentlichen ähnlich, gleichgültig, ob sie gesetzlich fixiert sind oder als ungeschriebene Normen einem Fallrechtssystem zugrundeliegen[601].

---

598 Dölle-Reinhart, Art. 15 EKG Rdnr. 25. Weiter Beispiele des aus England rezipierten Statute of Frauds bei Zweigert/Kötz, Band II, S. 63 f.. Aufgrund allgemeiner Billigkeitserwägungen machen die US-Gerichte von der strikten Anwendung des Statutes of Frauds allerdings zahlreiche Ausnahmen, wobei die Rechtsprechung sich dabei maßgeblich auf die "Promissory-Estoppel-Doctrine" stützt, vgl. Donath, IPRax 1994, S. 335.

599 Staudinger-Dilcher, § 125 Rdnr. 61; Donath, IPRax 1994, S. 335.

600 Ausführlich hierzu Kötz, RabelsZ 58 (1994), S. 209 ff.

601 Zweigert/Kötz, Band II, S. 72.

aa) Schweiz und Österreich

Nach *Schweizer* Recht kann sich eine Schadensersatzpflicht aus Culpa in contrahendo ergeben, wenn ein Vertrag nicht zustande kommt und die Unwirksamkeits- bzw. Nichtigkeitsgründe aus der Sphäre nur einer Partei entstammen[602].

So hat das Gesetz eine Schadensersatzpflicht wegen Culpa in contrahendo für die Fälle vorgesehen[603], in denen ein Vertrag mangels Vollmacht des Vertreters nicht zustande kommt (Art. 39 Abs. 1 und 2 OR[604]), oder in denen ein Geschäftsunfähiger seinen Partner schuldhafterweise zur irrtümlichen Annahme der Geschäftsfähigkeit verleitet (Art. 411 Abs. 2 ZGB). Darüber hinaus statuiert Art. 26 OR für den Fall des wegen Irrtums angefochtenen Vertrages eine Ersatzpflicht des Irrenden, vorausgesetzt, daß dieser "den Irrtum der eigenen Fahrlässigkeit zuzuschreiben hat".

Die Haftung aus Culpa in contrahendo kann auch dann Bedeutung erlangen, wenn innerhalb eines im übrigen gültigen Vertrages eine Teilleistung unmöglich bzw. widerrechtlich und daher die entsprechende Klausel nichtig ist (Teilnichtigkeit nach Art. 20 Abs. 2 OR); dies allerdings nur, soweit nicht bereits nach Bereicherungsrecht ein Ausgleich zu schaffen ist[605].

Im *österreichischen* Recht ist die Rechtslage mit der *Deutschlands* und der *Schweiz* vergleichbar.

Das ABGB enthält Einzelvorschriften, in denen im Falle der Vertragsungültigkeit eine Haftung für Culpa in contrahendo angeordnet wird (vgl. §§ 866, 869, 871, 874 ABGB). Insbesondere können die einschlägigen Sachverhalte durch direkte oder analoge Anwendung des § 878 ABGB gelöst werden[606].

---

602 BGE 36 II, S. 203; 58 II, S. 430; 77 II, S. 135; Nirk, RabelsZ 18 (1953), S. 319.

603 Vgl. hierzu auch Keller/Schöbi, S. 35.

604 BGE 104 II, S. 94.

605 BGE 40 II, S. 370.

606 Frick, S. 41.

Danach wird auch in *Österreich* Schadensersatz zugesprochen, wenn das Rechtsgeschäft wegen Verstoßes gegen die guten Sitten oder gegen ein gesetzliches Verbot nichtig ist[607].

bb) Italien und Frankreich

In *Italien* ist die Haftung für die Nichtigkeit eines Vertrages in Art. 1338 C.c. speziell kodifiziert.

Danach hat die Partei, die einen Grund für die Ungültigkeit des Vertrages kennt oder kennen muß und der anderen Partei davon keine Kenntnis gibt, den Schaden zu ersetzen, der dem anderen Teil aus dem schuldlosen Vertrauen in die Gültigkeit des Kontraktes erwachsen ist[608]. Im Verhältnis zur allgemeinen Pflicht zu einem Verhalten nach Treu und Glauben während der Vertragsverhandlungen, so wie es in Art. 1337 C.c. festgelegt ist, handelt es sich hierbei um eine Konkretisierung[609].

Ausgangspunkt der Überlegungen für eine Haftung bei Nichtigkeit des Vertrages war in *Frankreich* Art. 1599 C.c.[610], wonach der Verkauf einer fremden Sache nichtig ist und dem Verkäufer eine Schadensersatzpflicht obliegt, wenn der Käufer den die Nichtigkeit begründenden Umstand weder kannte noch kennen mußte[611].

Eine Schadensersatzpflicht besteht ferner, wenn die Willenserklärung infolge eines Irrtums, Zwangs oder Betrugs (Artt. 1109, 117 C.c.) veranlaßt und der Vertrag nach Art. 1304 C.c. für nichtig erklärt wird[612].

---

607 Nirk, RabelsZ 18 (1953), S. 315.

608 Frick, S. 80; Kindler, S. 190; Nickl, S. 86.

609 Frick, S. 80.

610 Art. 1599 C.c. ist mit der Regelung des § 307 BGB vergleichbar.

611 Nirk, RabelsZ 18 (1953), S. 324; Frick, S. 71.

612 Nirk, RabelsZ 18 (1953), S. 325.

Ähnlich wie in der *Schweiz*, in *Österreich* sowie in *Deutschland* ausgehend von Einzelbestimmungen ein allgemeines Prinzip abgeleitet wurde, ist auch im *französischen* Recht in Anlehnung an die erwähnten Bestimmungen die generelle Verpflichtung anerkannt, dafür einzustehen, daß der intendierte Vertrag rechtlich wirksam ist[613].

Der Nichtigkeitsgrund führt zu einer deliktischen Culpa-in-contrahendo-Haftung dessen, der die Nichtigkeit zu vertreten hat[614].
Dabei muß die Partei die Nichtigkeit des Vertrages vorsätzlich oder fahrlässig herbeigeführt haben oder den Nichtigkeitsgrund bei Vertragsschluß gekannt haben oder gekannt haben müssen[615].

cc) England und USA

Wenn es um die Haftung bei Nichtigkeit des Vertrages innerhalb des anglo-amerikanischen Rechtskreises geht, so kann hier grundsätzlich auf die obigen Ausführungen zur "misrepresentation-Lehre" verwiesen werden[616].

Gemäß dem Grundsatz "Caveat emptor" darf sich jede Partei beim Vertragsschluß ausschweigen und aus der Unkenntnis oder dem Irrtum des Partners Vorteil ziehen[617].
Dementsprechend hat der Verhandlungspartner auch nicht darüber aufzuklären, daß der angestrebte Vertrag - aus welchen Gründen auch immer - unwirksam bzw. nichtig sein könnte[618].

Etwas anderes gilt nur dann, wenn das Verhalten einer Partei den Tatbestand einer "misrepresentation" erfüllt oder allgemein ein Verstoß gegen das Prinzip des "promissory estoppel" festgestellt wird.

---

613 Frick, S. 71; Nirk, RabelsZ 18 (1953), S. 325.

614 Lorenz, ZEuP 1994, S. 239.

615 Lorenz, ZEuP 1994, S. 239; Cass.Com., Bull.Civ. 1972 IV Nr.83.

616 Vgl. oben S. 124 f.

617 Nirk, RabelsZ 18 (1953), S. 333.

618 Frick, S. 85.

In diesen Fällen haben die Parteien gegebenenfalls Schadensersatzansprüche, wenn der Vertrag unwirksam ist und die Gegenseite dies zu vertreten hat[619].

c) Abbruch von Vertragsverhandlungen

aa) Schweiz

Sowohl die Rechtsprechung als auch die Literatur in der *Schweiz* vertreten die Auffassung, daß der Abbruch von Vertragsverhandlungen an sich jederzeit und ohne Begründung zulässig ist[620].

Es steht grundsätzlich jedermann frei, vom Abschluß eines Vertrages Abstand zu nehmen, ohne daß über die dem Verhandlungsabbruch zugrunde liegenden Motive Rechenschaft abgelegt werden müßte[621].
Hat der Verhandlungspartner durch seine Erwartung, daß der intendierte Vertrag zustande kommen werde, einen Schaden erlitten, so hat er ihn regelmäßig selbst zu tragen, da er mit der Unsicherheit der Rechtslage rechnen mußte[622].

Gleichwohl kann eine Schadensersatzpflicht aus Culpa in contrahendo aber dann entstehen, wenn jemand Vertragsverhandlungen in der Absicht anbahnt, sie abzubrechen und dadurch den Gegner zu schädigen[623].

Grundlegend zum Anspruch aus Culpa in contrahendo wegen gescheiterter Vertragsverhandlungen ist eine Entscheidung des Bundesgerichts aus dem Jahre 1979[624].

---

619 Vgl. oben S. 109 f.

620 BGE 105 II, S. 75; Keller/Schöbi, S. 35; Guhl, S. 98 f.

621 Dreyer, S. 70. Anzumerken ist aber, daß der Offerent auch im Schweizer Recht grundsätzlich an sein Angebot gebunden ist (vgl. Art. 3 Abs. 1 OR).

622 Keller/Schöbi, S. 35.

623 BGE 77 II, S. 135 ff.; 80 II, S. 35/36 (obiter dictum); Küpper, S. 103 f; Keller/Schöbi, S. 35; Dreyer, S. 71.

624 BGE 105 II, S. 75 ff.

Darin führt das Gericht aus, daß die Haftung wegen Verhandlungsabbruchs auf die Verletzung einer Aufklärungspflicht zurückzuführen sei, deren Umfang sich nach den Umständen des Einzelfalles richte.
Zwar bestehe keine allgemeine Pflicht, begonnene Verhandlungen fortzuführen, doch ergäben sich durch den Eintritt in Vertragsverhandlungen gegenseitige Verpflichtungen.
Dazu gehöre insbesondere, daß die Parteien die Verhandlungen ihrer wirklichen Absicht gemäß führten und einander in gewissem Maße über Tatsachen unterrichteten, welche die Entscheidung der Gegenseite über den Vertragsschluß und dessen Bedingungen beeinflussen könnten.
Den Umfang des zu leistenden Schadensersatzes hat das Bundesgericht auf das negative Interesse beschränkt[625].

Für das *Schweizer* Recht bleibt daher zusammenfassend festzuhalten:
Der bloße Verhandlungsabbruch gilt grundsätzlich nicht als haftungsbegründend.
Zum Ersatz des negativen Vertrauensinteresses verpflichtet aber die schuldhafte Verletzung einer Pflicht zur Aufklärung über die Bereitschaft und Möglichkeit, den in Aussicht gestellten Vertrag abzuschließen[626].

---

625 BGE 105 II, S. 75 ff; Küpper, S. 105 f.; Dreyer, S. 71. Eine Weiterentwicklung gegenüber BGE 77 II, S. 135 ff. besteht vor allem darin, daß die fahrlässige Verletzung der Aufklärungspflicht als ausreichend anerkannt wurde.

626 Küpper, S. 107; BGE 105 II, S. 75 ff; Keller/Schöbi, S. 35.

bb) Österreich

Auch in *Österreich* ist man sich darüber einig, daß die Parteien im Verhandlungsstadium grundsätzlich berechtigt sind, den Kontakt wieder abzubrechen[627]. Die Rücksicht auf den Partner darf zu keiner vorzeitigen Bindung an die Verhandlungen führen[628].

Gleichwohl erkennen Rechtsprechung und Lehre Ansprüche wegen des Abstehens von Vertragsverhandlungen bei Verletzung von Aufklärungspflichten an[629].

Von besonderer Bedeutung ist dabei eine Entscheidung des Obersten Gerichtshofes aus dem Jahre 1976[630], in der grundsätzliche Erwägungen zur Haftung aus Culpa in contrahendo wegen des Abbruchs von Vertragsverhandlungen angestellt wurden.

Nach Ansicht der Richter entsteht durch die Aufnahme des Kontaktes zu geschäftlichen Zwecken ein beiderseitiges Schuldverhältnis, welches die Partner zur gegenseitigen Rücksichtnahme verpflichtet. Insbesondere ergebe sich die Verpflichtung, über die Beschaffenheit des Vertragsgegenstandes aufzuklären und Umstände mitzuteilen, die einem gültigen Vertragsschluß entgegenstehen.
Die Verletzung einer solchen Pflicht begründe einen Anspruch auf Ersatz des negativen Interesses[631].

Zu bemerken ist dabei, daß die Judikatur weitgehend mit der Annahme von Aufklärungspflichten arbeitet.
Danach bestehen Warn- und Aufklärungspflichten, die es gebieten, den Partner vor gewissen Schritten zu warnen, die dieser im Vertrauen auf

---

627 Gemäß § 862 S. 2 ABGB ist der Antrag aber grundsätzlich - ebenso wie in Deutschland und in der Schweiz - bindend.

628 OGH, SZ 49/94; Koziol/Welser, S. 207; Ostheim, JBl 1980, S. 573 f.

629 OGH, SZ 49/94 (= JBl 1977, S. 315); SZ 52/90 (= JBl 1980, S. 33); Koziol/Welser, S. 207; Ostheim, JBl 1980, S. 576.

630 OGH, SZ 49/94 (= JBl 1977, S. 315).

631 OGH, SZ 49/94; Küpper, S. 99 f.

den Abschluß oder auch infolge einer Fehlbeurteilung des Verhaltens des Pflichtigen unternehmen wollte[632].
Im *österreichischen* Schrifttum wird allerdings teilweise die Ansicht vertreten, schon das grundlose Abstehen vom Vertragsschluß könne einen Pflichtenverstoß darstellen, wenn im Partner die Überzeugung herbeigeführt wurde, der Vertrag werde mit Sicherheit zustande kommen und der Partner im Vertrauen darauf Dispositionen getroffen hat[633].

Festzuhalten bleibt, daß auch die Rechtsprechung in *Österreich* Ansprüche aus Culpa in contrahendo wegen des Abbruchs von Vertragsverhandlungen anerkennt, wenn diesbezügliche Aufklärungs- und Informationspflichten verletzt werden[634].

cc) Italien

Auch im *italienischen* Recht wird ein Schadensersatzanspruch wegen des unberechtigten Abbruchs der Vertragsverhandlungen diskutiert[635].

In dieser Fallgruppe sind sich die in der Rechtsprechung *Deutschlands* und *Italiens* konstant wiederholenden Leitsätze sogar verblüffend ähnlich:
Der Haftung auf das negative Interesse unterliegt, wer die Verhandlungen ohne berechtigten Grund ("senza giusta causa" oder "senza giustificato motivo") abbricht, nachdem er beim Verhandlungspartner Vertrauen auf das Zustandekommen des Vertrages erweckt hat[636].

Ein solches Vertrauen ist allerdings nur schutzwürdig, wenn die Verhandlungen schon so weit gediehen sind, daß die Parteien sich bereits mit den essentialia negotii des angestrebten Vertrages befaßt haben

632 OGH, SZ 49/94; Küpper, S. 99 f.
633 Vgl. nur Koziol/Welser, S. 207; Ostheim, JBl 1980, S. 576.
634 Küpper, S. 102.
635 Kindler, S. 189; Küpper, S. 111; Frick, S. 82.
636 Kindler, S. 189; Frick, S. 83.

("...abbiano preso in considerazione gli elementi essenziali del contratto che si propongono.....di stipulare...")[637].

Insoweit setzt die *italienische* Rechtsprechung, die Ansprüche wegen des Abbruchs von Vorverhandlungen in erster Linie aus der sich anbietenden gesetzlichen Grundlage des Art. 1337 C.c. (und nicht aus Art. 2043 C.c.) herleitet[638], also strengere Maßstäbe als die *deutsche.*

Entscheidend für den Schadensersatzanspruch der geschädigten Partei ist letztlich der Verstoß des anderen Verhandlungspartners gegen die allgemeinen Regeln des korrekten und loyalen Verhandelns in gutem Glauben, so wie sie von Art. 1337 C.c. aufgestellt worden sind[639].

dd) Frankreich

Auch in *Frankreich* führt - wegen der "liberté des négociations" - nicht jeder Abbruch von Vertragsverhandlungen ("rupture des pourparlers") zu einem potentiellen Schadensersatzanspruch der anderen Seite[640].

Zu der bloßen Tatsache des Verhandlungsabbruchs müssen vielmehr zusätzliche Erfordernisse treten, die eine Schadensersatzpflicht begründen können.
Da eine Haftung nur nach der deliktischen Generalklausel des Art. 1382 C.c. in Betracht kommt[641], richten sich diese nach den Lehren des allgemeinen Deliktsrechts und verlangen eine Pflichtverletzung (faute), einen Schaden (dommage) und die Kausalität (lien de causalité)[642].

---

637 Cass., Foro it. 1992, I, 1766 (1768 f.) = RIW 1993, S. 679; vgl. auch Kindler, S. 190; Nickl, S. 145.

638 Frick, S. 83; Kindler, S. 189 f.; Küpper, S. 111.

639 Küpper, S. 112.

640 Renner, S. 195; Nickl, S. 143; Choi, S. 211; Ferid/Sonnenberger, Anm. 1 F 276; Lorenz, ZEuP 1994, S. 226.

641 Küpper, S. 114 ff; Renner, S. 196; Schmidt-Szalewski, S. 95; Seube, S. 108; Ferid/Sonnenberger, Anm. 1 F 276; Lorenz, ZEuP 1994, S. 225.

642 Frick, S. 72; Nickl, S. 143.

Obwohl der Code civil darüber schweigt, wird nach allgemeiner Meinung auch in der vorkonsensualen Phase eine Loyalitätspflicht (obligation de bonne foi dans la formation des contrats) angenommen[643].

Die Verletzung einer solchen Loyalitätspflicht kann insbesondere dann vorliegen, wenn beim Partner berechtigte Erwartungen auf einen Vertragsabschluß erweckt wurden und dieser dadurch zu Vermögensdispositionen verleitet worden ist, die sich später als nutzlos erweisen[644].

Eine Verletzung dieser "Vertrauensverpflichtung"[645] setzt, um eine deliktische Haftung zu begründen, zwar keine Schädigungsabsicht (volonté de nuire) voraus, das Verhalten muß aber den Umständen nach eindeutig als treuwidrig erweisen (manque de bonne foi), um eine "faute" im Sinn des Art. 1382 C.c. zu begründen[646].

Von einer solchen Treuwidrigkeit ist insbesondere dann auszugehen, wenn einer der Verhandlungspartner von Anfang an keinen Vertragsabschluß beabsichtigt oder die Verhandlungsgespräche noch zu einem Zeitpunkt weiterführt, in dem er keinen ernsthaften Abschlußwillen mehr besitzt und dabei zuläßt, daß der andere Teil im Vertrauen auf das Zustandekommen des Kontraktes weitere Investitionen unternimmt[647].

Liegt für den Verhandlungsabbruch aber ein triftiger Grund - etwa der Abschluß eines anderweitigen, wirtschaftlich günstigeren Vertrages - vor, so kann im Scheiternlassen des Vertrages auch dann keine "faute" gesehen werden, wenn die Gespräche bereits weit fortgeschritten waren und der Gegenseite hohe Kosten verursacht hatten[648].

---

643 Ferid/Sonnenberger, Anm. 1 F 276; Lorenz, ZEuP 1994, S. 225.

644 Nickl, S. 143; Ferid/Sonnenberger, Anm. 1 F 276; Lorenz, ZEuP 1994, S. 225. Die Anforderungen an die Parteien können dabei je nachdem, ob es sich um Kaufleute oder Private handelt, im Einzelfall variieren.

645 Lorenz, ZEuP 1994, S. 226.

646 Ferid/Sonnenberger, Anm. 1 F 276; Nickl, S. 143.

647 Lorenz, ZEuP 1994, S. 226; Ferid/Sonnenberger, Anm. 1 F 276; Frick, S. 73.

648 Lorenz, ZEuP 1994, S. 227; Ferid/Sonnenberger, Anm. 1 F 276.

Festzuhalten bleibt daher, daß im *französischen* Recht dem Prinzip nach vorvertragliche Sorgfaltspflichten anerkannt werden, deren treuwidrige Mißachtung im Falle des Verhandlungsabbruchs Schadensersatzansprüche auszulösen vermag[649].

Im übrigen stimmt die *französische* Lehre im Ausgangspunkt mit den im deutschen Rechtskreis entwickelten Kriterien überein. Hier wie dort ist Rechtsgrund der Haftung das enttäuschte Vertrauen[650] und gehaftet wird auf den Vertrauensschaden, das heißt das negative Interesse[651].

ee) England und USA

Im *englischen* und *amerikanischen* Recht entspricht es traditioneller Auffassung, daß der Abbruch von Verhandlungen jederzeit zulässig ist ("freedom of negotiation"[652]).

Hat eine der Parteien im voreiligen Vertrauen darauf, daß es zum Vertragsschluß kommen würde, ihre Lage geändert, so kann sie den anderen Teil grundsätzlich nicht auf Ersatz des Vertrauensschadens belangen[653].

Diese Regel wird noch dadurch verstärkt, daß selbst eine Offerte keine bindende Wirkung entfaltet, der Offerent also solange zurücktreten kann, wie die Annahme noch nicht erfolgt ist[654].

Der Grund für die Abneigung des Common Law, die Offerte mit irgendwelchen Bindungswirkungen zu versehen, liegt in der "consider-

---

649 Küpper, S. 119; Nickl, S. 144.

650 Frick, S. 73; Lorenz. ZEuP 1994, S. 226.

651 Küpper, S. 119 f; Lorenz, ZEuP 1994, S. 227.

652 Farnsworth, Columbia Law Review 1987, S. 221; Kessler, FS v.Caemmerer, S. 874; Küpper, S. 121; Frick, S. 97; Kessler/Fine, Harvard Law Review 1964, S. 412.

653 Kessler, FS v.Caemmerer, S. 874.

654 Frick, S. 97. Zu den dogmatischen Gründen dieser freien Widerruflichkeit vgl. nur Choi, S. 208 und Küpper, S. 120 f.

ation-Lehre"[655], das heißt in dem Grundsatz des anglo-amerikanischen Vertragsrechts, wonach eine bindende Verpflichtung nur dann wirksam eingegangen ist, wenn entweder der Berechtigte seinerseits eine Gegenleistung erbracht oder versprochen hat, oder wenn die Verpflichtungserklärung in einer gesiegelten Urkunde festgehalten worden ist[656].

Die neuere *amerikanische* Praxis läßt aber verschiedene Einschränkungen dieses Grundsatzes zu.

So wird beispielsweise nach § 90 Restatement Contracts[657] - obwohl ursprünglich nur für die Durchsetzung von Versprechen unentgeltlicher Leistungen gedacht - auch Schadensersatz gewährt, wenn Vertragsverhandlungen nicht bis zum Abschluß eines Vertrages fortgeführt worden sind, nachdem eine Partei den Verhandlungspartner zuvor zu einem vermögensschädigenden Handeln oder Unterlassen veranlaßt hatte[658].

Die Verantwortlichkeit der abbrechenden Partei wird hier allerdings weder delikts - noch vertragsrechtlich hergeleitet, sie beruht vielmehr auf der Anerkennung einer selbständigen Vertrauenshaftung, so daß - anders als bei der "klassischen" Culpa in contrahendo - weder Pflichtwidrigkeit noch Verschulden erforderlich sind.

Gehaftet wird dem Prinzip nach daher nicht wegen eines fehlerhaften Verhaltens bei der Vertrauenserweckung, sondern im Anschluß an die

---

655 Vgl. oben S. 92 f.

656 Zweigert/Kötz, Band II, S. 44; Fischer, Verkehrsschutz, S. 319.

657 "Ein Versprechen, von dem der Versprechende vernünftigerweise annehmen muß, daß es den Empfänger oder einen Dritten zu einem Tun oder Unterlassen veranlassen werde, ist (trotz fehlender consideration) bindend, wenn es in der Tat ein solches Verhalten ausgelöst hat und Ungerechtigkeit nur bei Klagbarkeit des Versprechens vermieden werden kann" (vgl. Frick, S. 99 Fn 733). Ausführlich zu dieser Regelung und ihrer Bedeutung für die Vertragsverhandlungen Kessler, FS v.Caemmerer, S. 873 ff.

658 Kessler, FS v.Caemmerer, S. 883; Küpper, S. 122 f.; Frick, S. 99; Supreme Court of Wisconsin, 133 N.W. 2d 267 (1965); Supreme Court of California, 51 Cal. 2d 409, 333 P., 2d 757 (1958); Supreme Court of Texas, 398 S.W. 2d 93 (1965); Supreme Court of Colorado, 646 P. 2d 900 (1982).

Lehre von der "promissory estoppel" wegen Vertrauensenttäuschung[659].

Teilweise wird die Haftung für den Abbruch von Vertragsverhandlungen auch auf die Lehre von der "misrepresentation"[660] gestützt[661].

Der Akt der Vertragsverhandlungen bringe die Erklärung (representation) einer ernsthaften Absicht zum Ausdruck, mit dem Partner einen Vertragsschluß herbeiführen zu wollen.
Dies habe nicht nur für solche Fälle zu gelten, in denen eine ernsthafte Verhandlungsabsicht von vornherein fehle, sondern auch dann, wenn eine Seite ihre ursprünglichen Absichten ändere und dies dem Verhandlungspartner nicht unverzüglich mitteile[662].

Im Gegensatz zum *amerikanischen* Recht hat das Institut des "promissory estoppel" im *englischen* Recht bislang keine Ausprägung zu einer eigenständigen Vertrauenshaftung erfahren.

Nach *englischer* Auffassung vermag dieses Rechtsinstitut - einer Einrede entsprechend - lediglich die Geltendmachung eines Rechts auszuschließen, nicht jedoch - als Angriffsmittel - einen Anspruch unmittelbar zu begründen ("as a shield, not as a sword")[663].
Insoweit könne schon aus diesem Grund daraus kein Anspruch wegen Abbrechens der Vertragsverhandlungen hergeleitet werden[664].

Schadensersatzansprüche kommen daher nur nach Deliktsrecht in Betracht.

So tritt eine Haftung nach dem "tort of fraud" (bzw. "tort of deceit") ein, wenn dem Verhandlungspartner die Absicht, den Vertrag einzuge

---

659 Küpper, S 129; Kessler, FS. v.Caemmerer, S. 882.

660 Zum Begriff vgl. oben S. 124 f.

661 Kessler/Fine, Harvard Law Review 1964, S. 419/420; Frick, S. 100.

662 Nickl. S. 149; Frick, S. 100.

663 Kessler, FS v.Caemmerer, S. 888 Fn. 51; Küpper, S. 134; Nickl, S. 147 f.

664 Küpper, S. 134. Choi, S. 210.

hen, bloß vorgetäuscht wird und er im Vertrauen auf den Abschluß Vermögensdispositionen vornimmt[665].
Da nach der Judikatur zur "negligent misrepresentation" das fahrlässige dem vorsätzlichen Irreführen weitgehend gleichgestellt wird[666], verpflichtet auch die nur fahrlässige Irreführung über die Möglichkeit des Vertragsschlusses zum Schadensersatz.

Insoweit ist das Prinzip der Culpa in contrahendo auf deliktischer Grundlage ("action of deceit"[667]) auch für das *englische* Recht für diese Fallgruppe anerkannt[668].
Zu beachten ist allerdings, daß eine "misrepresentation" sich nur auf vergangene oder gegenwärtige Tatsachen beziehen kann, so daß bloße Absichtserklärungen oder Aussagen über die Zukunft selbst dann keine Haftung begründen, wenn sie später nicht eingehalten werden oder unzutreffend sind[669].

4) Fazit

Betrachtet man die untersuchten Rechtskreise im Überblick, so fällt zunächst auf, daß zwar keine Rechtsordnung auf Formvorschriften ganz verzichten kann, daß deren Rolle im einzelnen aber stark variiert.

Formvorschriften im romanischen und anglo-amerikanischen Rechtskreis verfolgen in erster Linie Beweisfunktionen, ohne die Wirksamkeit der Rechtsgeschäfte zu beeinflussen. Lediglich die Einklagbarkeit einer Forderung wird erschwert, indem der rechtspolitisch unerwünschte, weil notorisch unzuverlässige Zeugenbeweis ausgeschlossen wird (vgl. nur Art. 1341 Code civil, Art. 2721 Codice civile, § 2-201 UCC)[670].

---

665 Küpper, S. 135. Nickl, S. 149 f.

666 Hedley Byrne & Co.ltd. v. Heller & Partners Ltd., 1964 A.C. 465; 1963 2 All. E.R. 575; Esso Petroleum Co. Ltd. v. Mardon, 1976 2 All. E.R. 5. Vgl. oben S. 125.

667 Vgl. oben S. 124 f.

668 Küpper, S. 136; Nickl, S. 150.

669 Nickl, S. 149; Küpper, S. 137.

670 Zweigert/Kötz, Band II, S. 60, 63.

Ganz anders die Systeme des deutschen Rechtskreises. Zwar verfolgen auch sie mit ihren Formvorschriften Beweisfunktionen[671], doch führt darüber hinaus jeder Formmangel stets zur Ungültigkeit des Geschäfts, unabhängig davon, ob im Einzelfall die Abgabe der streitigen Erklärung oder die Übereinstimmung des Vertragswillens der Parteien mit äußerster Sicherheit bewiesen werden könnte[672].

Dementsprechend taucht das Problem von Schadensersatzansprüchen aus Culpa in contrahendo aufgrund der Nichtigkeit von Rechtsgeschäften wegen Formmängeln im deutschen Rechtskreis weitaus häufiger auf als in der romanischen oder anglo-amerikanischen Rechtsfamilie.

Die übrigen "Varianten" des Nichtzustandekommens eines Vertrages werden in den verschiedenen Rechtskreisen im Hinblick auf Schadensersatzansprüche der dafür verantwortlichen Partei - zumindest bei funktionaler Betrachtungsweise - im wesentlichen ähnlich behandelt.

Das gilt in besonderem Maße für das grundlose Scheiternlassen eines Vertragssabschlusses.

Übereinstimmung herrscht in sämtlichen Rechtsordnungen darüber, daß es grundsätzlich jedem Partner freisteht, die Vertragsverhandlungen zu beenden und von dem ins Auge gefaßten Vertragsabschluß Abstand zu nehmen.

Unter bestimmten Voraussetzungen wird der Verhandlungsabbruch aber mit einer Schadensersatzpflicht sanktioniert, wenn die Gegenseite berechtigterweise auf das Zustandekommen des Kontraktes vertraut hat und nach den Umständen des Einzelfalles auch vertrauen durfte.

Im deutschen Rechtskreis hat die Culpa-in-contrahendo-Haftung hier einen ihrer Hauptanwendungsfälle, wenngleich bei diesem Sachverhalt Entstehung und Umfang der vorvertraglichen Haftung durchaus umstritten ist und heftig diskutiert wird.

---

671 Jauernig-Jauernig, § 125 Anm. 1.c)bb).
672 Zweigert/Kötz, Band II, S. 61.

Auch im romanischen und anglo-amerikanischen Rechtskreis wird das vernünftige Vertrauen des Verhandlungspartners auf den Abschluß des Rechtsgeschäfts geschützt.

Allerdings bedient man sich hier nicht unbedingt des Rechtsinstituts der Culpa in contrahendo, sondern greift vielmehr entweder auf spezifische gesetzliche Regeln (vgl. z.B. Art. 1337 Codice civile) oder das allgemeine Deliktsrechts (vgl. etwa *Frankreich* und *England*) zurück.

Die *amerikanische* Rechtsprechung gewährt Vertrauensschutz bei Vertragsverhandlungen, indem sie den in der Vorschrift des § 90 Restatement Contracts enthaltenen Grundgedanken des "promissory estoppel" auf Vertragsverhandlungen im Geschäftsverkehr anwendet.
Demnach ist "§ 90 also die Tür, die es der (*amerikanischen*) Rechtsprechung möglich macht, den Schutz gegen culpa in contrahendo bei Vertragsverhandlungen zu entwickeln"[673].

Das *englische* Recht bietet in den Fällen des Abbruchs von Vertragsverhandlungen zwar nicht über das Prinzip des "promissory estoppel", unter Umständen aber über einen deliktischen Schadensersatzanspruch wegen einer "misrepresentation" einen der Culpa in contrahendo in etwa entsprechenden Rechtsbehelf[674].

D) Zusammenfassung und Bewertung

1) Die Culpa in contrahendo aus *deutscher* Sicht

Nach herrschender Ansicht im *deutschen* Recht schafft die Aufnahme von Vertragsverhandlungen ein gesetzliches Schuldverhältnis, das sich letztlich auf die Inanspruchnahme gewährten Vertrauens zurückführen läßt.

---

673 Kessler, FS v.Caemmerer, S. 883.
674 Nickl, S. 150.

Kraft dieses Schuldverhältnisses sind die Verhandlungspartner einander zu billiger Rücksichtnahme und zu sorgfältigem Verhalten verpflichtet. Werden diese Pflichten schuldhaft verletzt, so hat der verantwortliche Teil dem geschädigten Partner den auf enttäuschtem Vertrauen beruhenden Schaden zu ersetzen[675].

So klar und verständlich diese "Generalklausel" auf den ersten Blick erscheint, so schwierig sind die Versuche, die Lehre von der Culpa in contrahendo in ihren Einzelproblemen zu konkretisieren.

Die Tatbestände vorvertraglicher Haftung und der jeweilige Haftungsinhalt sind im einzelnen noch ungeklärt. Insoweit legt die oben genannte Formel lediglich einen grob umrissenen Kernbereich des Verschuldens bei Vertragsschluß fest, ohne genaue Auskunft über die den Parteien im konkreten Einzelfall auferlegten Pflichten zu geben.
In diesem Zusammenhang wird sogar davon gesprochen, die Culpa in contrahendo gehöre zu den Rechtsfiguren, die mehr versprächen als sie tatsächlich hielten[676].

Aus der Einsicht heraus, daß die verschiedenen Fallkonstellationen der Culpa in contrahendo völlig unterschiedliche Sachverhalte mit jeweils spezifischen Rechts- und Wertungsfragen zum Gegenstand haben, die nicht aus einem Grundgedanken heraus zu begründen sind, ist man von Beginn an dazu übergegangen, das diffuse Gebilde der vorvertraglichen Haftung durch die Bildung von Fallgruppen nach unterschiedlichen Pflichtenkategorien zu ordnen[677].

Eine gewisse Sonderrolle unter den Fallgruppen der Culpa in contrahendo spielt die Verletzung von Schutz- und Verkehrspflichten während der Vertragsverhandlungen, da diese Fälle phänotypisch zum Deliktsrecht gehören und nur wegen dessen Mängeln zusätzlich bei der Culpa in contrahendo angesiedelt werden[678].

---

675 Stoll, FS v.Caemmerer, S. 435.

676 Huber, Gutachten, S. 746.

677 Reder, S. 16 f.

678 MüKo-Emmerich, vor § 275 Rdnr. 54.

Trotz aller Kritik[679] ist die Zuordnung dieses Problembereichs zum Verschulden bei Vertragsschluß zumindest solange gerechtfertigt, als der Schutz des Verhandlungspartners angesichts der nun einmal unbestreitbaren Defizite unseres Deliktsrechts erheblich geschmälert bleibt.
Und selbst wenn man diese deliktsrechtlichen Unzulänglichkeiten beispielsweise durch Schaffung neuartiger Verkehrspflichten zum Schutze fremden Vermögens beseitigte, so würde zwar die Haftung aus Culpa in contrahendo von einer Fallgruppe entlastet, das Problem selbst letztlich aber nur von der vertragsähnlichen auf die deliktsrechtliche Ebene verschoben, ohne einen "materiellrechtlichen Erfolg" verzeichnen zu können[680].

Während bei den Schutz- und Verkehrspflichten die Beziehung zum intendierten Vertrag regelmäßig relativ locker ist, können die übrigen Fallgruppen kaum isoliert von rechtsgeschäftlichen oder vertraglichen Rechtsbehelfen betrachtet werden[681].

So besteht eine Hauptfunktion der Culpa in contrahendo darin, im Vorfeld des Vertragsabschlusses eine faire und loyale Verhandlungsführung zu verbürgen.
Beispielhaft für diesen Aufgabenkreis sind die allgemein anerkannten Aufklärungs-, Mitteilungs- und Förderpflichten, die beim Scheitern des Vertrages und noch stärker beim Zustandekommen eines nicht erwartungsgerechten Kontraktes Platz greifen[682].

Sofern ein abgeschlossener Vertrag erwartungsgerecht ist - das heißt seinem Inhalt nach jeder Partei das Recht auf diejenige Leistung gibt, die sie aufgrund der Verhandlungsführung des Partners erwarten durfte - , bemißt sich die Haftung für die Vereitelung der Leistungserwartung ausschließlich nach dem Recht der Leistungsstörungen.

---

679 Vgl. nur v. Bar, JuS 1982, S. 639; Stoll, FS v.Caemmerer, S. 453; Nirk, RabelsZ 18 (1953), S. 350 ff; Köndgen, S. 84.

680 Emmerich, S. 41 f.

681 Reder, S. 20.

682 Soergel-Wiedemann, vor § 275 Rdnr. 105.

Ein Bedürfnis für eine das Vertragsrecht ergänzende vorvertragliche Haftung besteht aber dann, wenn ein Verhandlungspartner vor oder beim Vertragsschluß falsche oder unzulängliche Angaben über den Vertragsgegenstand oder den sonstigen Vertragsinhalt macht und dadurch Leistungserwartungen weckt, die durch den Vertragsinhalt nicht gedeckt werden.
Insoweit erwirbt der Partner kein vertragliches Recht auf Leistung, obwohl er auf jene Umstände vertrauen durfte[683]. Die berechtigten Erwartungen der geschädigten Partei lassen sich in diesen Fällen sachgerecht nur durch das Institut der Culpa in contrahendo schützen.

Eine weitere Aufgabe der Culpa in contrahendo liegt in der Kontrolle objektiv unerwünschter Verträge, wobei der Makel entweder die Art des Zustandekommens (z.B. Überrumpelung) oder den Inhalt des Vertrages (z.B. Sittenwidrigkeit) betrifft.
Die Haftung aus Verschulden bei Vertragsschluß ergänzt insoweit gesetzliche Unwirksamkeitstatbestände (insbesondere §§ 134, 138 BGB) sowie gesetzliche Auflösungsrechte (§§ 119 ff. BGB).
Damit steht die Culpa in contrahendo den gesetzlichen Rechtsbehelfen zur Kontrolle des korrekten Vertragsschlusses unterstützend zur Seite und gewährleistet somit den notwendigen Schutz geschäftlich unerfahrener Personen oder wirtschaftlich unterlegener Verhandlungspartner[684].

Schließlich wird auch der mutwillige Abbruch von Vertragsverhandlungen als ein von dem Rechtsinstitut der Culpa in contrahendo erfaßtes Problem diskutiert.

Danach soll die Haftung für pflichtwidriges Verhalten unabhängig vom späteren Zustandekommen oder Scheitern des Vertrages das Vertrauen schützen, welches der gutgläubige Partner den Erklärungen seines Gegenübers entgegenbringt und situationsbedingt auch entgegenbringen darf[685].

---

683 Stoll, FS v.Caemmerer, S. 454, 460.

684 Soergel-Wiedemann, vor § 275 Rdnr. 106.

685 Soergel-Wiedemann, vor § 275 Rdnr. 104.

Voraussetzungen und Inhalt einer solchen vorvertraglichen Haftung sind allerdings lebhaft, größtenteils auch grundsätzlich umstritten[686].

Die zu diesem Bereich ergangene Rechtsprechung[687] spiegelt in anschaulicher Weise die allgemein zunehmende Tendenz wider, die Haftung aus Culpa in contrahendo überall dort einzusetzen, wo aus Gründen der Billigkeit Schadensersatz gewährt werden soll und andere Haftungsgrundlagen versagen.
Im Hinblick darauf, daß sich diese Fallkonstellation genau im (sensiblen) Schnittpunkt von Privatautonomie und Kontrahierungszwang befindet, erscheint jedoch eher Zurückhaltung bei der Annahme vorvertraglicher Verhaltenspflichten geboten.
Dem Grundsatz der Vertragsfreiheit[688] sollte meiner Ansicht nach daher zumindest insoweit Genüge getan werden, als sämtliche notwendigen Tatbestandsvoraussetzungen der Haftung aus Verschulden bei Vertragsschluß - insbesondere die Feststellung einer Pflichtverlet-zung und das Vorliegen schuldhaften Handelns - beim Verhandlungsabbruch vollständig erfüllt sein müssen.
Nur so kann überhaupt ein Kompromiß zwischen den widerstreitenden Interessen des Vertrauensschutzes und der Abschlußfreiheit erzielt und die Degeneration des Rechtsinstituts der Culpa in contrahendo zur bloßen Billigkeitshaftung vermieden werden.

Im übrigen kann die Überspannung vorvertraglicher Pflichten in diesem Zusammenhang auch den Verständigungsprozeß der Verhandlungspartner insgesamt empfindlich stören: wer befürchten muß, schon infolge von Teilverständigungen am intendierten Gesamtvertrag festgehalten zu werden, wird seinen Vertragspartner möglichst lange über die eigene Verständigungsbereitschaft im unklaren lassen, was einem zügigen Vertragsabschluß regelmäßig hinderlich sein wird.

---

686 Küpper, S. 19 und oben S. 133 ff.

687 Vgl. insbesondere BGH, ZIP 1989, S. 514.

688 Die Vertragsfreiheit gilt nicht uneingeschränkt. Die inhaltliche Gestaltungsfreiheit beispielsweise findet ihre Grenzen in gesetzlichen Verboten (§ 134 BGB), in normierten Verträgen (Tarifverträge) und an den guten Sitten (§ 138 BGB). Die Gestaltungsfreiheit wird ferner durch das Gesetz zur Regelung des Rechts der Allgemeinen Geschäftsbedingungen (AGBG) beschränkt.

Festzuhalten bleibt letztlich, daß sich die Culpa in contrahendo im Laufe der Jahrzehnte zu einer wirkungsvollen Haftungsgrundlage entwickelt hat, die sich aufgrund ihres "offenen" Tatbestandes leicht den ständig wechselnden Anschauungen über das geschuldete Maß gegenseitiger Rücksichtnahme im redlichen Geschäftsverkehr anpassen kann[689] und damit gerechte Lösungen im Einzelfall ermöglicht.

Allerdings dürfte auch die *Bundesrepublik Deutschland* - folgt man den Vorschlägen der Kommission zur Überarbeitung des Schuldrechts - demnächst zu denjenigen Staaten gehören, welche die vorvertraglichen Verhaltenspflichten der Parteien ausdrücklich im Gesetz normieren.
§ 305 Abs. 2 BGB-KE[690] ermöglicht dann ergänzend zu § 305 des geltenden Rechts das Entstehen eines Schuldverhältnisses "mit Pflichten nach § 241 Abs. 2 BGB-KE[691] bereits durch die Anbahnung des Vertrages".
Mit dieser Formulierung soll also der gewohnheitsrechtliche Haftungstatbestand der Culpa in contrahendo positivrechtlich verankert werden. Die Verletzung einer vorvertraglichen Schutzpflicht zieht die Rechtsfolge des allgemeinen Schadensersatzanspruchs gemäß § 280 BGB-KE nach sich[692].

Anzumerken bleibt allerdings, daß die Kommission mit der allgemeinen Fassung des § 305 Abs. 2 BGB-KE lediglich eine grundsätzliche Aussage zum Rechtsinstitut der Culpa in contrahendo treffen wollte, nicht aber eine Regelung in allen Einzelheiten[693]. Die große Bandbreite und Vielfalt der zu berücksichtigenden vorvertraglichen Pflichten und

689 Gottwald, JuS 1982, S. 877.

690 "KE" steht für Kommissionsentwurf.

691 Als Pflichten aus dem Schuldverhältnis kommen einerseits nach § 241 Abs. 1 BGB-KE Leistungspflichten in Betracht, andererseits nach Abs. 2 dieser Vorschrift auch die "Verpflichtung jeden Teils des Schuldverhältnisses zur besonderen Rücksichtnahme auf die Rechte und Rechtsgüter des anderen Teils unter Berücksichtigung von Inhalt und Natur des Schuldverhältnisses".

692 § 280 BGB-KE bestimmt als umfassende Regelung, daß "der Gläubiger Schadensersatz anstelle der Leistung verlangen kann, wenn der Schuldner eine Pflicht aus dem Schuldverhältnis verletzt, es sei denn, der Schuldner hat diese Pflichtverletzung nicht zu vertreten".

693 Wörlen/Mentzinis, Jura 1995, S. 2.

die Unterschiede in den durch diese Pflichten geschützten Interessen verhinderten insoweit eine detailliertere Regelung[694].

2) Die Culpa in contrahendo aus der Sicht anderer Vertragsstaaten des Wiener Kaufrechts

Ein Vergleich der deutschrechtlichen Auffassung von vorvertraglichen Verhaltenspflichten mit der Entwicklung der Lehre von der Culpa in contrahendo in ausländischen Rechtsordnungen zeigt, daß dem Rechtsinstitut in den verschiedenen Rechtssystemen eine sehr unterschiedliche Bedeutung beigemessen wird.

So enthalten nur wenige ausländische Rechtsordnungen ausdrücklich die culpa in contrahendo betreffende Vorschriften.
Insbesondere der *italienische* Codice civile enthält in Art. 1337 eine gesetzliche Regelung des Schuldverhältnisses der Vertragsverhandlungen[695].

In anderen nationalen Rechten fehlt es zwar an einer ausdrücklichen Formulierung der Lehre von der Culpa in contrahendo, doch läßt sich ihr Grundgedanke - wie im *deutschen* BGB - verschiedenen Einzelvorschriften entnehmen (so etwa im *schweizerischen, österreichischen* und *französischen* Recht).

In einer dritten Gruppe von Rechtsordnungen schließlich konnte sich die Idee einer eigenständigen vorvertraglichen Haftung nicht durchsetzen.
Hier wird entweder ausschließlich die Deliktstheorie vertreten oder es werden - wie beispielsweise im anglo-amerikanischen Recht - durch die Entwicklung verschiedener Rechtsinstitute ohne Anerkennung einer

694 Abschlußbericht, S. 144.

695 Nirk, RabelsZ 18 (1953), S. 321 f. Eine ähnliche Regelung enthält im übrigen das ans BGB angelehnte griechische ZGB (vgl. Artt. 197, 198).

speziellen Culpa-in-contrahendo-Lehre praktisch ähnliche Ergebnisse erreicht wie im deutschen und romanischen Rechtskreis[696].

Der Überblick über die Rechtslage in den Sachrechten der anderen Mitgliedsstaaten des UN-Kaufrechts hat aber auch gezeigt, daß das Bedürfnis nach einer Haftung im vorvertraglichen Bereich grundsätzlich auch in anderen Rechtsordnungen vorhanden und anerkannt ist. Entsprechende Rechtsbehelfe erscheinen daher ebenso im romanischen und anglo-amerikanischen Rechtskreis, wenn auch nicht unbedingt unter der Bezeichnung "Culpa in contrahendo"[697].

Die von den verschiedenen Rechtsordnungen im einzelnen gewählten Ausdrücke spielen in dieser Untersuchung aber ebensowenig eine Rolle wie insgesamt die dogmatischen Gründe bzw. die rechtstechnischen Mittel, mit deren Hilfe die in der vorkonsensualen Phase auftretenden Probleme gelöst werden.

Entscheidend ist allein die funktionale Betrachtung der Lebenssachverhalte, die sich im vorvertraglichen Bereich abspielen, unabhängig davon, in welchen Systemzusammenhang die jeweiligen Rechtsordnungen das konkrete Problem setzen[698].
Insofern bedarf es zunächst auch keiner Stellungnahme zu der Tatsache, daß bestimmte Sachrechte die Tatbestände der Culpa in contrahendo nach vertragsrechtlichen bzw. vertragsähnlichen Grundsätzen behandeln, während andere generell von einer deliktischen Einordnung ausgehen.

Die Lösungen der verschiedenen Rechtskreise sind vielmehr aus ihren "nur-nationalen Verkrustungen" zu lösen und ausschließlich unter dem Aspekt der Befriedigung des jeweiligen Rechtsbedürfnisses zu sehen[699].

Für die Materie der Culpa in contrahendo hat sich dabei gezeigt, daß sich die untersuchten Rechtsordnungen in ihren Grundprinzipien zwar stark voneinander unterscheiden, daß aber jedes dieser Prinzipien je-

---

696 Frick, S. 108.
697 Vgl. auch Frick, S. 108.
698 Zur Methode siehe oben S. 42 ff.
699 Zweigert/Kötz, Band I, S. 48.

weils durch Ausnahmen und Schaffung eigenständiger Rechtsfiguren in solcher Zahl und von solchem Gewicht durchbrochen wird, daß es dem Rechtsvergleicher schwerfällt, einen unter die Tatbestände der "klassischen" Culpa in contrahendo fallenden Sachverhalt zu formulieren, der hier und dort vom Ergebnis her verschieden gelöst werden würde[700].

E) Schlußfolgerungen aus der rechtsvergleichenden Betrachtung

Als Zwischenergebnis bleibt daher festzuhalten, daß die der Culpa in contrahendo zugerechneten Tatbestände - Verletzung von Schutz- und Verkehrspflichten, Abschluß nachteiliger Verträge wegen mangelnder Aufklärung sowie von einer Partei zu verantwortendes Nichtzustandekommen eines wirksamen Vertrages - in sämtlichen Rechtsordnungen anerkannt sind und zumindest im Endergebnis - wenngleich auf den unterschiedlichsten dogmatischen Ansätzen fußend - durchaus ähnlich gelöst werden.

Dementsprechend soll auch für die weitere Untersuchung der Frage, ob es eine Culpa-in-contrahendo-Haftung im Rahmen des UN-Kaufrechts geben kann, die Unterteilung in die oben genannten drei großen Fallgruppen beibehalten werden.
Auf die jeweiligen Besonderheiten der verschiedenen Rechtskreise wird gegebenenfalls bei der Behandlung der Systematik bzw. einzelner Regelungen des UN-Kaufrechts, die im Hinblick auf das Verschulden bei Vertragsschluß relevant werden, einzugehen sein.

700 Vgl. hierzu die obigen rechtsvergleichenden Übersichten.

III) Die Regelung der vorvertraglichen Haftung im UN-Kaufrecht

Dem von *Rudolf von Jhering* "erfundenen" Rechtsinstitut der Culpa in contrahendo[701] kommt - wie oben bereits erwähnt - gerade im internationalen Handel besondere Bedeutung zu.

Eine spezielle Norm, die den Parteien während der Vertragsverhandlungen besondere Sorgfalts- oder sonstige Pflichten auferlegt, ist in das UN-Kaufrecht nicht aufgenommen worden. Demzufolge besteht auch keine ausdrückliche Regelung hinsichtlich der Haftung der Vertragsparteien für ihr unzulässiges Verhalten während der Verhandlungen[702].

Dies ist umso erstaunlicher, als bei der Ausarbeitung des Übereinkommens im Laufe der Jahre einige Vorschläge für die Aufnahme einer entsprechenden Vorschrift unterbreitet wurden.

A) Der Entwurf der UNCITRAL-Arbeitsgruppe 1977

So enthielt der im September 1977 von der UNCITRAL-Arbeitsgruppe entworfene Art. 5 in seinem ersten Absatz zunächst folgende Regelung:

"In the course of the formation of the contract the parties must observe the principles of fair dealing and act in good faith"[703].

Die Delegation der damaligen DDR ging sogar noch einen Schritt weiter und beantragte die Hinzufügung eines dritten Absatzes, der Schadensersatz gewähren sollte, falls eine Partei ihre sich aus dem ersten Absatz ergebenden Sorgfaltspflichten verletze, selbst wenn diese Pflichtverletzung vor Vertragsschluß liegen sollte:

---

701 v.Jhering, JherJB 4 (1861), S. 1 ff..

702 Auch die Haager Einheitsgesetze enthielten keine Bestimmung über die vorvertragliche Haftung.

703 UNCITRAL-Yearbook IX (1978), S. 35 N. 42.

"In case a party violates the duties of care customary in the preparation and formation of a contract of sale, the other party may claim compensation for the costs borne by it"[704].

Gegen den ersten Absatz des Entwurfes wurde vor allem vorgebracht, daß die Formulierungen "principles of fair dealing" und "good faith" zu vage und unpräzise seien. Eine solch generelle Regelung könne erst dann richtig zur Wirkung kommen, wenn sie über einen langen Zeitraum hinweg durch richterliche Entscheidungen konkretisiert würde[705].
Auf der anderen Seite unterstützte die Mehrzahl der Delegierten die Aufnahme der Prinzipien des "good faith" und des "fair dealing" in das Übereinkommen, die auch in den meisten nationalen Rechtsordnungen eine ausdrückliche Erwähnung gefunden haben[706]. Die Erfahrung zeige, daß die Festschreibung bestimmter Verhaltensregeln für den Handelsverkehr durchaus nützlich sei[707].
Nach ausführlichen Beratungen wurde der erste Absatz des Entwurfes schließlich von den Mitgliedern der Arbeitsgruppe unverändert verabschiedet[708].

Keine Mehrheit konnte allerdings der von der damaligen DDR angeregte dritte Absatz des Entwurfes finden, der unter anderem die Normierung einer vorvertraglichen Haftung bei unlauterem Verhalten während der Vertragsverhandlungen zum Ziel hatte. Auch hier wurde insbesondere die Unbestimmtheit der Regelung, vor allem die ungeklärte Frage des Umfangs des zu leistenden Schadensersatzes, heftig kritisiert. Die Delegierten fürchteten zudem, daß bei der Aufnahme einer solch generellen Haftungsnorm einige Staaten von der Ratifizierung der gesamten Konvention Abstand nehmen könnten[709].

---

704 UNCITRAL-Yearbook IX (1978), S. 66 N. 70.

705 UNCITRAL-Yearbook IX (1978), S. 67 N. 74.

706 Vgl. heute Art. 1134 Abs. 3 des französischen Code civil, Art. 1374 Abs. 3 des belgischen Code civil, Art. 1278 des spanischen Codigo civil, Art. 1366 des italienischen Codice civile, sec. 1-203 des amerikanischen Commercial Code und nicht zuletzt § 242 BGB.

707 UNCITRAL-Yearbook IX (1978), S. 66 N. 71.

708 UNCITRAL-Yearbook IX (1978), S. 67 N. 87.

709 UNCITRAL-Yearbook IX (1978), S. 67 N. 84/85.

B) Die Sitzung der UNCITRAL-Kommission 1978

Auf der 11. UNCITRAL-Sitzung von Mai bis Juni 1978 wurde schließlich lange darüber diskutiert und beraten, ob das UN-Kaufrecht tatsächlich eine Vorschrift über "Treu und Glauben" enthalten sollte, so wie es der Entwurf der Arbeitsgruppe in Art. 5 Absatz 1 vorsah.

Die Gegner einer solchen Regelung beanstandeten, daß es sich bei der "Treu- und -Glauben"-Vorschrift lediglich um eine moralische Ermahnung handele, die nicht in die Konvention hineinpasse.
Würden solche Moralvorstellungen in den Rang gesetzlicher Verpflichtungen erhoben, so müßte unbedingt auch bestimmt werden, wie diese Normen im konkreten Einzelfall anzuwenden seien.
Obwohl die Aufnahme der "good faith"- und "fair dealing"-Prinzipien prinzipiell zu begrüßen sei, so bestünde doch die begründete Sorge, daß die nationalen Gerichte bei ihren Entscheidungen sehr stark von ihren eigenen rechtlichen und moralischen Vorstellungen beeinflußt würden, was dem Ziel der Rechtsvereinheitlichung sicher abträglich wäre.

Weiterhin wurde kritisiert, daß es keine Regelung für den Fall des unlauteren Verhaltens einer Partei gebe. Auch hier müßte nationales Recht zur Anwendung kommen, was die Gefahr jeweils unterschiedlicher Sanktionen in sich berge und daher unbefriedigend sei[710].

Diejenigen, die die Regelung in Artikel 5 Absatz 1 befürworteten, machten demgegenüber geltend, daß das Prinzip des "good faith" allgemein anerkannt sei und eine ausdrückliche Bestimmung in der Konvention keine Schwierigkeiten bereiten würde.
In allen Rechtsordnungen mit Artikel 5 entsprechenden Vorschriften habe der normierte Grundsatz von "Treu und Glauben" eine gewichtige Rolle in der Entwicklung handelsrechtlicher Verhaltensregeln gespielt.

710 UNCITRAL-Yearbook IX (1978), S. 35 N. 44/45.

Auch in der Völkerrechtslehre gebe es das Prinzip der "bona fides", welches sogar in der UN-Satzung Ausdruck gefunden habe. Schließlich könne man - insbesondere aus der Sicht der Entwicklungsländer - an der Glaubwürdigkeit der Kommission zweifeln, wenn - trotz offensichtlichen Bedürfnisses nach einer "Treu- und -Glauben"-Vorschrift im internationalen Handel der entsprechende Artikel nachträglich gestrichen würde[711].

Was die fehlende Sanktionierung unzulässigen Verhaltens anbelange, so müsse der Umfang der Ahndung eines Verstoßes gegen "Treu und Glauben" den nationalen Gerichten überlassen werden, da nur sie die Tatsachen des Einzelfalles feststellen und würdigen können.
Die anfängliche Rechtsunsicherheit werde im Laufe der Zeit durch die Herausbildung eines entsprechenden "case Law" beseitigt werden. Aber selbst ohne Rechtsfolgennormierung sei die Vorschrift noch von Nutzen, da sie die Parteien darauf aufmerksam mache, daß der Lauterbarkeit im grenzüberschreitenden Handelsverkehr höchste Bedeutung zukomme[712].

In Anbetracht dieser gewaltigen Meinungsverschiedenheiten entschloß sich die Kommission zur Errichtung einer "Arbeitsgruppe zu Artikel 5", die einen Kompromißvorschlag formulieren sollte, der alle geäußerten Ansichten angemessen berücksichtige[713].
Schließlich angenommen und von der Kommission im Jahre 1978 als Artikel 6 verabschiedet wurde folgender Text, der später - mit nur kleinen Veränderungen - zu Artikel 7 Absatz 1 des offiziellen Textes wurde:

"In the interpretation and application of the provisions of this Convention, regard is to be had to its international character and to the need to promote uniformity and the observance of good faith in international trade "[714].

---

711 UNCITRAL-Yearbook IX (1978), S. 35 N. 46.

712 UNCITRAL-Yearbook IX (1978), S. 35 N. 47.

713 Diese Arbeitsgruppe bestand aus Vertretern Finnlands, Ungarns, Mexikos, Singapurs, Ugandas, Nordirlands und des Vereinigten Königreichs Großbritanniens.

714 UNCITRAL-Yearbook IX (1978), S. 36 N. 60

Damit war der Vorschlag, eine explizite Haftungsnorm für unlauteres Verhalten während der Vertragsverhandlungen in das UN-Abkommen aufzunehmen, gescheitert.

C) Die Wiener Konferenz 1980

Mit der Verabschiedung des oben genannten Art. 6 hatte die Diskussion aber noch kein Ende gefunden, denn auf der Wiener Abschlußkonferenz im Jahre 1980 wurden wiederum vielfältige Änderungen des Kompromißvorschlages beantragt.

Ein Vorschlag der italienischen Delegation ging dahin, die Textpassage "and the observance of good faith in international trade"[715] aus Artikel 6 zu streichen und einen zusätzlichen Artikel mit folgendem Wortlaut hinzuzufügen:

"In the formation (interpretation) and performance of a contract of sale the parties shall observe the principles of good faith and international cooperation"[716].

Begründet wurde der Vorschlag damit, daß sich das Prinzip von "Treu und Glauben" in erster Linie auf die Auslegung und Ausgestaltung der Kaufverträge selbst, nicht auf die Anwendung und Interpretation der gesamten Konvention beziehen müsse. Da es sich bei der "Treu- und Glaubens"-Vorschrift um einen höchst bedeutsamen Grundsatz handele, erscheine nur eine Regelung in einem gesonderten Artikel ad-äquat[717].

---

715 Zur Interpretation dieser Passage vgl. die Ausführungen von Honnold, Obligationen, S. 140 ff..

716 United Nations Conference on Contracts for the International Sale of Goods (Vienna 10 March - 11 April 1980), Official Records (1981) (künftig bezeichnet als: Official Records), S. 87.

717 Official Records, S. 255 N. 14; S. 257 N. 40. Dieser Ansicht schlossen sich auch die Vertreter Norwegens, Koreas und des Iraks an (vgl. Official Records, S. 258 N. 41,43,44), wenngleich Norwegen eine gesonderte Regelung durch Hinzufügung eines dritten Absatzes in Artikel 7 anregte.

Eine solche Lösung wurde von der Mehrheit der Staatenvertreter aber abgelehnt.

Großbritannien vertrat die Ansicht, der vorgeschlagene neue Artikel sei viel zu unbestimmt, wenngleich es natürlich wünschenswert sei, daß die Parteien das Prinzip von "Treu und Glauben" im Umgang miteinander beherzigten. Da der Grundsatz des "good faith" an keiner Stelle der Konvention definiert werde, sei im konkreten Fall beispielsweise ungeklärt, ob man unter "Treu und Glauben" die Prinzipien aller Vertragsstaaten oder nur diejenigen der Staaten zugrunde zu legen habe, denen Käufer und Verkäufer angehörten.
Im letzteren Fall träten enorme Probleme auf, wenn sich die Prinzipien der beiden Staaten widersprächen.

Schließlich sei keine Regelung für den Fall vorgesehen, daß sich eine Partei tatsächlich nicht nach "Treu und Glauben" verhalte. Eine dahingehende Sanktion beinhalte zwar auch der ursprüngliche Artikel 6 nicht, dieser richte sich aber an die Gerichte im Hinblick auf deren Auslegung der Konvention, nicht jedoch an die Vertragsparteien selbst[718].

Letztendlich war man auch der Meinung, der von der UNCITRAL- Arbeitsgruppe vorgeschlagene Entwurf des Artikel 6 stelle einen ausgewogenen und nützlichen Kompromiß zwischen den unterschiedlichen Auffassungen dar, der den Vorzug vor den italienischen und norwegischen Ergänzungsvorschlägen erhalten sollte[719].

Die Delegation der damaligen DDR unternahm in Wien einen weiteren Versuch, die Aufnahme einer Vorschrift über die vorvertragliche Haftung im Falle unlauteren Verhaltens einer Partei zu erreichen[720]. Sie schlug eine Regelung vor, die sie ähnlich bereits im Jahre 1977 unter-

---

718 Official Records (1981), S. 258 N. 47.

719 Official Records (1981), S. 258 N. 45,50,56,57.

720 Official Records (1981), S. 294 N. 77. Eine Haftung aus Culpa in contrahendo sah auch § 92 Absatz 2 ZGB DDR vor. Ebenso § 34 des Gesetzes über internationale Wirtschaftsverträge vom 5.2.1976 (GBl. I Nr.5, S. 61).

breitet hatte und die damals von der UNCITRAL-Arbeitsgruppe abgelehnt wurde[721].

Auch bei der Abschlußkonferenz im Jahre 1980 hatte diese Bestimmung keine Chance, in das Übereinkommen eingearbeitet zu werden, wobei insbesondere auf die Gründe verwiesen wurde, die schon im Jahre 1977 zur Ablehnung geführt hatten.
Weiterhin sah man die Gefahr, daß eine solch generelle Norm eine Reihe schwieriger Abgrenzungsfragen aufwerfe, zum einen zu Fragen, welche die Konvention bereits ausdrücklich regele, wie z.B. den Widerruf von Offerten, zum anderen zu solchen, die vom Übereinkommen gerade nicht erfaßt werden sollten, wie beispielsweise die Irrtumsanfechtung[722].
Auf eine die vorvertraglichen Pflichten der Parteien und die Rechtsfolge bei Verletzung derselben regelnde Bestimmung konnte man sich also auch in Wien nicht einigen.

D) Zusammenfassung und Stellungnahme

Am Ende der langjährigen Verhandlungen und Beratungen blieb es bei der Verabschiedung derjenigen Regelung, die von der UNCITRAL-Arbeitsgruppe im Jahre 1978 ausgearbeitet wurde und heute im wesentlichen der Bestimmung in Artikel 7 Absatz 1 des UN-Kaufrechts entspricht.

Als Motive für die Ablehnung der speziell die Haftung aus Culpa in contrahendo betreffenden Vorschläge nannte die Mehrzahl der nationalen Delegierten vor allem die Unbestimmtheit der Vorschriften und die daraus resultierende Ungewißheit, was unter dem Prinzip von "Treu und Glauben" zu verstehen sei.

---

721 UNCITRAL-Yearbook IX (1978), S. 66 N. 70. Unterstützt wurde dieser Vorschlag insbesondere von Italien und Belgien (vgl. Official Records (1981), S. 294/295 N. 80,84).

722 Official Records (1981), S. 294 N. 81.

Obwohl Einklang darüber bestand, daß "good faith" und "fair dealing" unerläßliche Verhaltensregeln darstellten, so war es doch insbesondere die Sorge uneinheitlicher Auslegung und Beurteilung dieser Be-griffe durch die nationalen Gerichte, welche die ablehnende Haltung der Mehrzahl der Sitzungsteilnehmer begründete.
Entscheidender Kritikpunkt war außerdem die Tatsache, daß keinerlei Sanktionen für den Fall vorgesehen waren, daß die Parteien sich nicht an die ihnen auferlegten Verhaltenspflichten hielten.

Doch dürfen diese "formalen" Argumente nicht darüber hinwegtäuschen, daß sich vor allem die Vertreter der Common-Law-Länder gegen eine ausdrückliche "Treu-und Glauben"-Vorschrift wendeten[723].
Insoweit kann man die Diskussion in Wien im Jahre 1980 auch als ein Aufeinandertreffen zweier verschiedener Rechtskreise bezeichnen, namentlich des Civil Law und des Common Law[724].
Diese "Konkurrenz" bei den Verhandlungen erkannte auch *Allan Farnsworth*, der als Vertreter der Vereinigten Staaten von Amerika der UNCITRAL-Kommission beiwohnte[725].
Farnsworth betont, daß auch das amerikanische Recht das Prinzip des "good faith" anerkenne, allerdings nur im Hinblick auf die Erfüllung, nicht auf das Zustandekommen eines Vertrages.
Eine Rechtsprechung zu den Grundsätzen von "Treu und Glauben", die noch vor Vertragsschluß während der Verhandlungen beachtet werden müßten, habe sich in den Ländern des Common Law nicht herausgebildet.
In diesem Zusammenhang äußert *Farnsworth* dann auch die Sorge davor, daß die Civil-Law-Staaten ihnen vertraute Rechtsnormen in das UN-Kaufrecht durchsetzten, die den Common-Law-Ländern unbekannt seien[726].

---

723 Vgl. insbesondere die Kritik Großbritanniens und der USA, Official Records (1981), S. 258 N. 47,50.

724 Zu den Unterschieden und Gemeinsamkeiten beider Rechtskreise in knapper Form vgl. Rheinstein, S. 96 ff. sowie Hartwieg, ZVglRWiss 92 (1993), S.290 ff.

725 Farnsworth, Problems, S. 18 f..

726 Farnsworth, Problems, S. 19.

Dem Grundsatz nach ging es daher eher um die Verteidigung einer uneingeschränkten Parteiautonomie, die insbesondere den einseitigen Abbruch von Vertragsverhandlungen sanktionslos belassen sollte.

E) Das Schweigen der Konvention zu Fragen der vorvertraglichen Haftung

Wie schon eingangs bemerkt, wurde im Abkommen keine ausdrückliche allgemeine Regelung über die vorvertragliche Haftung getroffen[727].

Im Schrifttum wird daher überwiegend die Auffassung vertreten, die Haftung der Parteien für ihr Verhalten während der Vertragsverhandlungen liege außerhalb des Geltungsbereichs der Konvention[728].

Dies ergebe sich unmißverständlich aus der Tatsache, daß die Frage einer Haftung aus Culpa in contrahendo bei der Verabschiedung des UN-Kaufrechts absichtlich unvereinheitlicht geblieben ist und somit ausschließlich den nationalen Rechtsordnungen zugewiesen werden sollte[729].

Insofern wird mit der Auslegungsmethode "Heranziehung der Materialien" gearbeitet[730], die Aufschlüsse über den Willen der Gesetzgeber geben kann und im vorliegenden Fall zu dem Ergebnis zu kommen scheint, daß eine vorvertragliche Haftung der Parteien im Rahmen des UN-Kaufrechts von den Vätern des Abkommens nachhaltig abgelehnt wurde.

Auf den ersten Blick erscheint diese Argumentation plausibel: Wer den Handlungsbedarf erkennt, die Materie aber trotzdem ungeregelt läßt, der hat sich bewußt für die "Lücke" im Regelwerk entschieden.

---

727 S. oben S. 26.

728 Vgl. die oben in Fn. 27 genannten Autoren.

729 So wohl Padovini, ZfRV 1987, 91 f.

730 Zu diesem Methodenschritt siehe oben S. 36 f.

Dementsprechend ist es grundsätzlich unzulässig, diese Lücke unter Heranziehung von Normen und Grundsätzen der Konvention innerhalb des Abkommens schließen zu wollen.

Die nähere Betrachtung zeigt allerdings, daß diese Schlußfolgerung keinesfalls zwingend ist.

Zuzustimmen ist der These, daß die Aufnahme einer allgemeinen Bestimmung über die vorvertragliche Haftung von der Mehrheit der Staatenvertreter bei der Abschlußkonferenz im Jahre 1980 bewußt abgelehnt wurde.

Man war sich darüber im klaren, daß die möglicherweise auftretenden Probleme im vorvertraglichen Bereich zu verschiedenartig sind, als daß sie einer generalklauselartigen Haftungsvorschrift unterworfen werden könnten. Sollte das Einheitsrecht noch überschaubar bleiben, so konnten auf der anderen Seite aber auch nicht alle eventuell auftauchenden Fragen ausdrücklich normiert werden.

Dieser Umstand allein besagt aber noch nicht, daß die von der Culpa in contrahendo geregelten Materien gänzlich dem Anwendungsbereich des UN-Kaufrechts entzogen werden sollten.

Die Culpa in contrahendo stellt kein klar abgrenzbares und einheitliches Rechtsinstitut dar. Wie an früherer Stelle bereits dargelegt, umfaßt die Culpa in contrahendo eine Vielzahl von unterschiedlichen Fall-gruppen, welche die verschiedensten Lebenssachverhalte zum Gegen-stand haben[731].

Wenn nun das UN-Kaufrecht keine ausdrückliche Vorschrift über die Haftung des Verkäufers für sein schädigendes Verhalten bei Vertragsschluß enthält, so bedeutet dies vorerst nur, daß die Einfügung einer "vorvertraglichen Generalklausel" für untunlich gehalten wurde.

---

731 Vgl. oben S. 99 ff.

Bei den Beratungen und Konferenzen wurde insofern auch insbesondere die Unbestimmtheit einer solchen generellen Haftungsvorschrift beanstandet, die zu uneinheitlicher Anwendung und damit zu Rechtsunsicherheit führe[732]. Man entschloß sich daher, von einem solchen Artikel lieber ganz abzusehen.

Eine andere Frage ist aber, ob das UN-Abkommen eventuell spezielle Lösungen für die in den Tatbeständen der Culpa in contrahendo jeweils umschriebenen Problembereiche bereithält.

Im Hinblick auf die komplexe Regelungsmaterie der Culpa in contrahendo läßt demnach die Tatsache, daß eine allgemeine vorvertragliche Haftungsnorm bewußt nicht in die Konvention aufgenommen wurde, nicht ohne weiteres den Schluß zu, das Verhalten der Partner während den Vertragsverhandlungen sei insgesamt dem Anwendungsbereich des UN-Kaufrechts entzogen.

Erforderlich ist vielmehr, die einzelnen Fallgruppen der Culpa in contrahendo gesondert daraufhin zu überprüfen, ob und gegebenenfalls in welchem Umfang sie vom Geltungsbereich des Abkommens erfaßt werden[733].

Hierfür spricht auch die Vorschrift des Art. 7. Der Absatz 2 dieser Norm macht deutlich, daß sich die Vertragsstaaten darüber bewußt waren, nicht alle im Zusammenhang mit einem internationalen Kauf auftauchenden Fragen ausdrücklich behandeln zu können.

Trotzdem wollte man mit der Einfügung des Art. 7 Absatz 2 zeigen, daß auch nicht explizit angesprochene Problempunkte durchaus innerhalb der Konvention gelöst werden können[734].
Das Gesetz bringt somit die Intention zum Ausdruck, jeden vorschnellen Rückgriff auf das nationale Recht zu vermeiden[735].

---

732 Vgl. oben S. 173 ff.

733 So auch Bonell, RIW 1990, S. 699; Soergel-Lüderitz, Art. 4 Rdnr.6.

734 Karollus, S. 16.

735 Bianca/Bonell, Art. 7 Bem.2.3.; Piltz, § 2 Rdnr.130.

Daraus folgt für die Rechtsanwendung, die Ausschlußtatbestände des UN-Kaufrechts eher restriktiv auszulegen[736].

Diese Absicht bringt im übrigen auch die in Art. 7 Abs. 1 ausgesprochene Verpflichtung zum Ausdruck, bei der Auslegung des Übereinkommens "seinen internationalen Charakter und die Notwendigkeit zu berücksichtigen, seine einheitliche Anwendung zu fördern".
Treffend spricht *Magnus* insoweit von dem Grundsatz "in dubio pro lege uniformi", weil nur so das in der Präambel der Konvention erklärte Ziel erreicht werden könne, "rechtliche Hindernisse im zwischenstaatlichen Warenverkehr zu beseitigen und den internationalen Handel zu fördern"[737].

Nebenbei sei noch bemerkt, daß auch die Väter des BGB nicht anders handelten.
Obwohl sie die Notwendigkeit einer Haftungsnorm für das unzulässige Verhalten einer Partei während der Vertragsverhandlungen sahen, fügten sie eine diesbezügliche allgemeine Regelung in das Gesetzeswerk nicht ein[738].
Trotzdem trieb man alsbald nach Inkrafttreten des BGB die Entwicklung und Verfestigung des Rechtsinstituts der Culpa in contrahendo mit allen Kräften voran, gestützt vornehmlich auf Richter- und später auch auf Gewohnheitsrecht[739]. Auch hier erkannte man früh, daß eine generelle Haftungsnorm den im Verhandlungsstadium möglicher-weise auftauchenden Problemen nicht gerecht werden konnte.

Festzustellen bleibt daher, daß das Schweigen des UN-Kaufrechts zu Fragen vorvertraglicher Haftung nicht unbedingt bedeuten muß, daß dem Einheitsrecht zu ihnen überhaupt nichts zu entnehmen ist und sein Anwendungsbereich für sie verschlossen bleiben soll.

---

736 Magnus, RabelsZ 53 (1989), S. 121; Frigge, S. 51.

737 Magnus, RabelsZ 53 (1989), S. 122.

738 S. bereits oben S. 79.

739 Dabei wurde insbesondere auf eine Analogie zu den §§ 122, 179, 307, 309, 663 BGB hingewiesen.

IV) Einheitsrechtsautonome Lückenfüllung

Haben wir nun festgestellt, daß die Haftung der Parteien für ihr vorvertragliches Verhalten jedenfalls nicht generell vom Anwendungsbereich der Konvention ausgeklammert ist, gilt es jetzt zu untersuchen, ob und inwieweit die in den diversen Fallgruppen der Culpa in contrahendo geregelten Sachverhalte einer Regelung innerhalb des UN-Kaufrechts zugeführt werden können.

Wie oben bereits erwähnt[740], haben Auslegung und Lückenfüllung des Wiener Abkommens nach autonomen Maßstäben des UN-Kaufrechts zu erfolgen[741].

In erster Linie sollen also Lücken aus der Konvention heraus geschlossen werden. Das entspricht auch dem Streben nach Rechtsvereinheitlichung, das im UN-Kaufrecht selbst gewissermaßen als eines seiner Grundsätze verankert ist (vgl. Abs. 3 der Präambel sowie Art. 7 Abs. 1)[742].

Von Bedeutung ist hier insbesondere die Vorschrift des Art. 7[743].

Art. 7 regelt zwei Sachverhalte: Absatz 1 bestimmt, welche Umstände bei der Auslegung des Übereinkommens zu berücksichtigen sind, Absatz 2 verweist auf die Rechtsquellen, die bei der Lückenfüllung herangezogen werden sollen.

Findet sich - wie bei dem Problem der Culpa in contrahendo - für eine Rechtsfrage keine durch Sinnermittlung gemäß Art. 7 Abs. 1 feststellbare Lösung[744], so besteht im weitesten Sinne eine "Regelungslücke", die es mit Hilfe des Art. 7 Abs. 2 zu schließen gilt[745].

---

740 Vgl. oben S. 35 f.

741 Reinhart, Art. 7 Rdnr. 2

742 Enderlein/Maskow/Strohbach, Art. 7 Anm. 9.1.

743 Siehe hierzu auch die Ausführungen oben S. 27 f.

744 Vgl. oben S. 37 ff. Die Anwendung der autonomen Auslegungsregeln (Wortlaut, Materialien usw.) führt hier nicht weiter.

745 Karollus, S. 16.

Allerdings ist hier zu berücksichtigen, daß die Grenze zwischen Auslegung nach Art. 7 Abs. 1 und Lückenfüllung nach Art. 7 Abs. 2 nicht immer scharf zu ziehen ist, so daß beide Absätze der Vorschrift wechselweise aufeinander einwirken können[746].

Die in Art. 7 Abs. 2 enthaltene Regelung über die Lückenfüllung ist im wesentlichen Art. 17 EKG nachgebildet[747].

Sie beschränkt sich jedoch nicht darauf, anzuordnen, daß die von dem Übereinkommen offen gelassenen Fragen nach den allgemeinen Grundsätzen zu entscheiden sind, die dem Übereinkommen zugrundeliegen. Abweichend von der Vorschrift des Haager Kaufrechts bestimmt sie außerdem ausdrücklich, daß Fragen, die in dem Übereinkommen geregelte Gegenstände betreffen, aber nicht ausdrücklich in ihm entschieden werden, mangels allgemeiner Grundsätze, die dem UN-Kaufrecht zugrundeliegen, nach dem Recht zu entscheiden sind, das nach den Regeln des internationalen Privatrechts anzuwenden ist[748].

Der Ausweg, über internationales Privatrecht auf nationales Kaufrecht zurückzugreifen und so eine Lücke innerhalb des Regelungsbereichs der Konvention zu schließen, ist also nicht mehr versperrt.

Auch nach dem UN-Kaufrecht muß aber zunächst versucht werden, Regelungslücken aus dem Übereinkommen heraus zu füllen[749].

Soweit der Streitgegenstand daher vom rechtlichen Geltungsbereich der Konvention erfaßt wird und das Problem entweder durch ausdrückliche Vorschriften des UN-Kaufrechts oder mittels Heranziehung seiner allgemeinen Grundsätze gelöst wird, ist der Rückgriff auf nationales Recht regelmäßig ausgeschlossen.

---

746 Staudinger-Magnus, Art. 7 Rdnr. 9; Soergel-Lüderitz, Rdnr. 8.

747 Kappus, S. 189; v.Caemmerer-Schlechtriem-Herber, Art. 7 Rdnr. 27; Soergel-Lüderitz, Art. 17 EKG Rdnr. 1, 7; Mertens/Rehbinder, Art. 17 Rdnr. 2.

748 Reinhart, Art. 7 Rdnr. 9; Herber/Czerwenka, Art. 7 Rdnr. 10. Zur Frage, welchem IPR-Statut die Culpa in contrahendo zu unterstellen ist vgl. oben Fn. 118.

749 Reinhart, Art. 7 Rdnr. 2.

Daß das UN-Kaufrecht innerhalb seines Regelungsbereiches abschließend ist, ergibt sich aus dem Sinn und Zweck des Abkommens.

Sowohl Art. 7 Abs. 1 als auch die Präambel erklären die Förderung der Einheitlichkeit des Rechts des internationalen Handels zum Hauptziel des UN-Kaufrechts.
Diese kann aber nur erreicht werden, wenn sich die Rechte und Pflichten der Parteien allein aus der Konvention ergeben[750], ohne daß Rückgriffe auf das nationale Recht erforderlich oder zu befürchten sind.
Eng damit verbunden ist das Erfordernis der Rechtssicherheit. Diese würde durch einen Rückgriff auf nationale Rechtsordnungen schon wegen der großen Unterschiede im materiellen Recht erheblich gefährdet[751].

Zur Beantwortung der eingangs gestellten Frage, ob die verschiedenen Fallgruppen der vorvertraglichen Haftung im Rahmen des UN-Kaufrechts eine Regelung gefunden haben, ist demnach zunächst zu untersuchen, ob die in den einzelnen Tatbeständen der Culpa in contrahendo angesprochenen Gegenstände grundsätzlich vom sachlichen Regelungsbereich der UN-Konvention (Art. 4) erfaßt werden oder ob sie ausdrücklich ausgeschlossen sind (dazu unten V)).
Ist letzteres der Fall, so gilt entweder das nach dem Internationalen Privatrecht anwendbare nationale Recht oder sonstiges einschlägiges Einheitsrecht[752].

Fällt die Materie demgegenüber grundsätzlich unter den Geltungsbereich des Abkommens, so wird weiter geprüft, ob der in dem Tatbestand umschriebene Sachverhalt durch eigenständige Regelungen des UN-Kaufrechts erfaßt und damit abschließend geregelt wird (dazu unten VI)).
Bejahendenfalls kann von einer ergänzungsfähigen Lücke nicht gesprochen werden[753], so daß weder im Rahmen des UN-Kaufrechts noch

750 Immer vorausgesetzt, daß der Streitgegenstand auch unter den rechtlichen Geltungsbereich des UN-Kaufrechts fällt.
751 Huber, ZEuP 1994, S. 597.
752 Herber/Czerwenka, Art. 7 Rdnr.10.
753 Staudinger-Magnus, Art. 7 Rdnr. 39.

durch den Rückgriff auf nationales Recht das Rechtsinstitut der Culpa in contrahendo Anwendung findet.

Läßt sich im UN-Kaufrecht aber keine Vorschrift finden, die den angesprochenen Lebenssachverhalt (positiv oder negativ, ausdrücklich oder konkludent) regelt, so ist im nächsten Schritt die Frage zu stellen, wie sich der aus dem vorvertraglichen Bereich stammende Tatbestand mit der gesamten Regelungssystematik bzw. Inhalt und Reichweite einzelner Bestimmungen des UN-Kaufrechts "vereinbaren" läßt (dazu unten VII)).

Erst wenn dann noch kein befriedigendes Ergebnis vorläge, wäre eine Lösung nach den allgemeinen Grundsätzen des Einheitsrechts zu suchen.
Von einem allgemeinen Grundsatz wird man generell dann sprechen können, wenn ein Rechtsgedanke in mehreren Vorschriften zum Ausdruck kommt[754].

In weitgehender Übereinstimmung werden dem UN-Kaufrecht vor allem die folgenden allgemeinen Prinzipien entnommen[755]: Vorrang der Parteiautonomie[756], das Gebot von Treu und Glauben im internationalen Handel[757], das Verhalten einer vernünftigen Person[758], der Grundsatz der Formfreiheit[759], das Verbot der rechtsmißbräuchlichen Rechtsausübung und des venire contra factum proprium[760].

Fehlen allerdings auch solche allgemeinen Grundsätze, die man auf die von den verschiedenen Fallgruppen der Culpa in contrahendo angesprochenen Lebenssachverhalte anwenden könnte, so ist wieder auf das

---

754 v.Caemmerer/Schlechtriem-Herber, Art. 7 Rdnr. 34; Bianca-Bonell-Bonell, Art. 7 Anm. 2.3.2.2. Vgl. auch schon oben S. 28.

755 Schöne Übersicht bei Staudinger-Magnus, Art. 7 Rdnr. 41 ff.

756 Bianca-Bonell-Bonell, Art. 7 Anm. 2.3.2.2.

757 Soergel-Lüderitz, Art. 7 Rdnr. 8.

758 Enderlein/Maskow/Strohbach, Art. 7 Anm. 9.1.

759 Reinhart, Art. 7 Rdnr. 7.

760 Staudinger-Magnus, Art. 7 Rdnr. 43; vgl. auch Schlechtriem, RIW 1995, S. 594.

vom Internationalen Privatrecht berufene nationale Recht zurückzugreifen[761].

[761] Herber/Czerwenka, Art. 7 Rdnr.15; MüKo-Martiny, Art. 28 Anh. II Rdnr. 64.

V) Die Haftung aus Culpa in contrahendo innerhalb des Regelungsbereichs des Abkommens nach Art. 4

A) Der sachliche Regelungsbereich des Art. 4

1) Grundsätze

Der Blick auf den rechtlichen Geltungsumfang des internationalen Kaufrechts ist generell von großer Bedeutung.

Je nach Interpretation der Begriffe der geregelten und ungeregelten Materien ist es möglich, den sachlichen Anwendungsbereich des UN-Kaufrechts zugunsten der nationalen Rechte einzuschränken oder ihn auszudehnen.

Der erstere Weg birgt dabei die Gefahr, daß das Regelungssystem des Kaufabkommens durch konkurrierende nationale Rechtsbehelfe ausgehöhlt wird und die Disparitäten zwischen nationalen Rechten und UN-Kaufrecht, die bereits aufgrund der nur partiellen Rechtsvereinheitlichung bestehen, noch vergrößert werden.

Der zweite Weg kann dazu führen, daß unter dem Mantel einer vertragsimmanenten Fortbildung des UN-Kaufrechts Rechtsvorstellungen, die auf einer einzigen nationalen Rechtsordnung beruhen, in die Konvention hineingetragen werden und die beabsichtigte Rechtseinheit ebenfalls verloren geht[762].

Ausgangspunkt unserer Betrachtungen zu der Frage, ob die Culpa in contrahendo bzw. die in ihren Fallgruppen behandelten Sachprobleme trotz fehlender ausdrücklicher Regelung innerhalb des UN-Kaufrechts

---

762 Mertens/Rehbinder, Art. 8 EKG Rdnr.6.

zu regeln sind, ist die Vorschrift des Art. 7 Abs. 2, die klarstellt, wie im Falle einer "Regelungslücke" zu verfahren ist[763].

Die Vorschrift des Art. 7 Abs. 2 steht aber in engem Zusammenhang mit der Regelung des Art. 4[764].

Die Lückenfüllung durch Heranziehung allgemeiner Prinzipien des UN-Kaufrechts setzt nämlich immer voraus, daß es sich um Gegenstände handelt, für welche die Konvention grundsätzlich gilt[765].
Fällt eine Rechtsmaterie danach nicht in den von Art. 4 abgegrenzten Regelungsbereich, so ist von vornherein auf das nach dem IPR des Forums berufene nationale Recht zurückzugreifen[766].

Eine vorvertragliche Haftung im Rahmen des UN-Kaufrechts kommt demnach zunächst nur für solche Tatbestände der Culpa in contrahendo in Betracht, für die der Geltungsbereich der Konvention nach Art. 4 überhaupt eröffnet ist.

Besonders wichtig ist hierbei die sorgfältige Herausarbeitung der begrifflichen Unterscheidung zwischen "Lücken" und "nicht geregelten Gegenständen" (Art. 7 Abs. 2).

Um eine "Lücke" im Sinne des Art. 7 Abs. 2 handelt es sich dann, wenn die Rechtsmaterie überhaupt im UN-Kaufrecht geregelt ist, dessen Normen jedoch auf eine bestimmte Frage unmittelbar keine Antwort geben.
Fällt die Frage aber nicht in den Regelungsbereich des Art. 4, so liegt keine "Lücke", sondern vielmehr eine "nicht geregelte" Frage vor[767].

Nur im Falle einer Lücke, mithin einer Frage, die den Vertragsschluß oder die Rechte und Pflichten der Parteien betrifft (vgl. Art. 4), ruft Art.

---

763 Kindler, Jahrbuch, S. 205. Vgl. auch oben S. 27 f.

764 Reinhart, Art. 4 Rdnr. 4.

765 Staudinger-Magnus, Art. 7 Rdnr. 38; v.Caemmerer/Schlechtriem-Herber, Art. 7 Rdnr. 28; Karollus, S. 16; Enderlein/Maskow/Strohbach, Art. 7 Anm. 8; Heilmann, S. 131.

766 Herber/Czerwenka, Art. 7 Rdnr. 10.

767 v.Caemmerer/Schlechtriem-Herber, Art. 7 Rdnr. 28.

7 Abs. 2 zunächst zur Ermittlung der allgemeinen Grundsätze der Konvention auf, die zur Lösung herangezogen werden können[768].

Insbesondere *Karollus* unterscheidet in diesem Zusammenhang zwischen "externen" und "internen" Lücken[769].

Unter "externen" Lücken versteht er diejenigen Gegenstände, die vom Regelungsbereich des UN-Kaufrechts von vornherein nicht erfaßt sind und sich eine Lückenfüllung innerhalb des Abkommens insoweit erübrigt
"Interne" Lücken hingegen seien solche, die innerhalb des eigentlichen Regelungsbereichs des UN-Kaufrechts auftauchen[770].

Ich halte diese Terminologie für wenig geglückt, da sie der (wichtigen) Unterscheidung zwischen "geregelten" und "nicht geregelten" Rechtsmaterien auf der einen und der "Gesetzeslücke" auf der anderen Seite meines Erachtens nicht gerecht wird.

Unter einer "Lücke" versteht man im allgemeinen Sprachgebrauch eine unbefriedigende, eine "planwidrige" Unvollständigkeit des Geset-zes[771].

Neben die bloße Tatsachenfeststellung, daß etwas fehlt (Unvollständigkeit), tritt also noch das Werturteil, daß etwas vorhanden sein sollte ("planwidrig").
Die "planwidrige" Unvollständigkeit des Gesetzes setzt demnach voraus, daß das Gesetz ergänzungsbedürftig ist[772].
Danach liegt eine "Lücke" also dann vor, wenn das Gesetz innerhalb der Grenzen seines möglichen Wortsinns eine Regelung nicht enthält, obwohl das Gesetz in seiner Gesamtheit eine solche fordert[773].

---

[768] Kindler, Jahrbuch, S. 205.

[769] Karollus, S. 16; ders., JuS 1993, S. 381; ebenso Frigge, S. 5; auch Schwenzer (NJW 1990, S. 603), Schlechtriem (IPRax 1990, S. 280) und Stoll (IPRax 1993, S. 75) sprechen von "internen Lücken".

[770] Karollus, S. 16.

[771] Canaris, S. 16; Larenz, Methodenlehre, S. 371.

[772] Canaris, S. 17.

[773] Canaris, S. 39.

Gemessen an dieser Definition kann die Terminologie "interne" und "externe" Lücke im UN-Kaufrecht nicht sachgerecht verwendet werden.

Art. 7 Abs. 2 spricht von "Fragen, die in diesem Übereinkommen geregelte Gegenstände betreffen, aber in diesem Übereinkommen nicht ausdrücklich entschieden werden (...)".
In diesem Fall ist das UN-Kaufrecht ergänzungsbedürftig, da es um ein Sachproblem geht, das grundsätzlich in den sachlichen Anwendungsbereich des Abkommens fällt und dessen Lösung innerhalb der Konvention grundsätzlich erwartet werden kann, es sich aber - insofern "planwidrig" - keine ausdrückliche Regelung im Gesetz finden läßt[774].
Hier kann von einer "Lücke" innerhalb des UN-Kaufrechts gesprochen werden[775].

Handelt es sich aber um Fragen, die nicht im UN-Kaufrecht geregelte Gegenstände betreffen, so kann von Ergänzungsbedürftigkeit der Konvention schlechterdings keine Rede sein.
Von einer "Lücke" im UN-Kaufrecht kann man daher nur dann sprechen, wenn dieses für einen bestimmten Bereich eine einigermaßen vollständige Regelung anstrebt[776].

Auf der "Tatbestandsseite" der "Gesetzeslücke" findet sich insoweit die Vorschrift des Art. 4, welche die Rechtsmaterien abgrenzt, auf die sich die Kaufrechtskonvention bezieht[777] und somit den sachlichen Anwendungsbereich des Abkommens ausdrücklich festlegt.

Steht daher ein Problem zur Diskussion, für dessen Lösung das UN-Kaufrecht von vornherein keine Geltung beanspruchen will, so kann keinesfalls von einer "planwidrigen" Gesetzeslücke ausgegangen werden. Denn hier sieht der gesetzgeberische "Plan" gerade vor, daß eine Regelung nicht getroffen werden soll.

---

774 v.Caemmerer/Schlechtriem-Herber, Art. 7 Rdnr. 28; Larenz, Methodenlehre, S. 373.

775 Staudinger-Magnus, Art. 7 Rdnr. 38.

776 Larenz, Methodenlehre, S. 371.

777 Staudinger-Magnus, Art. 4 Rdnr. 1.

Es handelt sich dann schlicht um einen von der Konvention nicht geregelten Gegenstand, der meiner Ansicht nach auch so bezeichnet werden sollte[778].

2) Vom UN-Kaufrecht erfaßte und ausgeschlossene Rechtsmaterien

Das UN-Kaufrecht behandelt nicht alle Rechtsfragen, die sich im Zusammenhang mit einem internationalen Kaufvertrag stellen können[779], sondern vielmehr nur einen eng begrenzten Kreis von Rechtsproblemen[780].

Art. 4 S. 1 legt positiv den Regelungsbereich des UN-Kaufrechts fest, während Art. 4 S. 2 beispielhaft einige Fragen aufzählt, die nicht unter Satz 1 fallen und deshalb vom Regelungsbereich des Abkommens nicht erfaßt werden. Ihm kommt daher keine eigenständige Bedeutung zu.

Dies ergibt sich schon aus dem Satz 1 des Art. 4, der bestimmt, daß das Abkommen "ausschließlich" die genannten Bereiche regelt. "Ausschließlich" ist dabei im Sinne von "nur" zu verstehen, wie sich aus der *englischen* Fassung ("only") ableiten läßt.
Also ergibt sich schon aus Satz 1, daß andere als die darin genannten Bereiche nicht geregelt werden.
Für Satz 2 bleibt somit nur noch eine beispielhafte Aufzählung der nicht erfaßten Materien, die allerdings nicht abschließend ist, wie die Hinzufügung des Wortes "insbesondere" verdeutlicht[781].

Die in Art. 4 S.2 ausdrücklich ausgeschlossenen Rechtsgebiete sind übrigens deshalb besonders genannt, weil sie durch eigenständige Übereinkommen geregelt werden sollen[782].

---

778 So auch v.Caemmerer/Schlechtriem-Herber, Art. 7 Rdnr. 28.

779 Neumayer/Ming, Art. 4 Anm. 1; v.Caemmerer/Schlechtriem-Herber, Art. 4 Rdnr.3.

780 Wey, S. 104; Staudinger-Magnus, Art. 4 Rdnr. 1

781 Huber, ZEuP 1994, S. 596; Staudinger-Magnus, Art. 4 Rdnr. 4; Diedrich, RIW 1995, S. 354.

Weiterhin sollte mit dem ausdrücklichen Ausschluß klargestellt werden, daß diese Rechtsmaterien von der Konvention nicht erfaßt werden, obwohl sie an sich mit Kaufgeschäften stets oder doch häufig verbunden sind[783].

a) Ausdrücklich erfaßte Rechtsmaterien

Art. 4 S. 1 bestimmt nun, daß allein der Abschluß des Kaufvertrages und die aus ihm erwachsenden Rechte und Pflichten des Verkäufers und des Käufers geregelt sind.
Fragen, die bei autonomer Qualifikation den Vertragsschluß oder die Rechte und Pflichten aus dem Kontrakt betreffen, sind dabei als mitgeregelt anzusehen[784].

Mit dem "Abschluß des Kaufvertrages"[785] ist der sogenannte "äußere Konsens" angesprochen[786], der durch das von außen wahrnehmbare Zusammenfinden von Vertragsangebot und Vertragsannahme gekennzeichnet ist[787].

---

782 Ryffel, S. 122. Vgl. das Haager Übereinkommen vom 15. April 1958 über das auf den Eigentumserwerb bei internationalen Käufen beweglicher Sachen anwendbare Recht (abgedruckt in RabelsZ 24 (1959), S. 154 ff..) und den UNIDROIT-Entwurf eines Einheitlichen Gesetzes über die Gültigkeit internationaler Kaufverträge (abgedruckt in UNCITRAL-Yearbook IX (1978), S. 105 ff.). Mit deren Inkrafttreten ist in absehbarer Zeit jedoch nicht zu rechnen. Außerdem sind die in Art. 4 S.2 aufgeführten Rechtsgebiete auch deshalb nicht einbezogen worden, weil dies den Abschluß des Übereinkommens unangemessen verzögert hätte, vgl. Herber/Czerwenka, Art. 4 Rdnr.3; Diedrich, RIW 1995, S. 353.

783 Staudinger-Magnus, Art. 4 Rdnr. 18.

784 Staudinger-Magnus, Art. 4 Rdnr. 12.

785 Siehe zum Vertragsabschlußsystem des UN-Kaufrechts unten S. 249 ff..

786 Reinhart, Art. 4 Rdnr.1; v.Caemmerer/Schlechtriem-Herber, Art. 4 Rdnr. 7; Ludwig, S. 295; Huber, ZEuP 1994, S. 593; Bydlinski, S. 60; Schlechtriem, UN-Kaufrecht, S. 18. Honnold, Uniform Law, S. 96 f. Hingewiesen sei aber noch auf Art. 29 Abs. 1, wonach auch Vereinbarungen über die Aufhebung und Änderung von Kaufverträgen dem UN-Kaufrecht unterliegen.

787 Piltz, § 2 Rdnr.117; Huber, ZEuP 1994, S. 593.

Das UN-Kaufrecht erfaßt außerdem nur die vertraglichen Rechte und Pflichten der Kaufvertragsparteien, also die primären gegenseitigen Ansprüche sowie zusätzlich vereinbarte Pflichten, die ein wirksamer Kaufvertrag begründet, ferner die Rechte, die bei Vertragsverletzungen gewährt werden (vgl. Teil III der Konvention)[788].
Rechte und Pflichten der Vertragsparteien, die auf anderen Rechtsgründen als auf dem Vertrag beruhen (beispielsweise auf Delikts- oder Bereicherungsrecht), regelt die Konvention jedoch nicht[789].

Im übrigen darf für die vertraglichen Rechte und Pflichte der Parteien nicht neben dem UN-Kaufrecht zusätzlich auf nationale Regelungen, wie z.B. die positive Vertragsverletzung, zurückgegriffen werden[790].

b) Ausdrücklich ausgeschlossene Rechtsmaterien

Art. 4 Satz 2 führt demgegenüber einige der nicht in der Konvention geregelten Fragen auf, so die Gültigkeit des Vertrages oder die Gültigkeit von Gebräuchen und die Übertragung des Eigentums an den verkauften Waren.

aa) Gültigkeitsfragen (Art. 4 S. 2 lit. a)

Ungeregelt blieb insbesondere die Frage, wann ein Kaufvertrag oder einzelne seiner Bestimmungen gültig sind.

Angesichts der Schwierigkeiten, hierüber international eine Einigung herbeizuführen, erschien es geboten, diese Materie nicht in dem Übereinkommen zu regeln[791].

---

788 Staudinger-Magnus, Art. 4 Rdnr. 16.
789 Staudinger-Magnus, Art. 4 Rdnr. 15.
790 Bianca-Bonell-Khoo, Art. 4 Anm. 3.3.3; Staudinger-Magnus, Art. 4 Rdnr. 17.
791 Mouly, Colloque, S. 60; v.Caemmerer/Schlechtriem-Herber, Art. 4 Rdnr. 4.

Die Working Group der UNCITRAL erörterte zwar insoweit die Frage, ob das Problem der Gültigkeit von Verträgen in das Übereinkommen einbezogen werden sollte, sprach sich dann aber im Hinblick auf die Notwendigkeit, schnellstens das Rechtsvereinheitlichungsvorhaben zum Kaufrecht zum Abschluß zu bringen, dafür aus, Gültigkeitsfragen nicht zu behandeln[792].

Gültigkeit im Sinne des Art. 4 S.2 lit.a bedeutet materielle Gültigkeit[793].

Die formelle Gültigkeit von Verträgen ist teilweise in den Art. 11, 12 und 29 Abs. 2 normiert, so daß gemäß Art. 4 S.2 insoweit ausdrücklich etwas anderes bestimmt ist.

Materielle Gültigkeit meint demnach den sogenannten "inneren Konsens"[794] und erfaßt diejenigen (materiellen) Anforderungen, die für die Wirksamkeit des Vertrages bedeutend sind[795].

Nachdem das UN-Kaufrecht einerseits die Vertragsentstehung (Art. 14-24) regelt, andererseits aber auch die "Aufhebung" des Vertrages infolge wesentlicher Vertragsverletzung (Art. 49) zu einem Thema macht, kann der Ausschluß der die "Gültigkeit des Vertrages" betreffenden Fragen nicht ganz wörtlich zu nehmen sein.
Von diesem Vorbehalt können insofern natürlich nur die übrigen, in Bezug auf die Vertragsgültigkeit nicht behandelten Aspekte betroffen sein[796].

Hinsichtlich der Wirkungen auf die Gültigkeit kommt es allerdings nicht darauf an, ob der betreffende Vertrag kraft Gesetzes ungültig (nichtig) oder ob er "nur" vernichtbar (unmittelbar durch die Parteien oder durch den Richter auf deren Antrag) ist[797].

---

792 Czerwenka, S. 165 Fn. 806; vgl. auch Diedrich, RIW 1995, S. 361.

793 Staudinger-Magnus, Art. 4 Rdnr. 20.

794 Reinhart, Art. 4 Rdnr.2.

795 Ryffel, S. 123; Frigge, S. 51.

796 Bucher, S. 45.

797 Honnold, Uniform Law, S. 97.

Keine Rolle spielt insbesondere, ob die Unwirksamkeit als ursprüngliche bzw. rückwirkende oder ex nunc et pro futuro greift. Bedeutungslos ist in diesem Zusammenhang auch, ob die Ungültigkeit absolut ist oder ob sie beispielsweise durch die Einholung einer (privaten oder staatlichen) Genehmigung behoben werden kann[798].

Der abkommensrechtliche Terminus der "Gültigkeit" (validity) darf insofern nicht in einem engen technischen Sinne verstanden werden[799]. Materiell geht es jedenfalls um eine Kontrollfunktion, die unabhängig von der Begriffswahl der jeweiligen nationalen Rechtsordnungen besteht.

Nicht geregelt ist daher insbesondere die Unwirksamkeit von Rechtsgeschäften, wie die Anfechtbarkeit wegen Willensmängeln bzw. Arglist und Drohung[800] oder die Nichtigkeit wegen Sittenwidrigkeit oder Gesetzesverstoßes[801].
Ebensowenig werden von der Konvention die Voraussetzungen wirksamer rechtsgeschäftlicher Erklärungen, wie die Rechts- oder Geschäftsfähigkeit[802] sowie der Umfang der Vertretungsmacht und die Wirkungen einer Stellvertretung (also insgesamt das Recht der Erklärungszurechnung)[803], erfaßt.

Der Grund für die Ausklammerung dieser Fragen aus dem Regelungsbereich des UN-Kaufrechts lag - wie oben bereits erwähnt - vor allem darin, daß die Kluft zwischen den Lösungswegen, welche die unterschiedlichen Rechtsordnungen der potentiellen Vertragsstaaten für diese Fragen anbieten, unüberbrückbar schien[804].

---

798 Enderlein/Maskow/Strohbach, Art. 4 Anm. 5.1; Kindler, Jahrbuch, S.212 ff.

799 Wey, S. 105.

800 Staudinger-Magnus, Art. 4 Rdnr. 20.

801 Vgl. Neumayer/Ming, Art. 4 Anm. 3, 6; v.Caemmerer/Schlechtriem-Herber, Art. 4 Rdnr.9.

802 Sie entstammt dem personenrechtlichen Hintergrund und gehört daher sicherlich nicht in den Regelungsbereich des internationalen Einheitskaufrechts, vgl. Audit, Colloque, S. 23..

803 Honnold, Uniform Law, S. 97 f.

804 Dilger, RabelsZ 45 (1981), S. 173; Jagert/Derichsweiler, JuS 1989, S. 976.

Für die danach von der Konvention nicht erfaßten Materien ist somit nach üblicher kollisionsrechtlicher Methode zunächst das anwendbare nationale Recht (etwa Vertrags-, Geschäftsfähigkeits- oder Vertretungsstatut) zu bestimmen und ihm dann die Lösung zu entnehmen[805].

Allerdings kann aus Art. 4 S.2 lit.a nicht gefolgert werden, daß alle Vorschriften eines nationalen, unvereinheitlichten Rechtes, welche die Unwirksamkeit des Vertrages (und damit dessen Gültigkeit) oder einer seiner Bestimmungen vorsehen, schlechthin anwendbar bleiben.

Beachtet werden muß in diesem Zusammenhang z.B. der Vorbehalt in Art. 4 S. 2, nämlich daß das UN-Kaufrecht "nicht ausdrücklich etwas anderes bestimmt (...)"[806].

Richtig dürfte in diesem Zusammenhang die Ansicht sein, daß für das Verhältnis zwischen Einheitsrecht und nationalem Recht nur entscheidend sein darf, ob ein im nationalen Sachrecht bekannter Rechtsbehelf bei einer funktionalen Qualifikation dieselbe Funktion wahrnimmt wie eine vom UN-Kaufrecht bereitgestellte Lösung[807].

Hierfür spricht schon die Tatsache, daß das Abkommen keine Bestimmungen enthält, die den Vorrang der Konvention vor nationalem Recht für an sich nicht erfaßte Materien wortwörtlich festlegen[808].

Insofern muß für Art. 4 folgen, daß das UN-Kaufrecht immer dann "ausdrücklich" etwas anderes bestimmt, wenn es einen Sachverhalt, der weder den Vertragsschluß noch Rechte oder Pflichten der Parteien betrifft, gleichwohl ersichtlich abschließend regelt. In diesem Fall geht die

---

805 Staudinger-Magnus, Art. 4 Rdnr. 19.

806 Piltz, § 2 Rdnr.134.

807 Nickl, S. 105; Staudinger-Magnus, Art. 4 Rdnr. 27, 28; Enderlein/Maskow/Strohbach, Art. 4 Anm. 3.1.

808 Staudinger-Magnus, Art. 4 Rdnr. 27. Selbst der Grundsatz der Formfreiheit, der die Gültigkeit von Verträgen berührt, stellt Art. 11 nur schlicht fest, erklärt aber nicht etwa ausdrücklich den Vorrang des Abkommens vor nationalem Recht.

einheitsrechtliche Regelung dem nationalen Recht für den gleichen Sachkomplex vor[809].

So ist beispielsweise die Anfechtung wegen Irrtums über die Leistungsfähigkeit der anderen Partei nicht den Vorschriften des anwendbaren nationalen Rechts unterworfen, da insoweit die Vertragsanfechtung wegen der Möglichkeit des Zurückhalterechtes nach Art. 71 Abs.1 vom UN-Kaufrecht ausgeschlossen wird[810].

bb) Gültigkeit von Gebräuchen

Vom Anwendungsbereich des UN-Kaufrechts nicht erfaßt ist außerdem die Frage, ob oder unter welchen Voraussetzungen Gebräuche rechtsgültig sind[811].

Mit "Gültigkeit" ist hierbei im wesentlichen gemeint, ob Gebräuche gegen zwingende Vorschriften des anwendbaren Rechts verstoßen[812].

cc) Eigentumsfragen (Art. 4 S. 2 lit. b)

Der ausdrückliche Ausschluß der eigentumsrechtlichen Wirkungen des Vertrages enthält für den an das Abstraktionsprinzip gewöhnten *deutschen* Juristen eine Selbstverständlichkeit.
Das vereinheitlichte internationale Kaufrecht entfaltet also insoweit - wie nach deutscher Rechtstradition - rein schuldrechtliche Wirkungen.

---

809 Staudinger-Magnus, Art. 4 Rdnr. 27. A.A. Reinhart, Art. 4 Rdnr. 5, dem allerdings zuzugeben ist, daß er den Wortlaut des Art. 4 ("ausdrücklich") auf seiner Seite hat.

810 Piltz, § 2 Rdnr.127. A.A. Reinhart, Art. 4 Rdnr.5.

811 Ausführlich hierzu Czerwenka, S. 174 ff. Zur Stellung der Handelsbräuche und Gepflogenheiten im UN-Kaufrecht vgl. Holl/Keßler, RIW 1995, S. 457 ff.

812 Staudinger-Magnus, Art. 4 Rdnr. 29.

Für die Übertragung des Eigentums werden jedoch in anderen Rechtsordnungen durchaus abweichende Voraussetzungen aufgestellt[813].
So verlangen etwa das *englische* oder das *französische* Recht keinen dinglichen Vertrag, sondern sehen vor, daß bereits der Abschluß des Kaufvertrages die Übereignung bewirkt.
Einem solchen Rechtsverständnis zufolge wäre es demnach eine Selbstverständlichkeit, daß auch bei internationalen Kaufverträgen das Eigentum an der Kaufsache mit Vertragsschluß übergeht.
Schon dies zeigt, daß es der oben genannten Regelung bedurfte[814].

Bezüglich der Wirkungen, die der Vertrag auf das Eigentum an der verkauften Sache haben kann, sah man nach jedoch keine Möglichkeit, den Gegensatz von Konsens- und Traditionsprinzip durch internationale Vereinheitlichung in Form eines Kompromisses zu überwinden.
Zudem erschien eine Regelung dieser Frage für den Zweck des Übereinkommens nicht unbedingt erforderlich[815].

Darüber hinaus sind die Regelungen von Sicherungen des Verkäufers, wie etwa der Eigentumsvorbehalt, Registerpfandrechte des Verkäufers, privilège du vendeur, reservation of title oder reservation of security interest, aufs engste mit dem Insolvenzrecht und dem Kreditsystem des jeweiligen Landes verknüpft[816].

Das Übereinkommen begnügt sich bei der Eigentumsfrage daher mit der Feststellung, daß der Verkäufer verpflichtet ist, dem Käufer das Eigentum an der Kaufsache zu verschaffen (vgl. Art. 30)[817].
Welche Handlungen zur Übertragung des Eigentums erforderlich sind, richtet sich nach dem jeweils anwendbaren nationalen Recht [818].

---

813 Staudinger-Magnus, Art. 4 Rdnr. 32.

814 Jagert/Derichsweiler, JuS 1989, S. 975 f.

815 Vgl. auch Diedrich, RIW 1995, S. 359.

816 Jagert/Derichsweiler, JuS 1989, S. 976; Czerwenka, S. 165; v.Caemmerer, SJZ 1981, S. 262.

817 Und zwar lastenfreies Eigentum (vgl. Artt. 41, 42). Außerdem enthält das UN-Kaufrecht Bestimmungen über den Gefahrübergang (Art. 66 bis 70).

818 Honnold, Uniform Law, S. 99; v.Caemmerer/Schlechtriem-Herber, Art. 4 Rdnr. 18.

c) Nicht ausdrücklich genannte Rechtsmaterien

Vom Anwendungsbereich des Abkommens sind - außer den in Art. 4 S. 2 ausdrücklich genannten - auch alle anderen Rechtsfragen ausgeschlossen, die nicht den Abschluß eines Kaufvertrages oder die aus diesem Vertrag resultierenden Rechte und Pflichten des Verkäufers oder des Käufers betreffen.

Hierzu sind insbesondere[819] die Rechtsinstitute nicht typisch kaufrechtlicher Art zu zählen, wie etwa die Aufrechnung[820], die Abtretung[821], die Schuldübernahme[822], die Verjährung[823] oder die positive Vertragsverletzung[824].

Ob das UN-Kaufrecht seinen Anwendungsbereich auf das vorvertragliche Verhältnis der Kaufvertragsparteien erstreckt, soll im folgenden untersucht werden.

---

819 Weiter Beispiele bei v.Caemmerer/Schlechtriem-Herber, Art. 4 Rdnr. 19 ff.

820 Jayme, IPRax 1991, S. 345; Magnus, ZEuP 1993, S. 85; AG Frankfurt, IPRax 1991, S. 345. Nach anderer Ansicht können bei der Aufrechnung Fragen auftauchen, die die Rechte und Pflichten von Verkäufer und Käufer betreffen und damit in den Regelungsbereich des Art. 4 fallen, insbesondere dann, wenn Haupt- und Gegenforderung Forderungen aus dem UN-Kaufrecht sind (vgl. Frigge, S. 55).

821 Frigge, S. 54. Bei der Abtretung geht es nicht um Rechte oder Pflichten des Verkäufers und des Käufers, sondern vielmehr um Rechte Dritter gegenüber dem Schuldner der Kaufpreisforderung.

822 v.Caemmerer/Schlechtriem-Herber, Art. 4 Rdnr. 23.

823 Reinhart, Art. 4 Rdnr. 7. Vgl. hierzu das UN-Übereinkommen vom 14. Juni 1974 über die Verjährung beim internationalen Warenkauf (RabelsZ 39 (1975), S. 253 ff.). Die Bundesrepublik Deutschland ist dieser Verjährungskonvention nicht beigetreten; sie hat im Gegenteil bei der Ratifikation der Wiener Konvention gemäß Art. 3 des Zustimmungsgesetzes zu dem Übereinkommen (vgl. Jayme/Hausmann, Nr. 48a) bei der Gewährleistung des Verkäufers die heimische Verjährungsregel des § 477 BGB beibehaltenden

824 Staudinger-Magnus, Art. 4 Rdnr. 41; v.Caemmerer/Schlechtriem-Herber, Art. 4 Rdnr. 23. Das UN-Kaufrecht regelt insoweit die Ansprüche aus jedweder Vertragsverletzung abschließend selbst.

Dabei werden die einzelnen Fallgruppen der Culpa in contrahendo daraufhin überprüft, ob die in ihnen beschriebenen Sachverhalte unter den in Art. 4 bestimmten Regelungsbereich des UN-Kaufrechts fallen. Dabei wird auf die bereits an früherer Stelle vorgenommene Unterteilung der einzelnen Tatbestände zurückgegriffen[825].

B) Schutz- und Verkehrspflichten[826]

Bei dieser Fallgruppe geht es um die Verletzung außervertraglicher Integritätsinteressen[827].
Danach sind die Verhandlungspartner verpflichtet, auf vertragsfremde Rechtsgüter des anderen jenseits des eigentlichen Leistungsinteresses Rücksicht zu nehmen, insbesondere auf dessen Leben, Leib und Eigentum[828]. Im Verletzungsfalle greifen daher die vorvertragliche Haftung oder funktional ähnliche Rechtsbehelfe ein.

Diese absolut geschützten Rechte und Rechtsgüter werden indes auch unabhängig davon, ob ein Vertrags- oder Vertragsanbahnungsverhältnis zwischen Opfer und Täter besteht, durch Vorschriften des Deliktsrechts (im *deutschen* Recht durch § 823 BGB) geschützt.
Vor allem um die bekannten Unzulänglichkeiten des Deliktsrechts zu korrigieren und um im Einzelfall zu billigen Ergebnissen zu gelangen, sah man sich insbesondere im deutschen Rechtskreis jedoch gezwungen, der deliktsrechtlichen Haftung eine (vor)vertragliche zur Seite zu stellen[829] .

Es ist heute sehr umstritten, ob es tatsächlich noch sachgerecht ist, die Haftung aus Culpa in contrahendo auch auf Sachverhalte zu erstrecken, die in erster Linie deliktischen Charakter besitzen[830].

---

825 S. oben S. 99 ff.

826 Vgl. hierzu bereits die Ausführungen oben auf S. 100 f.

827 Medicus, FS Lange, S. 541.

828 Reder, S. 17.

829 Zu den Schwächen des Deliktsrecht und der darauf beruhenden Entwicklung dieser Fallgruppe vgl. die Ausführungen oben S. 80 f.

830 Vgl. zum Meinungsstreit Frick, S. 50 ff.; Medicus, FS Max Keller, S. 206 ff..

Teilweise wird davon gesprochen, daß die Culpa in contrahendo hier lediglich als Lückenbüßer der unzulänglichen Deliktshaftung mißbraucht werde und dies zu einer bedenklichen Uferlosigkeit der Haftungsweite führe[831].

Für die hier zu untersuchende Frage kann allerdings offen bleiben, ob diese Fallgruppe der Culpa in contrahendo berechtigterweise aufrechterhalten wird.

Denn jedenfalls geht es in diesem Tatbestand nur um allgemeine Erhaltungspflichten, die sich in keiner Weise auf den beabsichtigten Kaufvertrag beziehen, also weder auf seinen Abschluß noch auf seinen Inhalt[832].
Lediglich aus Gründen der vermeintlichen Einzelfallgerechtigkeit werden über das Rechtsinstitut der Culpa in contrahendo genuin deliktische Verkehrssicherungspflichten vertragsrechtlich konstruiert.

In Wahrheit handelt es sich hier nur um die Verletzung allgemeiner Pflichten anläßlich von Vertragsverhandlungen, wie sie jedermann gegenüber zu beobachten sind und wobei es auf das Vorhandensein einer Kaufabsicht nicht ankommt[833].

Das UN-Kaufrecht aber befaßt sich - wie sich aus der Regelung des Art. 4 eindeutig ergibt - nur mit dem Abschluß und den Folgen von Kaufverträgen.
Fragen deliktsrechtlicher Natur bleiben im Rahmen der Konvention von einer Regelung ausgeschlossen[834].

Art. 5, der die Haftung für Tod und Körperverletzung aus dem Regelungsbereich der Konvention ausdrücklich herausnimmt, tut dies nicht

---

831 Nirk, RabelsZ 18 (1953), S. 311.

832 Wey, S. 112.

833 Nirk, RabelsZ 18 (1953), S. 311; Stoll, FS v.Caemmerer, S.437.

834 v.Caemmerer/Schlechtriem-Herber, Art. 4 Rdnr. 23; Staudinger-Magnus, Art. 4 Rdnr. 15; Kranz, S. 245. Das verkennt Bonell, der beispielsweise die Geheimhaltungspflichten lediglich als Anwendungsfall des Prinzips von Treu und Glauben versteht, ohne deren deliktsrechtlichen Charakter zu würdigen, vgl. RIW 1990, S. 701 und oben S. 102.

etwa, um die deliktsrechtliche Haftung zum Zuge kommen zu lassen, weshalb aus ihm diesbezüglich nichts abgeleitet werden kann[835].

Diese auf Betreiben der *USA*, *Frankreich* und *Finnland* aufgenommene Regelung soll lediglich der Besonderheit mancher nationaler Rechtsordnungen Rechnung tragen, welche die Haftung des Produzenten für seine Ware nicht - wie die *Bundesrepublik Deutschland* - auf außervertragliche, sondern auf vertragliche Ansprüche stützen.
Derartige Ansprüche sollen, soweit sie Personenschäden betreffen, der Regelung durch das nationale Recht vorbehalten bleiben[836].
Im übrigen bezieht sich Art. 5 nur auf die durch einen Produktfehler verursachten Schäden[837], nicht etwa auf die Verletzung des Schutzinteresses während der Verhandlungsphase.

Die in der Fallgruppe "Verkehrs- und Schutzpflichten" umschriebenen Tatbestände fallen daher nicht in den Anwendungsbereich des Abkommens[838].

Wird danach eine allgemeine Schutzpflicht beim Abschluß des internationalen Kaufvertrages verletzt und dadurch dem Vertragspartner Schaden zugefügt, so kann dies zwar nicht nach UN-Kaufrecht, sehr wohl aber als Verschulden bei Vertragsschluß nach nationalem Recht ersatzpflichtig machen.

Die Konvention verdrängt das nationale Recht nur soweit, wie bei funktionaler Betrachtung der Sachverhalt von dem Abkommen erfaßt wird[839].
Das UN-Kaufrecht erfaßt aber nicht das Problem, daß eine der Vertragsparteien bei Abschluß des Vertrages in seiner Integrität geschädigt wird. Aufgrund des Fehlens solcher "quasi-deliktischen" Anspruchs-

---

835 Wey, S. 112.

836 Materialien, S. 12; Czerwenka, S. 167. Zu Problemen im Zusammenhang mit Art. 5 vgl. Magnus, ZEuP 1993, S. 94 ff.

837 v.Caemmerer/Schlechtriem-Stoll, Art. 74 Rdnr. 9; Reinhart, Art. 5 Rdnr. 3.

838 So auch Bonell, RIW 1990, S. 700; Nickl, S. 36.

839 Staudinger-Magnus, Art. 4 Rdnr. 43.

grundlagen im UN-Kaufrecht bleibt das nationale Recht daher anwendbar[840].

C) Abschluß nachteiliger Verträge[841]

Bei wirksamen, aber inhaltlich nachteiligen Verträgen können Ansprüche aus Culpa in contrahendo oder funktional ähnlichen Rechtsbehelfen bestehen, wenn der Vertrag durch eine pflichtwidrige Einwirkung auf die Willensbildung des Geschädigten zustande gekommen ist.
In der Regel geht es hierbei um unrichtige oder unvollständige Informationen, unabhängig davon, ob der Schädigende vorsätzlich bzw. arglistig oder fahrlässig gehandelt hat[842].

Im Gegensatz zu der oben genannten deliktsrechtlich geprägten Fallgruppe entziehen sich die hier geregelten Lebenssachverhalte nicht von vornherein dem Anwendungsbereich des UN-Abkommens, wenngleich Täuschung und Drohung ihrem Wesen nach, insbesondere in ihrer Eigenschaft als Verletzung allgemeiner Verkehrspflichten, auch im Vertragszusammenhang dem Deliktsrecht zumindest nahe stehen oder dogmatisch sogar auf dessen Boden fußen.

Vorsätzlich (bzw. arglistig) oder fahrlässig falsch unterbreitete Informationen können sich durchaus auf einen später geschlossenen Vertrag über den Verkauf einer Ware beziehen.
Gleiches gilt für die unterlassene Aufklärung über für den Kaufentschluß des Partners relevante Umstände, so daß Art. 4 S.1 diese Tatbestände inhaltlich grundsätzlich abdeckt.

Zu beachten bleibt in diesem Zusammenhang allerdings immer, daß die Rechtsbehelfe des Käufers im Falle nicht ordnungsgemäßer Leistung (vgl. Art. 45 Abs. 1) der Culpa in contrahendo vorgehende Sonderrege-

840 v.Caemmerer/Schlechtriem-Herber, Art. 4 Rdnr. 23.

841 Vgl. hierzu oben S. 107 ff.

842 Palandt-Heinrichs, § 276 Rdnr. 78.

lungen enthalten[843], ähnlich wie die Vorschriften über die Sachmängelgewährleistung im *deutschen* Recht[844].

Der bloße Blick auf die in dieser Fallgruppe die Haftung auslösenden Verhaltensweisen reicht indes nicht aus, um die Vereinbarkeit mit dem in Art. 4 festgelegten sachlichen Anwendungsbereich der Konvention abschließend zu bejahen.
Zu begutachten sind darüber hinaus auch die sich im Hinblick auf die Pflichtwidrigkeit ergebenden Rechtsfolgen.
Auch die Realisierung eines Anspruchs aus Culpa in contrahendo muß sich einer an Art. 4 orientierten Prüfung unterziehen.

Dabei stößt man auf zwei alternative Möglichkeiten des Schadensersatzes:

Der Geschädigte kann zum einen die Befreiung von der eingegangenen Verbindlichkeit verlangen, zum anderen kann er aber auch ein Interesse daran haben, an dem abgeschlossenen Vertrag festzuhalten und als Schadensersatz einen finanziellen Ausgleich zu fordern[845].

1) Befreiung von der eingegangenen Verbindlichkeit

Der durch die mangelnde Aufklärung oder bewußte Irreführung geschädigte Vertragspartner kann zunächst die Befreiung von den eingegangenen Vertragspflichten und Rückabwicklung des Rechtsverhältnisses verlangen.

---

843 Anders als das deutsche Recht differenziert das UN-Kaufrecht nicht nach unterschiedlichen Arten der Leistungsstörung (Sach- und Rechtsmangel bzw. Fehlen zugesicherter Eigenschaften). Vielmehr sieht das UN-Kaufrecht in jedem Fall nicht ordnungsgemäßer Leistung eine Pflichtverletzung, die der anderen Seite Rechtsbehelfe eröffnet (Artt. 45 Abs. 1, 61 Abs. 1), vgl. Piltz, § 1 Rdnr.13.

844 MüKo-Emmerich, vor § 275 Rdnr. 105.

845 Choi, S. 265.

Das ergibt sich im *deutschen* Recht aus § 249 BGB, wonach der Geschädigte so zu stellen ist, wie er ohne das schadensstiftende Verhalten des anderen Teils stehen würde[846]. Wäre aber die unrichtige Information der einen Partei unterblieben, hätte der andere Partner den Vertrag zumindest mit diesem Inhalt nicht geschlossen.

Rechtsfolge des Schadensersatzanspruchs aus Culpa in contrahendo ist daher die Befreiung des Geschädigten von seinen vertraglichen Verpflichtungen.

Diese Rechtsfolge stimmt im Ergebnis mit derjenigen überein, die im Falle einer Anfechtung des Vertrages nach §§ 119, 123 BGB eintritt. Danach kommt es - unabhängig davon, welche Vorschrift man anwendet - im Endeffekt zur Auflösung des eingegangenen Vertrages[847] und hinsichtlich der Vertragsaufhebung hat dieser Anspruch aus Culpa in contrahendo dieselbe Wirkung wie eine Vertragsanfechtung[848].

Erstrebt eine Partei aber die "Rückgängigmachung" der von ihr eingegangenen Verpflichtungen, so stellt sie letztendlich die Gültigkeit des Vertrages in Frage. Ihr Wille ist es, den zunächst wirksam abgeschlossenen Kontrakt zu beseitigen.

Ob man hierfür den Begriff "Anfechtung" oder den Ausdruck "Befreiung von der Verbindlichkeit" verwendet, spielt insofern keine Rolle. Entscheidend ist vielmehr, daß der Vertrag keine Wirkungen mehr entfalten und seiner Gültigkeit endgültig die Grundlage entzogen werden soll.
Aus der gebotenen funktionalen Betrachtung von Anfechtung einerseits und Befreiung von der Verbindlichkeit andererseits zeigt sich daher, daß beide Vorgehensweisen dieselbe Wirkung hervorrufen und insoweit gleich zu behandeln sind.

---

846 BGH, NJW 1981, S. 2050 (2051).

847 Zu den Unterschieden zwischen Anfechtungsrecht und Culpa in contrahendo vgl. oben S. 114 f.

848 Gottwald, JuS 1982, S. 884; Horn, JuS 1995, S. 380.

Nach Art. 4 lit.a. regelt das UN-Kaufrecht aber gerade nicht die materielle Gültigkeit des Kaufvertrages oder die einzelner Vertragsbestimmungen.
Die Konvention beschränkt sich nur darauf, den für das Zustandekommen des Kaufvertrages nötigen "äußeren" Konsens zu normieren[849]. Fragen hingegen, welche die Wirksamkeit des Vertrages betreffen, werden vom UN-Kaufrecht nicht geregelt[850].

Demnach handelt es sich auch in den Fällen, in denen eine Partei aus Culpa in contrahendo mittels Schadensersatzes die Loslösung von dem eingegangenen Vertrag verlangt, um eine Materie, die außerhalb des Anwendungsbereichs des UN-Abkommens liegt[851].

2) Anspruch auf Ersatz des materiellen Schadens

Der Geschädigte kann aber auch - selbst dann, wenn er bei pflichtgemäßem Verhalten seines Vertragspartners von einem Vertragsabschluß abgesehen hätte - am Vertrag festhalten und anstelle einer schadensersatzrechtlichen Rückabwicklung des Vertrages lediglich Ersatz derjenigen Aufwendungen verlangen, die er infolge des pflichtwidrigen Verhaltens des anderen Teils nutzlos oder zu viel erbracht hat[852].

In erster Linie geht es hier um einen Anspruch auf Ersatz des Schadens in Geld, der durch die unrichtige oder unvollständige Information entstanden ist (z.B. Ersatz der nutzlosen anderweitigen Aufwendungen, die im Hinblick auf den Erwerb der Ware getätigt wurden).

Ist ein Käufer durch den Verkäufer zum Abschluß eines für ihn ungünstigen Kaufvertrages veranlaßt worden, so kann sich der Schaden

---

849 v.Caemmerer/Schlechtriem-Herber, Art. 4 Rdnr. 7.

850 Staudinger-Magnus, Art. 4 Rdnr. 20.

851 Bonell, RIW 1990, S. 700; v.Caemmerer/Schlechtriem-Stoll, Art. 74 Rdnr. 10; Karollus, S. 216; Schlechtriem, UN-Kaufrecht, S. 19. Vgl. auch Reinhart, Art. 35 Rdnr. 11 zum Fall der arglistigen Täuschung.

852 Vgl. oben S.111 ff.

aber auch auf denjenigen Betrag belaufen, den der Käufer für den Erwerb der Kaufsache zu viel aufgewandt hat.

In einem solchen Fall muß der am Vertrag festhaltende Käufer so behandelt werden, als wäre es ihm bei Kenntnis der wahren Sachlage gelungen, den Kaufvertrag zu einem günstigeren Kaufpreis abzuschließen. Ob auch der Verkäufer sich mit einem Vertragsschluß unter diesen Bedingungen einverstanden erklärt hätte, bleibt hierbei - wie oben bereits dargestellt[853] - zumindest nach *deutschem* Recht außer Betracht.

Entscheidend ist vielmehr, wie sich der geschädigte Vertragspartner bei Kenntnis der ihm verschwiegenen Umstände verhalten hätte. Bei Abschluß des Kaufvertrages durch einen nicht entsprechend aufgeklärten Käufer stellt deshalb der Betrag einen ersatzfähigen Schaden dar, um den der Käufer im Vertrauen auf die Richtigkeit der Angaben des Verkäufers den Gegenstand zu teuer erworben hat[854].

Der zu ersetzende Schaden besteht daher in dem Differenzbetrag zwischen angemessenen und tatsächlich entrichteten Kaufpreis des Kaufgegenstandes[855].

In beiden Fällen wird die materielle Gültigkeit des Kaufvertrages nicht berührt, denn der Geschädigte will sich nicht von dem Vertrag lösen, sondern lediglich Schadensersatz in Geld oder den Kaufpreis zu seinen Gunsten "mindern".
Da die vertragliche Bindung gerade nicht aufgehoben wird, bleibt der geschlossene Kaufvertrag existent. Das hat zur Folge, daß die Parteien auf der einen Seite weiterhin aus dem Vertrag verpflichtet sind, auf der anderen Seite aber auch eigene Rechte aus dem Vertragsverhältnis herleiten können.

---

853 Vgl. oben S. 113

854 BGH, JZ 1989, S. 593 m.w.N.

855 Choi, S. 266.

Dies entspricht der Formulierung in Art. 4, wonach das Übereinkommen neben dem Abschluß des Kaufvertrages auch "die aus ihm erwachsenden Rechte und Pflichten" in seine Regelungen einbezieht.

Ob es dem geschädigten Partner letztlich tatsächlich möglich sein wird, im Rahmen der Culpa in contrahendo Schadensersatz zu verlangen oder die Herabsetzung des Kaufpreises zu erreichen, oder ob er einzig auf die in der Konvention vorgesehenen Rechtsbehelfe[856] angewiesen bleibt, spielt für die hier in Frage stehende Eröffnung des Anwendungsbereichs des Abkommens für diese Fallgruppe keine Rolle.

Demnach wird bei solchen Vorgehensweisen der Anwendungsbereich des UN-Kaufrechts nicht überschritten und die Vorschrift des Art. 4 steht einer Einbeziehung dieser Haftungsalternativen in das Regelungssystem der Konvention nicht entgegen.

D) Nichtzustandekommen eines wirksamen Vertrages[857]

Kommt es aufgrund eines pflichtwidrigen Verhaltens einer Partei letztendlich nicht zu dem erhofften (wirksamen) Vertragsabschluß, so kann sich daraus eine Schadensersatzpflicht des unzulässig agierenden Verhandlungspartners aus Culpa in contrahendo ergeben.

Zunächst ist zu bemerken, daß die Gründe, die bei den beiden oben zuvor genannten Fallgruppen der Culpa in contrahendo zu deren Ausschluß aus dem Anwendungsbereich der Konvention führten, bei diesem vorvertraglichen Tatbestand nicht zur Geltung kommen können.

Hier handelt es sich weder um die Verletzung deliktsähnlicher Verhaltensregeln, noch soll die Gültigkeit eines abgeschlossenen Vertrages nachträglich beseitigt werden. In dieser Konstellation ist es gerade zu keinem wirksamen Vertragsschluß gekommen, von dem sich ein Teil jetzt loslösen könnte.

---

856 Vgl. Art. 45 ff. und unten S. 228 ff.

857 Vgl. hierzu die Ausführungen oben S. 128 ff.

Der zu fordernde Schadensersatz kann daher denknotwendig nur im Ersatz des materiellen Vertrauensinteresses liegen, so daß in dieser Fallgruppe die bloße Geltendmachung der Rechte aus Culpa in contrahendo[858] jedenfalls - ebenso wie in der zweiten Haftungsalternative der oben genannten zweiten Fallgruppe - dem Regelungsbereich des UN-Kaufrechts nicht von vornherein entzogen ist.

Erforderlich ist somit, die verschiedenen Alternativen des Nichtzustandekommens eines Vertrages auf die von ihnen geregelten Lebenssachverhalte hin zu überprüfen.

1) Formbedürftigkeit des in Aussicht genommenen Vertrages

Den meisten Rechtsordnungen immanent ist - wie oben bereits dargestellt - die Vorstellung, daß gewisse Vertragsarten nur dann rechtliche Anerkennung finden können, wenn ihr Abschluß die vorgeschriebene Form einhält[859].

Dabei haben wir festgestellt, daß insbesondere im romanischen und anglo-amerikanischen Rechtskreis die Nichtbeachtung gesetzlich vorgeschriebener Formen in aller Regel nur dazu führt, daß die vertraglichen Ansprüche vor Gericht nicht eingeklagt werden können[860].
Zur Ungültigkeit führt die Verletzung von Formvorschriften hier grundsätzlich nicht.

Soweit dies ausnahmsweise doch der Fall sein sollte, so handelt es sich regelmäßig nicht um Kaufverträge, sondern vielmehr um Schenkungsversprechen (Art. 931 Code civil), Eheverträge (Art. 1394 Code civil) oder testamentarische Verfügungen (Art. 971 Code civil) sowie um Verträge zur Grundstücksübereignung oder zur Bestellung, Abänderung und Übertragung dinglicher Rechte (Art. 1350 Codice civile)[861].

---

858 Also Ersatz des finanziellen, negativen Interesses

859 Vgl. oben S. 142 ff.

860 Vgl. Art 1341 Code civil, Art. 2721 Codice civile, § 2-201 UCC.

861 Vgl. oben S. 145 f.

Im Gegensatz hierzu kennen die Rechtsordnungen des deutschen Rechtskreises Fälle, in denen der Vertrag mangels Einhaltung der erforderlichen Formvorschriften nicht wirksam zustande kommt, also nichtig ist[862].

Grund hierfür kann zum einen die Täuschung über die Formbedürftigkeit des Kontraktes sein, zum anderen kann der Vertragsabschluß aber auch wegen der unterbliebenen notwendigen "formellen" Mitwirkungshandlung der anderen Seite gescheitert sein.

Allerdings gilt sowohl im *deutschen* als auch im *schweizerischen* und *österreichischen* Recht für Kaufverträge über bewegliche Sachen[863] das Prinzip der Formfreiheit[864].

Dementsprechend besteht in sämtlichen Rechtskreisen Übereinstimmung darüber, daß Warenkaufverträge formfrei gültig sind[865].

Die Vorschrift des Art. 4 sieht nun aber vor, daß vom UN-Kaufrecht nur Probleme erfaßt werden, die den Vertragsschluß oder die Rechte und Pflichten der Parteien aus dem Vertrag betreffen[866].

Geht man aber von der Prämisse aus, daß in allen Vertragsstaaten Kaufverträge über bewegliche Waren formlos gültig sind, so ist nicht ersichtlich, inwiefern in diesem Fall die Verletzung von Formvorschriften einen Schadensersatzanspruch aus Culpa in contrahendo hinsichtlich des im Rahmen der Konvention abzuschließenden Kaufvertrages entstehen lassen könnte.
Wenn schon in den nationalen Rechten keine Formvorschriften für Warenkaufverträge bestehen, so werden die Parteien schlechterdings gar

---

862 Z.B. § 125 BGB, Art. 11 Abs. 2 OR, § 886 ABGB.

863 Grundstückskaufverträge bedürfen in der Schweiz und in Deutschland einer besonderen Form (vgl. Art. 216 OR, § 313 BGB).

864 Dölle-Reinhart, Art. 15 EKG Rdnr. 10, 11.

865 Auf den mittelbaren Formzwang der "consideration-Lehre" kann sich auch der amerikanische Rechtsanwender nicht berufen, da die USA Teil II des Abkommens, der den Vertragsschluß durch Angebot und Annahme ohne "Gegenopfer" vorsieht, vorbehaltlos ratifiziert hat.

866 Staudinger-Magnus, Art. 4 Rdnr. 12.

nicht erst auf die Idee kommen, dem Partner ein diesbezügliches Verschulden bei Vertragsschluß vorzuwerfen.

Gleichwohl kann der Verweis auf das in fast allen Rechtsordnungen herrschende Prinzip der Formfreiheit nicht von der Pflicht entbinden, das UN-Kaufrecht auf seine Formvorschriften hin zu untersuchen.

Denn zum einen ist es durchaus möglich, daß die Parteien - gemäß dem in Art. 6 verankerten Grundsatz der Privatautonomie - Schriftform für den intendierten Kaufvertrag vereinbaren[867].
In diesem Fall kann das Problem einer Culpa-in-contrahendo-Haftung sehr wohl auftauchen, wenn die Vereinbarung über die einzuhaltende Form nicht eingehalten wird[868].

Zum anderen steht jedem Vertragsstaat das Recht zu, sich durch Vorbehaltserklärung gemäß Art. 12 i.V.m. Art. 96 die Schriftform für Kaufverträge zu erhalten.
Auch hier bleiben Ansprüche aus Verschulden bei Vertragsschluß daher zumindest denkbar.

Besonderer Aufmerksamkeit bedarf in diesem Zusammenhang die Tatsache, daß das UN-Kaufrecht in Art. 11 ausdrücklich auf die Form des Warenkaufvertrages eingeht.

Von den vielen Problemen der Vertragsgültigkeit, welche die nationalen Rechtsordnungen kennen, hat das Einheitsrecht in Art. 11 nur die Problematik der äußeren Form geregelt[869], weil hier eine Vereinheitlichung für die Zwecke des internationalen Handels offenbar besonders dringlich erschien[870].

---

867 Reinhart, Art. 11 Rdnr. 11.

868 Bonell, RIW 1990, S. 701.

869 Reinhart, Art. 11 Rdnr. 2.

870 Damit macht das UN-Kaufrecht eine Ausnahme von der Grundregel, daß alle die Gültigkeit des Vertrages berührenden Fragen nach dem anwendbaren nationalen Recht zu entscheiden sind, vgl. Herber/Czerwenka, Art. 4 Rdnr. 10.

Dies deshalb, weil die Interessen derjenigen Staaten mit grundsätzlicher Formfreiheit den Interessen jener Länder mit prinzipiellem Schriftformgebot für Kaufverträge frontal gegenüber standen und somit einen Vertragsabschluß erschwerten[871].

Eine solche Meinungsverschiedenheit bestand zwar - wie dargelegt - nicht zwischen den oben untersuchten Rechtskreisen, wohl aber zwischen den westlichen Vertragsstaaten einerseits und den sozialistischen Mitgliedsländern andererseits.
So waren es vor allem die ehemaligen "Ostblockstaaten" als Staatswirtschaftsländer, insbesondere die ehemalige *UdSSR*, die auf der Schriftform für Kaufverträge bestanden, während die Mehrzahl der westeuropäischen Nationen auf die Formfreiheit Wert legte[872].

Das UN-Kaufrecht sieht daher einen Kompromiß vor, bei dem gemäß Art. 11 grundsätzlich von Formfreiheit ausgegangen, den "Schriftformstaaten" zugleich aber eine Vorbehaltsmöglichkeit eingeräumt wird[873].

Nach Art. 12 i.V.m. Art. 96 kann sich jeder Vertragsstaat, nach dessen internem Recht Kaufverträge oder deren Aufhebung oder Änderung schriftlich abgefaßt oder nachgewiesen werden müssen, bei der Ratifizierung oder auch im nachhinein[874] die Schriftform vorbehalten[875].

---

871 Bydlinski, S. 82 f.; Su, S. 33.

872 v.Caemmerer, SJZ 1981, S. 263; Enderlein/Maskow/Strohbach, Art. 11 Anm. 1.

873 Schlechtriem, UN-Kaufrecht, S. 30; v.Caemmerer/Schlechtriem-Schlechtriem, Art. 11 Rdnr. 1.

874 Der Vorschlag, den Vorbehalt aufgrund Art. 96 auch noch nach Unterzeichnung einlegen zu können, ging von der Delegation der Bundesrepublik Deutschland aus, vgl. Schlechtriem, UN-Kaufrecht, S. 32.

875 Rehbinder, S. 154. Streit herrscht allerdings über die Auslegung des Art. 12. Teilweise wird vertreten, daß immer dann, wenn mindestens ein Partner aus einem Vorbehaltsstaat an einem internationalen Kaufvertrag beteiligt ist, die Wirkungen des Art. 12 eintreten und somit Schriftform erforderlich wird (so. bsp. Rehbinder, S. 154 f.; Reinhart, Art. 12 Rdnr. 3). Nach anderer Ansicht soll die Form nur dann Gültigkeitsvoraussetzung sein, wenn dies von dem nachden Regeln des Internationalen Privatrechts anzuwendenden nationalen Recht vorgeschrieben wird (so bsp. Schlechtriem, UN-Kaufrecht, S. 30; Piltz, § 2 Rdnr. 123). Aber auch für die kraft Vorbehalts anwendbaren Formvorschriften bleibt

Ein Vorschlag der *niederländischen* Delegation auf der Wiener Konferenz, die Vorbehaltsmöglichkeit auf bestimmte Vertragstypen zu beschränken, fand indes keine Mehrheit, weil die Beurteilung der Formbedürftigkeit in der Praxis dadurch erschwert worden wäre und man außerdem befürchtete, damit einen Anreiz für die Nutzung der Vorbehaltsmöglichkeit zu geben[876].

Allein die Existenz der Vorschrift des Art. 11, die sich explizit mit der Frage der Form der Kaufverträge befaßt, kann nur die Folgerung zulassen, daß Rechtsfragen in Bezug auf die einzuhaltende Form beim internationalen Kaufvertrag gemäß Art. 4 innerhalb des Anwendungsbereichs der Konvention liegen, weil es sich hier um ein Problem des Zustandekommens des Vertrages handelt und sich das Gesetz der Regelung dieser Materie insofern ausdrücklich annimmt.

Gestützt wird diese Annahme durch die verschiedenen von der Konvention eingeräumten Möglichkeiten, an Stelle der grundsätzlich vorgesehenen Formfreiheit von Kaufverträgen besondere Förmlichkeiten für den Abschluß eines Kontraktes zu bestimmen (vgl. Art. 6 auf der einen und Art. 12 i.V.m. Art. 96 auf der anderen Seite).
Unter diesen Voraussetzungen sind Streitigkeiten zwischen den Kaufvertragsparteien - auch im Rahmen der Culpa in contrahendo - durchaus möglich.

Festzuhalten bleibt somit, daß der sachliche Anwendungsbereich des Abkommens nach Art. 4 für Sachverhalte, welche die Vertragsform betreffen, grundsätzlich eröffnet ist[877].

Art. 13 bedeutsam, nach dem auch Telegramme oder Fernschreiben der Schriftform genügen.

876 Schlechtriem, UN-Kaufrecht, S. 31.

877 Vgl. auch Piltz, § 2 Rdnr. 113.

2) Unwirksamkeitsgründe aus der Sphäre allein einer Partei

Wenn eine Partei wußte oder hätte wissen müssen, daß der Vertrag nicht wirksam werden konnte oder gar nichtig ist[878], während die Gegenseite den Unwirksamkeits- bzw. Nichtigkeitsgrund nicht kannte, so kann sie im Rahmen der Culpa in contrahendo oder aufgrund vergleichbarer Rechtsbehelfe auf den Ersatz des negativen Interesses haften[879].

Hier geht es vor allem um die Fälle, in denen die Nichtigkeit des Vertrages angeordnet wird, wie etwa beim Verstoß gegen ein gesetzliches Verbot oder gegen die guten Sitten, sowie um wirtschaftslenkende Vorschriften, namentlich des Devisenrechts, welche die Wirksamkeit von Rechtsgeschäften betreffen.

Die Pflichtverletzung beruht dabei in dem schuldhaften Verhalten eines Teils, durch das in dem anderen Partner das Vertrauen geweckt wurde, daß ein gültiger Vertrag zustande gekommen sei[880].

Die Fälle der Nichtigkeit eines Vertrages, die zur Schädigung des auf die Wirksamkeit des Vertrages vertrauenden Partners führen, betreffen aber die materiellen Anforderungen an die Wirksamkeit des Kontraktes und damit die Frage seiner Rechtsgültigkeit[881].
Kurz gesagt: Es geht um die Schadensersatzpflicht bei der Ungültigkeit eines Rechtsgeschäfts[882].

Ist die materielle Gültigkeit des Vertrages aber - wie vorliegend - Ausgangspunkt der Überlegungen, so handelt es sich um eine Materie, die

---

878 BGH, NJW 1987, S. 639 f.

879 Frick, S. 40. und oben S. 129 f, 149 f.

880 Nirk, RabelsZ 18 (1953), S. 313.

881 v.Caemmerer/Schlechtriem-Herber, Art. 4 Rdnr.4.

882 Eine rechtsvergleichende Übersicht über die Ungültigkeit von Verträgen wegen Gesetzes- und Sittenwidrigkeit bietet Kötz, RabelsZ 58 (1994), S. 209 ff.

nach Art. 4 lit.a vom Anwendungsbereich des UN-Kaufrechts ausdrücklich ausgeklammert ist[883].
Unbestritten erfaßt Art. 4 S. 2 lit. a Unwirksamkeitsgründe für Rechtsgeschäfte, wie etwa die Nichtigkeit wegen Sittenwidrigkeit bzw. Gesetzesverstoßes oder den Verstoß gegen wirtschaftsrechtliche und wirtschaftspolitische Vorschriften über Ein- und Ausfuhrverbote bzw. gegen Devisenvorschriften[884].
Unerheblich ist in diesem Zusammenhang auch, ob die Ungültigkeit absolut ist oder ob sie durch die Einholung einer (staatlichen) Genehmigung behoben werden kann[885].

Die Haftungsgruppe der Culpa in contrahendo bei nichtigen (ungültigen) Verträgen - insbesondere wenn es um den Verstoß gegen nationale Gesetze, gegen die guten Sitten oder gegen wirtschaftslenkende Vorschriften geht - ist somit von einer Regelung durch die Konvention ausgeschlossen[886].

Da das UN-Kaufrecht die Frage der Gültigkeit bzw. Ungültigkeit von Kaufverträgen nicht regelt, bleibt in dieser Fallgruppe die Möglichkeit, auf nationales Recht zurückzugreifen[887].

---

883 Karollus, S. 41; v.Caemmerer/Schlechtriem-Herber, Art. 4 Rdnr. 4; Bonell, RIW 1990, S. 700

884 Staudinger-Magnus, Art. 4 Rdnr. 20; Czerwenka, S. 165 f.; v.Caemmerer/Schlechtriem-Schlechtriem, vor Artt. 14-24 Rdnr. 1; Herber/Czerwenka, Art. 4 Rdnr. 11; .

885 Enderlein/Maskow/Strohbach, Art. 4 Anm. 5.1; v.Caemmerer/Schlechtriem-Schlechtriem, vor Artt. 14-24 Rdnr. 1.

886 v.Caemmerer/Schlechtriem-Herber, Art. 4 Rdnr. 9; Staudinger-Magnus, Art. 4 Rdnr. 20; Czerwenka, S. 165 f.; Herber/Czerwenka, Art. 4 Rdnr. 11.

887 Enderlein/Maskow/Strohbach, Art. 4 Anm. 5.1.; Herber/Czerwenka, Art. 4 Rdnr. 11; Staudinger-Magnus, Art. 4 Rdnr. 20; Soergel-Lüderitz, Art. 4 Rdnr. 4.

3) Abbruch von Vertragsverhandlungen[888]

In dieser Gruppe werden diejenigen Fälle zusammengefaßt, bei denen es nicht einmal rein äußerlich zu einem Vertragsabschluß gekommen ist.

Das schuldhafte Verhalten ist dabei darin zu sehen, daß das Vertrauen einer Person auf das demnächstige Zustandekommen eines Vertrages erweckt und diese dadurch zu Aufwendungen veranlaßt oder zur Abstandnahme von einem anderen günstigen Vertragsangebot bewegt wurde, was bei pflichtgemäßer Offenbarung seitens des schuldhaft Handelnden niemals geschehen wäre[889].

Nun fragt sich, inwiefern der Abbruch von Vertragsverhandlungen vom Anwendungsbereich des UN-Kaufrechts umfaßt wird.

Dabei kann nicht ohne weiteres Art. 7 Abs. 1 mit der Begründung herangezogen werden, aus dem sich aus dieser Vorschrift ergebenden Prinzip von Treu und Glauben ließen sich besondere Pflichten der Parteien auch während der Vertragsverhandlungen ableiten, wenn international anerkannte Standards von Treu und Glauben gegeben seien[890].

Offenbleiben kann in diesem Zusammenhang zunächst, ob diese "Treu- und Glaubens-Vorschrift" tatsächlich für die Kaufvertragsparteien gilt, oder ob ihr lediglich die Funktion einer zusätzlichen Interpretationshilfe in der Anwendung der Konvention zukommt[891].

Entscheidend ist vielmehr, daß über eine allgemeine Treu- und -Glaubens-Vorschrift - so wie sie Art. 7 Abs. 1 darstellt - nicht der allgemeine Anwendungsbereich der Konvention bestimmt werden kann[892].

---

888 Vgl. oben S. 133 ff., 153 ff.

889 Nirk, RabelsZ 18 (1953), S. 345.

890 So aber Bonell, RIW 1990, S. 700. Wie hier v.Caemmerer/Schlechtriem-Schlechtriem, vor Artt. 14-24 Rdnr. 6.

891 Zu diesem Problem vgl. nur Enderlein/Maskow, S. 53 ff..

892 In diesem Sinne auch Huber, ZEuP 1994, S. 595 : "Wir befinden uns also noch auf einer Stufe, deren Überwindung Art. 7 schon voraussetzt".

Ansonsten bestünden - auch im Hinblick auf die bereits oben begutachteten Fallgruppen - keine Schwierigkeiten, das Rechtsinstitut der Culpa in contrahendo in seiner gesamten Anwendungsvielfalt dem Regelungsbereich des UN-Kaufrechts unterzuordnen.
Sämtliche vorvertragliche Pflichten beruhen nämlich letztendlich auf dem Gebot, sich gemäß den Grundsätzen von Treu und Glauben (§ 242 BGB entsprechend) zu verhalten und dem Verhandlungspartner in lauterer Absicht entgegenzutreten[893].

Erforderlich ist daher, die Schranken zu beachten, welche die Verfasser des UN-Abkommens dessen Anwendungsbereich in Art. 4 gesetzt haben[894].
Die Eingrenzung der zu regelnden Materien erscheint auch sinnvoll, handelt es sich doch "nur" um ein Abkommen über Verträge über den internationalen Warenkauf[895], mithin um kein allumfassendes Regelwerk[896].

Dementsprechend muß auch der "Abbruch von Vertragsverhandlungen" zunächst an den Vorgaben des Art. 4 gemessen werden, bevor man Grundlagen und Anknüpfungspunkte für diese Fallgruppe innerhalb der Konvention zu finden sucht.

Diesen methodisch bedeutsamen Schritt - nur er "öffnet" erst das Abkommen für die weiteren Fragen - übersieht *Bonell* bei seiner Untersuchung über die vorvertragliche Haftung innerhalb des UN-Abkommens[897].

Zwar nimmt auch *Bonell* berechtigterweise an, die Culpa in contrahendo stelle kein klar abgrenzbares und einheitliches Rechtsinstitut dar.

---

893 Vgl. nur Weber, Treu und Glauben, S. 173.

894 Zu Sinn und Zweck dieser "Einschränkungen" vgl. schon die Ausführungen oben S. 190 ff..

895 Und somit lediglich um einen Teilbereich des Schuldrechts, vgl. Stern, S. 1.

896 Insoweit besteht auch ein zu beachtender Unterschied zum deutschen BGB, eine die verschiedensten Rechtsprobleme behandelnde Kodifikation, die durch ein - sämtliche Bereiche erfassendes - vorvertragliches Rechtsinstitut (gewohnheitsrechtlich) erweitert wurde.

897 Bonell, RIW 1990, S. 700.

Demnach sei es auch seiner Ansicht nach erforderlich, zwischen den verschiedenen Fallgruppen des Verschuldens bei Vertragsschluß zu unterscheiden, wenn es um die Feststellung gehe, ob und inwieweit die Konvention anzuwenden sei[898].

Diesen Weg führt *Bonell* allerdings nicht konsequent fort, wenn er gleichwohl nur Art. 7 Abs. 1 bemüht, um vorvertragliche Verhaltenspflichten grundsätzlich dem Anwendungsbereich des UN-Kaufrechts zuzuordnen und erst an späterer Stelle - gleichsam nach Überwindung des "Hindernisses" des Art. 4 - auf den konkreten Inhalt der im Verhandlungsstadium zu beachtenden Pflichten eingeht.

Gemäß Art. 4 S.1 befaßt sich das UN-Kaufrecht insbesondere mit dem "Abschluß des Kaufvertrages".

Zwar kommt es beim Verhandlungsabbruch gerade nicht zum Abschluß eines Vertrages. Doch wird man unter "Vertragsabschluß" in diesem Sinne auch die gesamte Phase der Abschlußverhandlungen subsumieren müssen[899].
Schließlich regelt das Abkommen den "äußeren Konsens" zwischen den Parteien, was aber nicht unbedingt bedeuten muß, daß dieser Konsens am Ende auch tatsächlich gefunden wird.

Notwendige Voraussetzung für einen Anspruch aus Culpa in contrahendo wegen Abbruchs der Vertragsverhandlungen ist zwar, daß ein Vertrag gerade nicht zustande gekommen ist.
Dennoch ist nicht zu leugnen, daß zwischen einem solchen Anspruch und dem Vertragsabschlußrecht ein gewisser Zusammenhang besteht.

---

898 Bonell, aaO..

899 A.A. wohl v.Caemmerer/Schlechtriem-Stoll, Art. 74 Rdnr. 10, der den Abbruch von Vertragsverhandlungen schlicht als "außervertraglich" bezeichnet. Dabei wird Stoll wohl von dem Gedanken geleitet, daß in den meisten Rechtsordnungen diese Fallgruppe deliktisch qualifiziert, jedenfalls - außer im deutschen Rechtskreis - nicht vertraglich eingeordnet wird.
Bei dieser Betrachtungsweise wird aber übersehen, daß der Sachverhalt "Abbruch der Vertragsverhandlungen" funktional zu beurteilen ist, so daß die jeweiligen Einordnungen eines Rechtsinstituts bzw. eines Lebenssachverhalts in den einzelnen nationalen Rechten für die Klassifizierung im UN-Kaufrecht nicht entscheidend sein können.

Denn immerhin ist eine tatbestandliche Voraussetzung, daß das Verhalten der beiden Parteien eben nicht als Vertragsschluß gewertet werden kann[900].

Darüber hinaus haben auch bei einem Abbruch der Vertragsverhandlungen die Vertragsverhandlungen in der Regel bereits ein Stadium erreicht, das bei einem ungestörten weiteren Verlauf in einen perfekten Vertrag einmünden würde[901].

Ein Blick in die Vorschriften des Teil II. des Abkommens bestätigt dieses Ergebnis.

Nach Art. 16 Abs. 1 kann ein Angebot bis zum Abschluß des Vertrages widerrufen werden, wenn der Widerruf dem Empfänger zugeht, bevor dieser eine Annahmeerklärung abgesandt hat.
In Art. 22 wird bestimmt, daß eine Annahme zurückgenommen werden kann, wenn die Rücknahmeerklärung dem Anbietenden vor oder in dem Zeitpunkt zugeht, in dem die Annahme wirksam geworden wäre.

Beide Regelungen stehen unter der Überschrift "Abschluß des Vertrages", und doch geht die Konvention in diesen Artikeln ausdrücklich davon aus, daß der "äußere Konsens" und damit der Vertragsabschluß unter bestimmten Umständen scheitern kann.
Daß sowohl Art. 16 als auch Art. 22 dabei unter der Prämisse eines bereits abgegebenen Angebots stehen, spielt insofern keine Rolle[902].
Auch Verhaltensweisen ohne eindeutig als Offerte und Annahme identifizierbare Elemente gehören zum Bereich des vom UN-Kaufrecht geregelten "äußeren Konsenses"[903].

Entscheidend ist daher, daß der in Art. 4 genannte "Abschluß des Kaufvertrages" ersichtlich nicht nur zum Erfolg führende Verhandlungen

900 Nickl, S. 155. Dies wird besonders deutlich, wenn der Geschädigte in der Annahme, es sei ein Vertrag zustande gekommen, zunächst Erfüllung verlangt.

901 Nickl, S. 159.

902 Bei Abbruch der Vertragsverhandlungen ist von der abbrechenden Partei noch kein Angebot im Sinne des § 145 BGB bzw. Art. 14 des UN-Kaufrechts abgegeben worden.

903 v.Caemmerer/Schlechtriem-Schlechtriem, vor Artt. 14-24 Rdnr. 5.

und Vereinbarungen der Parteien umfassen muß, sondern auch gewisse "Schwebezustände"[904] miteinbezieht, die zwischen Vorverhandlungen und endgültigem Vertragsabschluß entstehen können und für die Kontrahierungsphase typisch sind.

Gestützt wird dieses Ergebnis nicht zuletzt durch die Vorschrift des Art. 8 Abs. 3, der ausdrücklich auf die Verhandlungen zwischen den Parteien Bezug nimmt und damit zum Ausdruck bringt, daß das vor Vertragsschluß liegende Verhalten der Partner - zumindest für die Auslegung[905] - innerhalb der Konvention von gewisser Bedeutung ist.

Magnus spricht in diesem Zusammenhang sogar davon, daß die Konvention insofern "auch für vorvertragliches Verhalten Regeln auf (stellt)"[906].
Schlechtriem nennt Art. 8 Abs. 3 "eine auch für das Vertragsabschlußverfahren wichtige Vorschrift" und bestätigt insoweit, daß auch die Verhandlungen in der vorkonsensualen Phase zum "äußeren Konsens" im weitesten Sinne gehören können[907].

Aus Art. 8 Abs. 3 kann insbesondere auch entnommen werden, daß das Verbot widersprüchlichen Verhaltens ("venire contra factum proprium"), welches auch beim Scheiternlassen von Vertragsverhandlungen im Rahmen der vorvertraglichen Haftung gilt[908], im UN-Kaufrecht ebenfalls enthalten ist[909].

Demnach läßt sich die hier in Frage stehende Fallgruppe des "Abbruchs der Vertragsverhandlungen" durchaus als Problem des Vertragsabschlusses formulieren und somit dem in Art. 4 der Konvention definierten Anwendungsgebiet zuordnen.

---

904 v.Caemmerer-Schlechtriem-Schlechtriem, Art. 16 Rdnr.5.

905 Da Art. 8 Abs. 3 nur einen Umstand der Auslegung bezeichnet, kann aus dieser Vorschrift noch nicht gefolgert werden, daß das Verhandlungsstadium zu den von dem Übereinkommen tatsächlich geregelten Fragen gehört, vgl. v. Caemmerer/Schlechtriem-Schlechtriem, vor Artt. 14-24 Rdnr. 6 und unten S. 224.

906 Staudinger-Magnus, Art. 4 Rdnr. 42.

907 v.Caemmerer/Schlechtriem-Schlechtriem, vor Artt. 14-24 Rdnr. 6.

908 Vgl. oben S. 138.

909 Reinhart, Art. 8 Rdnr.5.

E) Zwischenergebnis

Der problemorientierte Vergleich zwischen den von der Culpa in contrahendo erfaßten Tatbeständen und dem in Art. 4 bestimmten sachlichen Regelungsbereich des UN-Kaufrechts führt zu dem Ergebnis, daß lediglich drei Teilbereiche vorvertraglicher Haftung einer Lösung durch das UN-Kaufrecht grundsätzlich zugänglich sind.

Dabei kann die Fallgruppe "Schutz- und Verkehrspflichten" aufgrund ihres deliktsrechtlichen Charakters insgesamt keiner Regelung durch das Abkommen zugeführt werden.

Der Bereich "Abschluß nachteiliger Verträge" bleibt für die Fälle mangelhafter Aufklärung insofern zu beachten, als hieraus resultierende Schadensersatzansprüche und die für den geschädigten Partner insbesondere von der *deutschen* Rechtsprechung geschaffene Möglichkeit, anstatt Vertragsaufhebung eine "Vertragsanpassung" zu wählen, durch die Konvention regelungsfähige Sachgebiete darstellen.

Der größte "Erfolg" kann indes im Rahmen der unter dem Begriff "Nichtzustandekommen eines wirksamen Vertrages" zusammengefaßten Tatbestände verzeichnet werden.
Hier liegen sowohl die Fragen der notwendigen vertraglichen Form als auch der Abbruch der Vertragsverhandlungen innerhalb des von Art. 4 abgesteckten Anwendungsbereichs des UN-Kaufrechts.
Dies liegt vor allem daran, daß die dort angesprochenen Problempunkte in unmittelbarem Zusammenhang mit dem Abschluß des Kaufvertrages stehen, der als Regelungsmaterie des UN-Abkommens ausdrücklich in Art. 4 hervorgehoben wird.

Für die nicht vom Anwendungsbereich des internationalen Kaufrechts erfaßten Sachgebiete der Culpa in contrahendo bleibt demnach grund sätzlich nur noch der Rückgriff auf konkurrierende nationale Regelungen, die nach den Vorschriften des internationalen Privatrechts[910] im Einzelfall zu bestimmen sind[911].

910 Zu den kollisionsrechtlichen Fragen der Culpa in contrahendo vgl. Nickl, Die Qualifikation der Culpa in contrahendo im Internationalen Privatrecht, 1992; Frick, S. 157 ff; Bernstein, RabelsZ 41 (1977), S. 281 ff.; Fischer, JZ 1991, S. 168 ff; Degner, RIW 1983, S. 825 ff; ders., Kollisionsrechtliche Probleme, S. 72 ff.

911 Maßgebliche Vorschriften nach dem deutschen internationalen Privatrecht sind dabei die Art. 28 ff. EGBGB.

VI) Der Ausschluß von Ansprüchen aus Culpa in contrahendo durch abschließende Regelungen des UN-Kaufrechts

Die Tatsache, daß ein Teil der vorvertraglichen Haftungstatbestände die "Hürde" des Art. 4 übersprungen hat, bedeutet nun aber noch nicht, daß die in diesen Fallgruppen geregelten Sachverhalte auch innerhalb des UN-Kaufrechts nach den Grundsätzen der Culpa in contrahendo beurteilt werden müssen.

Die Lückenfüllung nach Art. 7 Abs. 2 durch allgemeine Prinzipien der Konvention setzt nicht nur voraus, daß es sich um Gegenstände handelt, für die das Abkommen grundsätzlich gilt.
Die Vorschrift des Art. 7 Abs. 2 findet ferner nur dann Anwendung, wenn eine Frage "in diesem Übereinkommen nicht ausdrücklich entschieden ist".
Dabei kommt es - wie oben bereits erwähnt[912] - auf eine genaue Abgrenzung zwischen Lückenfüllung und Auslegung freilich nicht an. Es genügt insofern vielmehr, daß der Text der Konvention eine klare Lösung der zu beantwortenden Frage nicht vorgibt[913].

Bei der Culpa in contrahendo handelt es sich um ein in Ergänzung des geschriebenen Rechts im Wege der Lückenausfüllung entstandenes Rechtsinstitut[914].

Die Haftung aus Culpa in contrahendo ist danach beispielsweise im *deutschen* Recht grundsätzlich ausgeschlossen, wenn der Anspruch aufgrund einer anderen Vorschrift, die Schadensersatz gerade auch mit Rücksicht auf einen das vorvertragliche Schuldverhältnis im Rahmen der Culpa in contrahendo begründenden Umstand gewährt, besteht[915].
Die Grundsätze der vorvertraglichen Haftung greifen aber auch dann nicht ein, wenn eine andere Vorschrift, unabhängig davon, ob im kon-

912 Vgl. oben S. 37.

913 Staudinger-Magnus, Art. 7 Rdnr. 39.

914 Nirk, RabelsZ 18 (1958), S. 312.

915 Palandt-Heinrichs, § 276 Rdnr. 68.

kreten Fall ein Anspruch daraus begründet ist oder nicht, diesbezüglich eine abschließende Regelung enthält[916].

Gleiches gilt auch im Wiener Kaufrecht: wo eine an sich auch mit der Rechtsfigur der Culpa in contrahendo lösbare Detailfrage im UN-Kaufrecht abschließend geregelt ist, kommt ein Rückgriff auf Haftungsregeln im Rahmen des Verschuldens bei Vertragsschluß nicht in Betracht[917].

Im Interesse des größeren Vereinheitlichungseffekts muß angenommen werden, daß der Rückgriff auf besondere Rechtsinstitute ausscheidet, soweit der gleiche oder jedenfalls ein funktional vergleichbarer Sachverhalt von der Konvention geregelt wird. Es dient nicht der Rechtssicherheit im internationalen Handelsverkehr, wenn ein Vertragspartner in Situationen, die das Einheitsrecht umfassend und ohne stoßende Lücken oder Härten regelt, sonstige Rechtsbehelfe gleichsam "aus dem Hut zaubert"[918].

Demnach ist es zunächst notwendig, die einzelnen Bestimmungen, die das UN-Abkommen hinsichtlich des Vertragsabschlusses und der Rechte und Pflichten der Parteien vorsieht, auf ihren Regelungsgehalt hin zu analysieren.

Ergibt sich aus den jeweiligen Vorschriften oder dem Gesamtzusammenhang der Regeln des UN-Kaufrechts, daß bestimmte Interessenkonflikte der Kaufvertragsparteien positiv oder negativ geregelt werden sollen, so ist für einen Rückgriff auf das Rechtsinstitut der Culpa in contrahendo kein Platz mehr[919].
Dabei wird es - gemäß dem Funktionalitätsprinzip[920] - nicht darauf ankommen, ob die jeweiligen nationalen Rechte mit dem Rechtsinstitut der Culpa in contrahendo oder mit vergleichbaren Rechtsbehelfen diese

916 Michalski, JuS 1993, S. 23.

917 v.Caemmerer/Schlechtriem-Schlechtriem, vor Artt. 14-24 Rdnr. 6.

918 Staudinger-Magnus, Art. 4 Rdnr. 28.

919 Herber/Czerwenka, Art. 4 Rdnr. 22; Wey, S. 107.

920 Vgl. oben S. 42 ff.

Interessenkonflikte an einer anderen Stelle oder in einem anderen Zusammenhang regeln als das UN-Kaufrecht[921].

Im folgenden soll deshalb untersucht werden, ob die verbleibenden vorvertraglichen Fallgestaltungen insoweit bereits durch das UN-Kaufrecht abschließend geregelte Materien betreffen.

A) Der Anspruch auf Ersatz des materiellen Schadens[922]

1) Schadensersatz wegen mangelhafter Aufklärung

Hat eine Partei vor Vertragsschluß vorvertragliche Mitteilungs- oder Aufklärungspflichten verletzt und begehrt der andere Teil unter Aufrechterhaltung des Vertrages deswegen Schadensersatz, so muß zunächst die mögliche Konkurrenz eines solchen Anspruchs zum Leistungsstörungsrecht[923] des UN-Kaufrechts betrachtet werden.

Ansprüche aus Verschulden bei Vertragsschluß sind grundsätzlich auch nach *deutschem* Kaufrecht neben der Sachmängelgewährleistung ausgeschlossen, soweit dem Käufer aus der Mangelhaftigkeit der Sache Nachteile entstehen[924].

Auch im UN-Kaufrecht sind Ansprüche des Käufers aus Culpa in contrahendo durch die ausdrücklichen Regeln des Einheitsrechts ausgeschlossen, soweit sie darauf gestützt sind, daß der Verkäufer den Käufer hinsichtlich der Beschaffenheit der Kaufsache falsch oder unvollständig beraten hat.

921 Huber, ZEuP 1994, S. 599.
922 Vgl. oben S. 111 ff.
923 Vgl. hierzu schon zum deutschen Recht oben S. 114.
924 Vgl. nur BGHZ 60, S. 319; 88, S. 134 und oben S. 114 ff.

Der gemäß Art. 35[925] i.V.m. Art. 45 gewährte Schadensersatz wegen unterbliebener Aufklärung über Mängel der verkauften Ware stellt insoweit eine abschließende Regelung dar[926].

Das *deutsche* Recht läßt die Sachmängelhaftung aber auch dann eintreten, wenn "nur" die Gebrauchstauglichkeit der Sache aufgehoben oder zumindest gemindert ist[927].
Die verkaufte Ware selbst ist hier zwar fehlerfrei, sie ist aber für den besonderen Zweck des Käufers ungeeignet und dies hat der Verkäufer bei der Kaufberatung zumindest fahrlässigerweise verschwiegen.

Dieser Sachverhalt ist aber ebenfalls im UN-Kaufrecht ausdrücklich in Art. 35 Abs. 2 lit.b geregelt[928].

Nach Art. 35 Abs. 2 lit. b. haftet der Verkäufer dafür, daß die Ware für den beabsichtigten Gebrauch des Käufers geeignet ist, es sei denn, der Käufer durfte den Verkäufer nicht als sachverständig ansehen.
Dabei genügt es, wenn der Käufer den Bestimmungszweck der gekauften Sache dem Verkäufer irgendwie zur Kenntnis bringt[929].

Demnach deckt die Bestimmung des Art. 35 Abs. 2 lit. b. auch den Fall ab, daß der Verkäufer dem Käufer unrichtige Informationen über Eigenschaften der Kaufsache gibt oder Mitteilungen über Eigenschaften der Ware vorenthält, die für den beabsichtigten Gebrauch von Bedeutung sind[930], so daß hier der Rückgriff auf Ansprüche wegen Verletzung vorvertraglicher Pflichten im UN-Kaufrecht ebenfalls[931] entbehrlich ist.

---

925 Eingehend zu dieser Regelung Aue, S. 69 ff.

926 v.Caemmerer/Schlechtriem-Huber, Art. 45 Rdnr. 56; Staudinger-Magnus, Art. 4 Rdnr. 43; v.Caemmerer/Schlechtriem-Stoll, Art. 74 Rdnr. 10; Soergel-Lüderitz, Art. 4 Rdnr. 6; v.Caemmerer/Schlechtriem-Schlechtriem, vor Artt. 14-24 Rdnr. 6 Fn. 36.

927 Jauernig-Vollkommer, § 459 Anm. II 1; BGH, WM 1984, S. 1092 (1095).

928 v.Caemmerer/Schlechtriem-Huber, Art. 45 Rdnr. 56.

929 Reinhart, Art. 35 Rdnr. 6; v.Caemmerer/Schlechtriem-Schwenzer, Art. 35 Rdnr. 20; Enderlein/Maskow/Strohbach, Art. 35 Anm. 9 f.

930 v.Caemmerer/Schlechtriem-Huber, Art. 45 Rdnr. 56; Soergel-Lüderitz, Art. 4 Rdnr. 6; v.Caemmerer/Schlechtriem-Herber, Art. 4 Rdnr. 23.

931 D.h. wie im deutschen Recht.

Schließlich bleiben aber noch die Fälle denkbar, in denen der Verkäufer den Käufer nicht hinsichtlich der Beschaffenheit oder Eigenschaften der Sache falsch berät, sondern hinsichtlich sonstiger Umstände, die damit nicht unmittelbar etwas zu tun haben, die aber für die geplante Verwendung der Kaufsache für den Käufer trotzdem bedeutsam sind[932].

Hier gewährt der BGH dem Käufer - da die Beratung sich nicht auf "Eigenschaften" der Sache bezieht - einen Schadensersatzanspruch aus Culpa in contrahendo, wenn die Auskunft fehlerhaft war und es bei pflichtgemäßer Beratung nicht zu dem Vertragsschluß gekommen wäre[933]. Insofern trifft den Verkäufer unter bestimmten Umständen eine "Nebenpflicht" zur Beratung des Käufers.
Dieser Anspruch kann nicht nur zur Befreiung von der vertraglichen Bindung, sondern auch - wie oben gezeigt[934] - unter Aufrechterhaltung des Vertrages zur Schadensersatzpflicht des Verkäufers führen.

Auch diese nach *deutschem* Recht dem Anwendungsbereich der Culpa in contrahendo zugeschriebene Verletzung von Aufklärungs- und Informationspflichten sollte im UN-Kaufrecht allein mit Hilfe des Art. 35 Abs. 2 lit.b i.V.m. Art. 45 gelöst werden[935].

Nach dem System des Einheitsrechts handelt es sich auch hier bei problemorientierter Betrachtung weitgehend um eine Frage der "Eignung der Ware für einen bestimmten Zweck", die in Art. 35 Abs. 2 lit.b eine Regelung gefunden hat[936].

---

932 Z.B. die Aufstellung der zu liefernden Maschine an einem bestimmten Platz im Betrieb des Käufers oder die Eignung eines Softwareprogramms für bestimmte betriebliche Zwecke.

933 BGH, NJW 1962, S. 1196; WM 1985, S. 463, 1167; BB 1987, S. 1843

934 Vgl. oben S. 111 f.

935 v.Caemmerer/Schlechtriem-Huber, Art. 45 Rdnr. 56; wohl auch v.Caemmerer/Schlechtriem-Herber, Art. 4 Rdnr. 23 sowie Heilmann, S. 153; nicht ganz klar aber v.Caemmerer/Schlechtriem-Stoll, Art. 74 Rdnr. 10.

936 v.Caemmerer/Schlechtriem-Huber (1. Auflage), Art. 45 Rdnr. 92; Art. 30 Rdnr. 23; Ryffel, S. 127; v. Caemmerer/Schlechtriem-Schwenzer, Art. 35 Rdnr. 19.

Die dem Verkäufer obliegenden Aufklärungspflichten werden nämlich regelmäßig durch den Vertragszweck und den Vertragsgegenstand bestimmt[937] und sollen bewirken, daß die wirtschaftlichen Interessen beider Vertragsparteien in dem abzuschließenden Vertrag angemessene Berücksichtigung finden[938].

Das *deutsche* Recht hat sich in solchen Fällen mit einer "Aufklärungs-(neben)pflicht" im Rahmen der Culpa in contrahendo beholfen, da sich nach der Rechtsprechung - um die Sachmängelhaftung gemäß §§ 459 ff. BGB auslösen zu können - der Fehler auf "Eigenschaften" der Sache beziehen oder die vom Käufer ins Auge gefaßte Verwendung der Ware irgendwie Vertragsinhalt geworden sein muß.
Hier stellt sich in der Tat die Culpa-in-contrahendo-Haftung als probates Mittel dar, die dennoch vorliegende Pflichtverletzung des Verkäufers zu ahnden[939].

Demgegenüber hat das UN-Kaufrecht in Art. 35 Abs. 2 lit. b. die Eignung der Ware für einen bestimmten Zweck ausdrücklich vorgesehen, und zwar unabhängig davon, ob der spezielle Verwendungszweck vertraglich vereinbart wurde oder nicht[940].

Ausreichend ist hier schon, daß ein vernünftiger Verkäufer aus den Umständen den besonderen Gebrauchszweck erkennen konnte, so daß der Verwendungszweck dem Verkäufer nur hinreichend deutlich bekanntgegeben werden muß[941].

---

937 Stoll, FS Ferid, S. 505.

938 Willemsen, AcP 182 (1982), S. 523; Fischer; JZ 1991, S. 170.

939 Vgl. Kreuzer, S. 48 f.; Heilmann, S. 153.

940 Vgl. Schlechtriem, EWiR 1995, S. 569 f.. Der Antrag der deutschen Delegation auf der Wiener Abschlußkonferenz, entsprechend der Auffassung im deutschen Recht einen besonderen Verwendungszweck nur anzuerkennen, wenn er Vertragsgegenstand geworden ist, fand keinen Anklang, vgl. Reinhart, Art. 35 Rdnr. 6; v.Caemmerer/ Schlechtriem-Schwenzer, Art. 35 Rdnr. 20.

941 v.Caemmerer/Schlechtriem-Schwenzer, Art. 35 Rdnr. 21; Staudinger-Magnus, Art. 35 Rdnr. 28; Enderlein/Maskow/Strohbach, Art. 35 Anm. 11; Karollus, S. 117; a.A. Heilmann, S. 180; wohl auch Reinhart, Art. 35 Rdnr. 6 sowie Aue, S. 69.

Da die im Rahmen der Culpa in contrahendo konstruierte "Aufklärungs- bzw. Beratungspflicht" im UN-Kaufrecht insofern schon von Gesetzes wegen besteht[942], bedarf es auch für diese Sachverhaltskonstellation keines Rückgriffs auf ein besonderes Rechtsinstitut.

Darüber hinaus ist folgendes zu beachten: Der Verkäufer soll durch Art. 35 davor geschützt werden, für die Tauglichkeit der Sache zu einem Zweck einstehen zu müssen, von dem er nichts weiß oder wissen muß oder für den er, für den Käufer ersichtlich, nicht sachverständig ist[943]. Diese Bewertung der Parteiinteressen durch das Übereinkommen würde einseitig durchbrochen, wenn man dem Käufer im konkreten Fall den zusätzlichen Rechtsbehelf der Culpa in contrahendo zur Seite stellte[944].
Die diesbezüglichen Vorschriften der Konvention, die in sich geschlossen, kohärent und ausgewogen sind, schließen daher andere Rechtsbehelfe - die in diesem Zusammenhang mithin überflüssig werden - in der Regel aus[945].

Unerheblich bleibt hier selbstverständlich die Tatsache, daß dieses Problem beispielsweise nach *deutschem* Recht nicht der Sachmängelhaftung, sondern dem allgemeinen Vertragsrecht - sprich dem Rechtsinstitut der Culpa in contrahendo - zugeordnet wird[946].

Insoweit ist nur entscheidend, daß die jeweiligen Vorschriften des UN-Kaufrechts eine abschließende Regelung derjenigen faktischen Situationen darstellen, auf die sie sich beziehen, unabhängig davon, welche

---

942 Widmer, Lausanne, S. 94; Enderlein/Maskow/Strohbach, Art. 35 Anm. 13; Staudinger-Magnus, Art. 35 Rdnr. 26.

943 Außerdem soll der Verkäufer gemäß Art. 74 S. 2 davor geschützt werden, für unübersehbare Schadensrisiken zu haften. Schließlich soll durch Art. 39 vermieden werden, daß der Käufer einen abgewickelten Kontrakt wieder in Frage stellt.

944 v.Caemmerer/Schlechtriem-Huber, Art. 45 Rdnr. 47.

945 Niggemann, S. 107; v.Caemmerer/Schlechtriem-Stoll, Art. 74 Rdnr. 8; Staudinger-Magnus, Art. 45 Rdnr. 43; Soergel-Lüderitz, Art. 45 Rdnr. 10.

946 Vgl. auch v.Caemmerer/Schlechtriem-Huber (1. Auflage), Art. 45 Rdnr. 92.

systematische Einordnung die nationalen Rechte im konkreten Fall vornehmen[947].

Im übrigen bietet der in Art. 35 Abs. 2 lit.b geregelte Fall der falschen Information über die Eignung der Ware für einen bestimmten Zweck dem Käufer gegenüber einem Anspruch aus Verschulden bei Vertragsschluß einen nicht zu unterschätzenden Vorteil:
Während die Haftung aus Culpa in contrahendo schuldhaftes Verhalten des Verkäufers voraussetzt, kann im UN-Kaufrecht eine Schadensersatzpflicht entstehen, ohne daß es auf ein Verschulden des Verkäufers ankommt[948].
Insoweit geht die Konvention von einer Garantiehaftung des Schuldners aus[949].

Festzustellen bleibt daher, daß im Rahmen des UN-Kaufrechts bei Verletzung der Aufklärungspflicht seitens des Verkäufers ein Schadensersatzanspruch des Käufers in Geld aus Culpa in contrahendo nicht in Betracht kommt, weil der Sachverhalt insofern durch Art. 35 Abs. 2 lit. b. i.V.m. Art. 45 erfaßt und abschließend geregelt wird[950].

2) Anspruch auf Vertragsanpassung

Hält die getäuschte oder ungenügend aufgeklärte Partei an dem geschlossenen Vertrag fest und berechnet ihren Mehraufwand, so führt dies - zumindest nach *deutschem* Recht - im praktischen Ergebnis dazu,

---

947 Staudinger-Magnus, Art. 45 Rdnr. 43.

948 Piltz, § 1 Rdnr.15.

949 Reinhart, Art. 35 Rdnr. 7. Lediglich der Anspruch auf Schadensersatz entfällt, wenn die ihre Pflichten verletzende Partei sich nach Maßgabe des Art. 79 befreien kann.

950 v.Caemmerer/Schlechtriem-Huber, Art. 45 Rdnr. 56; wohl auch Heilmann, S. 153 f. Ebenso schon für das EKG Kreuzer, S. 35, 49.

daß sich der Kaufpreisanspruch um ihre unnützen Aufwendungen "mindert"[951].
Dabei spielt es im Endeffekt keine Rolle, ob der Geschädigte nur einen geringeren Kaufpreis zahlt oder aber die Rückzahlung des "zuviel Gezahlten" fordert.

Dem Käufer der Ware wird die Herabsetzung der Gegenleistung in dem Verhältnis gestattet, in dem die Leistung des Verkäufers von derjenigen abweicht, die der Käufer aufgrund der Angaben des Verkäufers erwarten konnte[952].
Dies entspricht auch nach *deutschem* Recht dem Fall der Minderung nach § 472 BGB, wonach der vereinbarte Kaufpreis in dem Verhältnis herabgesetzt wird, in dem der Wert der Sache in mangelfreiem Zustand zum wirklichen Wert gestanden hätte.

Auch Art. 50 des UN-Kaufrechts regelt das Rechtsinstitut der Minderung[953] und entspricht dem Anspruch auf Minderung nach *deutschem* Recht gemäß den §§ 462, 472 BGB[954].

Teilweise wird bezweifelt, ob die Minderung überhaupt in das System des UN-Kaufrechts hineinpaßt.

Die Minderung ist ein Rechtsbehelf, der sich auf eine ganz bestimmte Art der Vertragsverletzung, die Warenmängel, bezieht.
Dies widerspricht aber dem dogmatischen Ansatz des Einheitskaufrechts, das - wie oben bereits erwähnt[955] - einem einheitlichen System der Vertragsverletzungen ein einheitliches System der Rechtsbehelfe gegenüberstellt.

---

951 Medicus, Schuldrecht, S. 61; Gottwald, JuS 1982, S. 884; Jauernig-Vollkommer, § 276 Anm. VI. 4.e).

952 BGH, WM 1988, S. 1685 (1688).

953 Art. 46 EKG diente dem UN-Kaufrecht dabei als Vorbild.

954 Vgl. Art. 3 S. 2 des Gesetzes zu dem Übereinkommen der Vereinten Nationen vom 11. April 1980 über Verträge über den internationalen Warenkauf (abgedruckt in: Jayme/Hausmann, Nr. 48 a), sowie Reinhart, Art. 50 Rdnr. 1; Piltz, § 1 Rdnr. 20; Herber/Czerwenka, Art. 50 Rdnr. 2.

955 Vgl. oben Fn. 843.

Das UN-Kaufrecht sieht in jedem Fall nicht ordnungsgemäßer Leistung eine Pflichtverletzung[956], die dem anderen Teil Rechtsbehelfe eröffnet (vgl. Artt. 45 Abs. 1, 61 Abs. 1).
Dabei erstarken diese Rechtsbehelfe regelmäßig aufgrund des bloßen Umstandes, daß der Schuldner die ihm obliegenden Verpflichtungen nicht ordnungsgemäß erfüllt.
Einer Mahnung, Fristsetzung, Ablehnungsandrohung oder ähnlicher Maßnahmen des Gläubigers bedarf es insoweit nicht. Lediglich bei Lieferung vertragswidriger oder rechtsmangelhafter Ware hat der Käufer gewisse Untersuchungs- und Anzeigeobliegenheiten[957].

Für spezielle Vertragsverletzungen sollte es demnach keine speziellen Rechtsbehelfe geben. In dem Fall, in dem gemäß Art. 50 die Minderung erklärt werden kann, wäre es daher dogmatisch korrekter, nur einen Anspruch auf Schadensersatz zu geben, der zumindest wirtschaftlich betrachtet identisch ist[958].

In Abweichung zum *deutschen* Recht ist maßgeblicher Zeitpunkt für die Berechnung der Minderung allerdings nicht der Zeitpunkt des Vertragsabschlusses, sondern derjenige der Lieferung[959].
Ein weiterer Unterschied zeigt sich auch beim Vollzug der Minderung: Während nach §§ 462, 465 BGB die Minderung durch Vertrag, auf dessen Abschluß der Käufer einen Anspruch hat, vollzogen wird, erfolgt die Preisherabsetzung nach Art. 50 durch einseitige rechtsgestaltende Erklärung des Käufers[960].
Schließlich steht dem Käufer - anders als im *deutschen* Recht - neben der Minderung nach Art. 50 in aller Regel auch der konkurrierende

956 So nennt das UN-Kaufrecht sämtliche Arten der Leistungsstörungen.

957 Piltz, § 1 Rdnr. 13.

958 Hutter, S. 169.

959 Reinhart, Art. 50 Rdnr. 3; Herber/Czerwenka, Art. 50 Rdnr. 7. Diesen Zeitpunkt für die Vergleichsrechnung sah auch Art. 46 EKG vor.

960 Herber/Czerwenka, Art. 50 Rdnr. 4; v.Caemmerer/Schlechtriem-Huber, Art. 50 Rdnr. 1.

Rechtsbehelf des Schadensersatzanspruchs gemäß Art. 45 Abs. 1 lit. b zu[961].

Der Grundgedanke der Minderung nach Art. 50 besteht aber ebenfalls darin, daß der Käufer die vom Verkäufer gelieferte mangelhafte Ware behält und daß der geschlossene Kaufvertrag an die veränderte Lage angepaßt wird[962].

Ebenso wie bei der "Minderung" bzw. "Vertragsanpassung" nach den Grundsätzen der Culpa in contrahendo wird hier der Preis der Kaufware herabgesetzt, so als ob von vornherein die nicht erwartungsgerechte bzw. die nicht vertragsmäßige Ware, wie sie der Verkäufer geliefert hat, Vertragsgegenstand gewesen wäre.

Dabei setzt Art. 50 voraus, daß die Ware nicht "vertragsgemäß" im Sinne des Art. 35 ist[963], so daß - wie die obigen Ausführungen zu Art. 35 gezeigt haben[964] - auch die Fälle umfaßt werden, in denen der Verkäufer den Käufer nicht hinsichtlich der Beschaffenheit oder Eigenschaften der Sache falsch berät, sondern hinsichtlich sonstiger Umstände, die damit nicht unmittelbar etwas zu tun haben, die aber für die geplante Verwendung der Kaufsache für den Käufer trotzdem bedeutsam sind.

Damit kann die Culpa in contrahendo aber nach ihrem Sinn und Zweck als lückenfüllendes Rechtsinstitut im UN-Kaufrecht keine Anwendung mehr finden.

Bei der Minderung nach Art. 50 hält der Berechtigte am Vertrag fest, der von ihm zu zahlende Preis wird aber im Verhältnis zum wahren Wert der erbrachten mangelhaften Leistung herabgesetzt.

---

961 Reinhart, Art. 50 Rdnr. 5; Piltz, § 1 Rdnr. 14; Staudinger-Magnus, Art. 50 Rdnr. 30. Das Recht des Käufers, auch andere Rechtsbehelfe geltend zu machen, ist in Art. 45 Abs. 2 ausdrücklich bestimmt.

962 v.Caemmerer/Schlechtriem-Huber, Art. 50 Rdnr. 1; Staudinger-Magnus, Art. 50 Rdnr. 1.

963 Staudinger-Magnus, Art. 50 Rdnr. 8; v.Caemmerer/Schlechtriem-Huber, Art. 50 Rdnr. 4.

964 Vgl. oben S. 228 ff.

Eine andere Funktion erfüllt aber auch der Anspruch auf Vertragsanpassung aus Culpa in contrahendo nicht, denn auch hier wird nur die Äquivalenz zwischen Leistung und Gegenleistung hergestellt[965].

Die Vertragsanpassung im Rahmen der Culpa in contrahendo stellt sich bei problemorientierter Betrachtung insoweit also als eine vom UN-Kaufrecht geregelte Materie dar, als sie im Ergebnis nichts anderes als eine Kaufpreisherabsetzung und damit eine Minderung im Sinne des Art. 50 zu ihrem Regelungsgegenstand macht.

Dies folgt im übrigen schon daraus, daß bei der Vertragsanpassung nach Culpa in contrahendo grundsätzlich derselbe Maßstab anzuwenden ist, den das Gesetz auch für die Minderung des Kaufpreises bei nicht vertragsgemäßer Lieferung vorschreibt (vgl. Art. 50 und § 472 BGB). Diese Übereinstimmung ist im übrigen auch angemessen. Denn die Vorschriften über Minderung (und im BGB auch über Wandelung) sind nichts anderes als gesetzlich typisierte Ansprüche, mit denen das negative Vertragsinteresse in einer den Umständen angepaßten Form geltend gemacht wird[966].

Von einer - für die Anwendbarkeit der Culpa in contrahendo stets erforderlichen - "Lücke" in der Konvention kann somit nicht gesprochen werden, da das UN-Kaufrecht bei funktionaler Betrachtung in Art. 50 diesen Lebenssachverhalt abschließend erfaßt.

Im übrigen spielt es - wie auch im *deutschen* Recht - für den Minderungsanspruch keine Rolle, ob der Käufer einen geringeren Preis zahlt oder den Kaufpreis bereits gezahlt hat und nun einen Anspruch auf Rückzahlung des Differenzbetrages geltend macht[967].

---

965 Nickl, S. 128.

966 Stoll, FS Riesenfeld, S. 285. Zur Kritik an der deutschen Rechtsprechung, die eine Herabsetzung des Kaufpreises auch im Rahmen der Culpa in contrahendo zuläßt, vgl. oben S. 113 ff.

967 Vgl. den ausdrücklichen Wortlaut des Art. 50 S.1

Der Rückgewähranspruch selbst ergibt sich entweder direkt aus Art. 50[968] oder aus der entsprechenden Anwendung des Art. 81 Abs. 2[969].

Festzuhalten bleibt daher, daß der Minderungs- bzw. der Vertragsanpassungsanspruch des Käufers einer Ware in Art. 50 für den internationalen Kauf eine ausdrückliche Regelung erfahren hat und für einen auf dieselbe Rechtsfolge gerichteten Schadensersatzanspruch aus Verschulden bei Vertragsschluß daneben kein Raum mehr bleibt.

Nun könnte aber auch eingewendet werden, bei dem Anspruch auf Herabsetzung des Kaufpreises aus Culpa in contrahendo handele es sich in Wahrheit gar nicht um eine Minderung im Sinne des Art. 50, sondern vielmehr um einen "echten" Schadensersatzanspruch[970].

Anstatt von "Minderung" zu sprechen könnte man das Begehren des Käufers auch als Schadensersatzforderung für die vorangegangene Verletzung einer Aufklärungspflicht des Verkäufers deklarieren.

Wie aber oben bereits dargestellt, ist im Rahmen des UN-Kaufrechts ein Schadensersatzanspruch des Käufers in Geld aus Culpa in contrahendo ebenfalls ausgeschlossen, da die Konvention insoweit abschließende Regelungen bereithält[971].

Demnach kommt auch dann, wenn man einzig auf die Verletzung einer Aufklärungspflicht und den sich anschließenden Schadensersatzanspruch abstellt, eine Haftung nach den Grundsätzen der Culpa in contrahendo nicht in Betracht[972].

Auch für nationale Rechtsbehelfe, die sich auf fahrlässige Falschangaben des Verkäufers anläßlich des Vertragsschlusses stützen, seien sie

---

968 v.Caemmerer/Schlechtriem-Huber, Art. 50 Rdnr. 19.

969 Herber/Czerwenka, Art. 50 Rdnr. 8; Heilmann, S. 449.

970 Jauernig-Vollkommer, § 276 Anm. VI. 4.e), spricht insofern auch von einer "schadensersatzrechtlichen Minderung"

971 Vgl. oben S. 233 ff.

972 So auch Nickl, S. 107 f.

nun auf Culpa in contrahendo oder auf Delikt gegründet, kann neben Art. 35 bzw. Art. 50 kein Platz sein[973].

Ein Rückgriff auf nationales Recht ist insoweit ausgeschlossen, da es sich hierbei um abschließende Regelungen des UN-Kaufrechts handelt[974].

Würde die Gewährung von Rechtsbehelfen, die nach der lex fori nicht als speziell kaufrechtliche qualifiziert werden, Schule machen, so wäre nationalen Rechtsregeln bald Tür und Tor geöffnet.
Ansprüche aus Culpa in contrahendo könnten dann das System der Vertragsabschlußvorschriften oder der vorgesehenen Rechtsbehelfe aus den Angeln heben und die Anwendung des UN-Kaufrechts oder seiner Einzelvorschriften willkürlich beschneiden bzw. verdrängen.

Da in den nationalen Rechten in den verschiedensten Fällen Rechtsbehelfe zur Verfügung stehen, welche die Gültigkeit des Vertrages (Nichtigkeit, Vertragsauflösung, Vertragsanpassung durch Minderung usw.) oder die Aufklärungspflichten der Parteien berühren, wäre die Rechtsvereinheitlichung für Kaufverträge in ihrem Kernbereich gefährdet, wenn es insoweit bei der Qualifikation nach nationalem Recht bliebe.
Die Aufgabe, den Rechtsverkehr bei grenzüberschreitenden Warenkäufen einheitlichen Regeln zu unterwerfen, könnte mithin kaum gelöst werden[975].

Demnach ist eine zusätzliche Anwendung der Regeln der Culpa in contrahendo - etwa mit dem Ziel, die Haftung des Verkäufers noch über den weit gefaßten Rahmen des Art. 35 Abs. 2 lit. b hinaus zu erstrecken

---

973 v.Caemmerer/Schlechtriem-Schwenzer, Art. 35 Rdnr. 47.

974 Reinhart, Art. 45 Rdnr. 10; Staudinger-Magnus, Art. 4 Rdnr. 43 sowie Art. 45 Rdnr. 43; Soergel-Lüderitz, Art. 45 Rdnr. 10 sowie Art. 4 Rdnr. 6; v.Caemmerer/Schlechtriem-Huber, Art. 45 Rdnr. 56; Ryffel, S. 127 ; v.Caemmerer/Schlechtriem-Stoll, Art. 74 Rdnr. 10; v.Caemmerer/ Schlechtriem-Schlechtriem, vor Artt. 14-24 Rdnr. 6 Fn. 36.

975 v.Caemmerer/Schlechtriem-Schlechtriem, Einl. Teil III; Huber, ZEuP 1994, S. 599.

- mit dem Sinn der Regelungen des UN-Kaufrechts unvereinbar und daher unzulässig[976].

Etwas anderes gilt freilich für den Fall, daß der Wille der geschädigten Partei durch Täuschung oder Drohung beeinflußt worden ist. Das UN-Kaufrecht erfaßt nicht das Problem, daß der Vertragsabschlußwille einer Partei bewußt unlauter beeinflußt wird.

Insoweit kann daher nationales Recht zur Anwendung gelangen, da diese Ansprüche des Käufers auf besonderen Umständen beruhen, die über eine bloße Vertragswidrigkeit der Ware hinausgehen[977].

B) Das Fehlen der erforderlichen Vertragsform

Rechtsfragen zu den zu wahrenden Förmlichkeiten bei Abschluß des Kaufvertrages liegen - wie oben bereits dargestellt[978] - innerhalb des Anwendungsbereichs der Konvention.

Das ergibt sich nicht zuletzt aus Art. 11, der sich mit den Formfragen des abzuschließenden Kaufvertrages ausdrücklich befaßt.
Diese Vorschrift normiert das Prinzip der Formfreiheit als allgemeinen Grundsatz[979], so daß der Vertragsabschluß weder einer schriftlichen noch einer anderen besonderen Form bedarf[980].
Dabei gilt dies nach Art. 29 Abs. 1 auch für Änderungen und die Aufhebung von Verträgen[981].

---

976 v.Caemmerer/Schlechtriem-Huber, Art. 45 Rdnr. 56.

977 Staudinger-Magnus, Art. 4 Rdnr. 43; Reinhart, Art. 35 Rdnr. 11; Bonell, RIW 1990, S. 700; v.Caemmerer/Schlechtriem-Schwenzer, Art. 35 Rdnr. 48.

978 Vgl. oben S. 212 ff.

979 Reinhart, Art. 11 Rdnr. 4; Stoffel, Lausanne, S. 60; Staudinger-Magnus, Art. 11 Rdnr. 1.

980 Das Prinzip der Formfreiheit ist im übrigen bewußt in Teil I des Übereinkommens, und nicht in Teil II aufgenommen worden, damit dieser Grundsatz auch für Staaten gilt, die die Anwendung des Teils II durch den Vorbehalt gemäß Art. 92 ausgeschlossen haben, vgl. Herber/Czerwenka, Art. 11 Rdnr. 1.

981 Herber/Czerwenka, Art. 11. Rdnr. 3.

Die von dem Abkommen gewährte Formfreiheit ist für internationale Kaufverträge von besonderer Bedeutung.

Die Vertragsparteien sind aufgrund ihrer oftmals großen räumlichen Distanz zueinander auf besondere moderne Kommmunikationsmöglichkeiten angewiesen, so etwa auf fernmündliche Erklärungen, Fernschreiben oder Übermittlungen via Bildschirmtext.

Wäre es - mangels einheitsrechtlicher Lösung - für die Parteien notwendig, die oft komplizierten Formvorschriften fremder Rechtsordnungen zu ermitteln, so müßte fortlaufend untersucht werden, ob die Nutzung der in ständiger Fortentwicklung stehenden Kommunikationstechniken den jeweils erforderlichen Förmlichkeiten der nationalen Rechtsordnungen noch entspricht.

Auch für Vertragsänderungen, deren Notwendigkeit sich oftmals erst vor Ort bei Durchführung eines Kaufvertrages zeigen kann, ist die Verbindlichkeit formloser Vereinbarungen von großem Vorteil[982].

Ist nun aber für den Abschluß eines internationalen Warenkaufs grundsätzlich keine besondere Form vorgeschrieben[983], so läuft der mit "Formbedürftigkeit des in Aussicht genommenen Vertrages" bezeichnete Tatbestand der Culpa in contrahendo innerhalb des UN-Kaufrechts gewissermaßen "ins Leere"[984].

Denn für die Nichtbeachtung von Förmlichkeiten, deren Einhaltung die Konvention gerade ausdrücklich nicht verlangt, kann schlechterdings keine vorvertragliche Schadensersatzhaftung im Rahmen des Einheitskaufrechts gefordert werden.
Ansonsten würde der im Abkommen statuierte Grundsatz der Formfreiheit ad absurdum geführt werden. Internationale Kaufverträge sollen eben selbst dann gültig sein, wenn sie nach den ansonsten anwendbaren

982 v.Caemmerer/Schlechtriem-Schlechtriem, Art. 11 Rdnr. 4.
983 Herber/Czerwenka, Art. 11 Rdnr. 3; Diedrich, Auslegung, S. 138.
984 Vgl. oben S. 213 f.

nationalen Vorschriften wegen Verstoßes gegen Formvorschriften nichtig wären[985].

Etwas anderes ergibt sich auch nicht aus der Regelung des Art. 12.

Danach ist unter anderem die Formvorschrift des Art. 11 nicht anzuwenden, wenn (wenigstens) einer der Staaten, in denen die Kaufvertragsparteien ihren Sitz haben, den Vorbehalt nach Art. 96 erklärt hat[986]. Bei Nutzung dieser Vorbehaltsmöglichkeit[987] können nationale Formvorschriften in bestimmtem Umfang wieder maßgebend und die grundsätzliche Formfreiheit ausgeschlossen werden[988].

Eine etwaige vorvertragliche Haftung im Rahmen des UN-Kaufrechts "lebt" aber auch in diesem Fall nicht wieder "auf".

Rechtsfolge einer Vorbehaltserklärung nach den Artikeln 12 und 96 ist nämlich lediglich, daß insoweit die Formvorschriften des jeweils anwendbaren nationalen Rechts[989] zur Geltung kommen[990], also eine Regelung außerhalb des UN-Kaufrechts gesucht wird.
Insofern scheidet eine einheitsrechtliche Culpa-in-contrahendo-Lösung ebenfalls von vornherein aus.

Dasselbe gilt im übrigen auch dann, wenn die Parteien ein bestimmtes Formerfordernis im Rahmen der durch Art. 6 garantierten Vertragsfreiheit ausdrücklich vereinbart haben[991].

---

985 Reinhart, Art. 11 Rdnr. 2.

986 Vgl. bereits oben S. 215 f.. Nach Art. 96 kann ein Vertragsstaat die Bestimmungen der Artt. 11, 29 oder gewisse Vorschriften des Teils II durch Erklärung eines Vorbehalts abbedingen.

987 Bislang haben Argentinien, Chile, China, Rußland, die Ukraine, Ungarn und Weißrußland den Vorbehalt erklärt.

988 Vgl. oben S. 215 f.

989 Zum Streit um die Auslegung des Art. 12 vgl. oben Fn. 875.

990 Herber/Czerwenka, Art. 11 Rdnr. 8.

991 Vgl. Herber/Czerwenka, Art. 11 Rdnr. 9 und die Regelung in Art. 29 Abs. 2.

Der mögliche Ausschluß von Normen des UN-Kaufrechts kann nicht dazu führen, der Konvention im Falle des Vereinbarungsbruchs rechtliche Sanktionen zu "entlocken", die sie dann für von ihr im Grundsatz nicht geahndete (Form-)Verletzungen aussprechen müßte.

Abgesehen von der Vorbehaltsmöglichkeit nach Art. 96 wird durch die Bestimmung des Art. 11 darüber hinaus deutlich, daß alle entgegenstehenden nationalen Formvorschriften[992] verdrängt werden, wobei es unerheblich ist, welche Art von Form[993] nach dem nationalen Recht vorgesehen wäre[994].
Denn auch durch die Anwendung nationaler Formvorschriften würde das Ziel einer Rechtsvereinheitlichung konterkariert werden[995].

Knüpft ein nationaler Gesetzgeber daher für die Wirksamkeit einer Erklärung allein an die Form an, so darf er diese Regelung im Geltungsbereich des Wiener Kaufrechts nicht anwenden[996].

---

992 Vgl. die rechtsvergleichende Übersicht oben S. 142 ff. Erstaunlicherweise haben die USA trotz § 2-201 UCC nicht vom Vorbehalt des Art. 96 Gebrauch gemacht, so daß künftig auch nach amerikanischem Recht für internationale Kaufverträge das Statute of Frauds nicht anwendbar ist und das Prinzip der völligen Formfreiheit gilt; vgl. auch Bonell, RabelsZ 58 (1994), S. 35 Fn. 69 sowie Donath, IPRax 1994, S. 333 ff.

993 Z.B. einfache Schriftform oder notarielle Beurkundung usw. Insoweit ist der Begriff der "Form" weit auszulegen. Einbezogen wird damit insbesondere auch die "consideration" des Common Law als förmliche Gültigkeitsvoraussetzung des Kontraktes, vgl. Staudinger-Magnus, Art. 11 Rdnr. 9 und v.Caemmerer/Schlechtriem-Schlechtriem, Art. 11 Rdnr. 11.

994 Reinhart, Art. 11 Rdnr. 9. Art. 11 S. 2 sichert die materielle Formfreiheit im übrigen auch prozeßrechtlich ab: die Wirksamkeit des Vertrages darf nicht dadurch in Frage gestellt werden, daß im Prozeß nur bestimmte Formen des Beweises zugelassen werden, vgl. hierzu insbesondere die Formvorschriften des romanischen und anglo-amerikanischen Rechtskreises, ferner Staudinger-Magnus, Art. 11 Rdnr. 5; v.Caemmerer/Schlechtriem-Schlechtriem, Art. 11 Rdnr. 12; Herber/Czerwenka, Art. 11 Rdnr. 6.

995 Staudinger-Magnus, Art. 11 Rdnr. 4. Etwas anderes kann freilich dann gelten, wenn das Schriftformerfordernis von den Kaufvertragsparteien im Rahmen der durch Art. 6 garantierten Vertragsfreiheit vereinbart wurde. Dann ist eine dagegen verstoßende mündliche Vereinbarung, insbesondere über die Aufhebung oder Abänderung des Kontraktes , im Zweifel unwirksam. Hier kann gegebenenfalls auf nationale Rechtsbehelfe zurückgegriffen werden.

996 Herber/Czerwenka, Art. 11 Rdnr. 4.

Als Ergebnis ist daher festzustellen, daß das UN-Kaufrecht sämtliche bei UN-Kaufverträgen zu beachtende Förmlichkeiten in Art. 11 abschließend regelt[997] und ein lückenfüllendes Eingreifen des Rechtsinstituts der Culpa in contrahendo im Hinblick auf auftauchende Formfragen ausscheiden muß.

C) Der Abbruch von Vertragsverhandlungen[998]

Macht eine Partei im Laufe der Vertragsverhandlungen Aufwendungen, die im Zusammenhang mit dem erstrebten Kaufvertrag stehen, oder unterläßt sie im Vertrauen auf den baldigen Vertragsschluß den Abschluß eines gleichartigen Geschäfts mit einem Dritten, so stellt sich die Frage, ob und gegebenenfalls unter welchen Voraussetzungen das UN-Kaufrecht eine Schadensersatzhaftung aus Culpa in contrahendo für den unterbliebenen Vertragsschluß gewährt.

Zu untersuchen ist hier zunächst der Regelungsgehalt einzelner Vorschriften des UN-Kaufrechts, aus denen sich ergeben könnte, daß die Haftung für den Abbruch von Vertragsverhandlungen - eventuell auch "versteckt" - positiv oder negativ geregelt worden ist.

Nicht zu folgen vermag ich in diesem Zusammenhang der Vorgehensweise *Bonells*[999], der den Inhalt der Pflichten der Partner während der vorkonsensualen Phase ohne weiteres mittels rechtsvergleichender Betrachtung zu bestimmen sucht[1000].

Denn der erste Blick muß sich zunächst auf die Konvention selbst und die in ihr getroffenen Aussagen und Regelungen richten, bevor auf nationale Rechtsgrundsätze zurückgegriffen wird.

---

997 Piltz, § 2 Rdnr. 120.

998 Vgl. oben S. 133 ff.

999 Bonell, RIW 1990, S. 700 f.

1000 Vgl. auch oben S. 220 ff.

Die Suche vorvertraglicher Verhaltenspflichten im Rahmen des UN-Kaufrechts sollte insofern nicht außerhalb, sondern vielmehr innerhalb des Abkommens beginnen.

Dabei wird sich letztlich auch zeigen, daß sich zumindest die Regelungssystematik des UN-Kaufrechts im Hinblick auf Verhaltenspflichten im vorvertraglichen Bereich durchaus als ergiebig erweist und die Zuhilfenahme der Methodik der Rechtsvergleichung - zumindest in diesem Bereich - obsolet werden läßt[1001].

Eine konkrete Vorschrift des UN-Abkommens, die das Problem des Scheiterns von Vertragsverhandlungen ausdrücklich behandelt, existiert nicht.

Insbesondere läßt sich diesbezüglich nichts aus Art. 8 Abs. 3 herleiten, da diese Regelung nur die Auslegung der Erklärungen und des sonstigen rechtlich relevanten Verhaltens der Partner betrifft[1002] und auch nur in diesem Zusammenhang auf die Verhandlungen zwischen den Parteien verweist.

Insofern können sich aus den Vorverhandlungen nur Indizien für die Frage ergeben, wie der Offerent den materiellen Inhalt seines Angebots verstanden wissen wollte und wie ihn der Empfänger verstehen mußte. Denn besonders bei längerer Dauer von Verhandlungen kann sich bezüglich einiger Vertragspunkte bereits ein gemeinsames Verständnis der Parteien gebildet haben, das im Wortlaut des Angebots nur ungenügend zum Ausdruck kommt. Dieses Verständnis ist dann im Rahmen der Auslegung gemäß Art. 8 Abs. 3 zu berücksichtigen[1003].

Insgesamt lassen sich aus dem Auslegungssystem der Art. 8 f. aber keine Anhaltspunkte für eine anspruchsbegründende Verletzung vorvertraglicher Pflichten ableiten, weil dort zwar die Interpretation bestimmter Verhaltens- und Erklärungsweisen der Parteien aus der Perspek-

---

1001 Siehe unten S. 268 ff.

1002 Vgl. Enderlein/Maskow/Strohbach, Art. 8 Anm. 1 und schon oben S. 223.

1003 Mouly, Colloque, S. 57 Fn. 2.

tive des vernünftigen Erklärungsadressaten festgelegt ist, nicht aber vorvertragliche Verhaltensgebote statuiert werden[1004].

D) Zusammenfassung und Stellungnahme

Für einige Teilbereiche der vorvertraglichen Haftung, die nach Art. 4 grundsätzlich in den Anwendungsbereich der Konvention fallen, hält das UN-Kaufrecht ausdrücklich eigene Regelungen und Rechtsfolgen parat.

Da das Bestehen einer "Lücke" aber Grundvoraussetzung für eine Haftung aus Verschulden bei Vertragsschluß ist, können Schadensersatzpflichten aus dem Rechtsinstitut der Culpa in contrahendo im Rahmen des UN-Kaufrechts insoweit nicht entstehen.

Dies gilt zunächst für die Verletzung von Aufklärungspflichten, die insbesondere im *deutschen* Recht einen Hauptanwendungsfall des Verschuldens bei Vertragsschluß darstellt.

Das kann nicht weiter verwundern, finden sich doch im BGB nur wenige Hinweise auf Entstehung und Umfang solcher konkreten Informationspflichten der Kaufvertragsparteien.
Das liegt daran, daß sich die Gewährleistungsvorschriften nur auf Mängel der verkauften Ware beziehen und nur in diesem Zusammenhang eine Haftung dann vorsehen, wenn der Istzustand der gelieferten Sache von ihrem vertraglich vorausgesetzten Sollzustand für den Käufer nachteilig abweicht[1005].
Weist die Kaufsache aber keinen Fehler im Sinne der §§ 459 ff. BGB auf und klärt der Verkäufer nicht ausreichend über andere Umstände auf, die sich nicht direkt auf die Tauglichkeit der Sache beziehen, so stellen die Gewährleistungsregeln keinen Rechtsbehelf für den in seiner Erwartung enttäuschten Käufer bereit.

1004 Wey, S. 112.

1005 Jauernig-Vollkommer, § 459 Anm. II 1. : sog. "subjektiver Fehlerbegriff".

In diesem Fall erweist sich eine mit einer Schadensersatzpflicht bewehrte vorvertragliche Aufklärungspflicht für den geschädigten Teil als sinnvoll und angebracht.

Anders das UN-Kaufrecht: Nach Art. 35 Abs. 2 lit. b entspricht die Ware dem Vertrag nur, wenn sie sich für einen bestimmten Zweck eignet, der dem Verkäufer bei Vertragsabschluß ausdrücklich oder auf andere Weise zur Kenntnis gebracht wurde (...).

Daraus ergibt sich, daß eine vertragliche - ausdrückliche oder stillschweigende - Vereinbarung über einen bestimmten Gebrauchszweck nicht getroffen sein muß[1006], mithin also der innerhalb der Culpa in contrahendo bestehende Problemkreis der "Verletzung einer Aufklärungs(neben)pflicht" im UN-Abkommen ausdrücklich normiert wurde.

Daß ein solch spezieller, vom gewöhnlichen abweichender Gebrauchszweck dem Verkäufer - will man ihn später zur Rechenschaft ziehen - bei Vertragsschluß irgendwie bekannt sein muß oder zumindest bekannt sein müßte, versteht sich dabei von selbst.

Besteht aber die "Aufklärungs- bzw. Beratungspflicht" im UN-Kaufrecht gemäß Art. 35 Abs. 2 lit. b. schon kraft Gesetzes, so bedarf es für die Fälle der Verletzung dieser Pflichten keines Rückgriffs auf das Rechtsinstitut der Culpa in contrahendo.

Die Regelung des Art. 35 Abs. 2 lit.b läßt insoweit vermuten, daß bei der Ausarbeitung der Konvention Schwächen und Versäumnisse anderer nationaler Rechtsordnungen - so auch die des *deutschen* BGB - in die Überlegungen aufgenommen und entsprechend klarere Vorschriften in das UN-Kaufrecht integriert wurden. Dies ist die Chance, die jedes neu zu schaffende Gesetzeswerk nutzen sollte.

Gleiches gilt im übrigen für die Haftungsgruppe der "Verletzung der erforderlichen Vertragsform".

[1006] Herber/Czerwenka, Art. 35 Rdnr. 5.

Hier bringt insbesondere die Regelung in Art. 11 mit aller Deutlichkeit zum Ausdruck, daß das UN-Kaufrecht in Bezug auf etwaig zu wahrende Formalitäten beim Vertragsschluß "das letzte Wort" im Sinne grundsätzlicher Formfreiheit gesprochen hat[1007].
Für Ansprüche aus Culpa in contrahendo wegen Mißachtung der notwendigen Vertragsform bleibt daher im Einheitsrecht kein Raum.

Hinsichtlich der Fallgruppe des "Abbruchs von Vertragsverhandlungen" lassen sich indes innerhalb des UN-Kaufrechts keine diesen Problemkreis ausdrücklich regelnden Vorschriften - vergleichbar etwa den oben in Bezug auf die Verletzung von Aufklärungs- bzw. Formvorschriften dargestellten Artt. 35, 11 - finden.

Insbesondere die ausdrückliche Erwähnung von Vertragsverhandlungen in Art. 8 Abs. 3 kann in diesem Zusammenhang nicht als abschließende Regelung des UN-Kaufrechts verstanden werden, da durch diese Bestimmung lediglich eine Interpretationshilfe bei der Auslegung von Erklärungen gegeben werden soll.

Als Ergebnis bleibt somit festzuhalten :
Ansprüche aus Culpa in contrahendo, sei es wegen Verletzung vorvertraglicher Aufklärungspflichten, sei es wegen des Fehlens einer besonderen Vertragsform, können im Rahmen des UN-Kaufrechts nicht geltend gemacht werden, da die Konvention die von diesen Tatbeständen angesprochenen Lebenssachverhalte durch konkrete Bestimmungen bereits abschließend erfaßt und regelt.

Die einzige zur weiteren Untersuchung verbleibende Fallgruppe vorvertraglicher Haftung ist daher die des "Abbruchs von Vertragsverhandlungen".

1007 Daran kann auch die mögliche Vorbehaltserklärung nach Artt. 12, 96 nichts ändern.

VII) Der Tatbestand des "Abbruchs von Vertragsverhandlungen" im Vertragsabschlußsystem des UN-Kaufrechts

Die Tatsache, daß der Abbruch von Vertragsverhandlungen innerhalb des Regelungsbereiches des Wiener Kaufrechts liegt und in der Konvention keine spezielle ausdrückliche Regelung erfahren hat, führt zu dem Schluß, daß das UN-Kaufrecht in diesem Zusammenhang "lückenhaft" ist.

Bevor jedoch gemäß Art. 7 Abs. 2 zur Schließung dieser "Lücke" auf die allgemeinen Grundsätze des Übereinkommens zurückgegriffen wird, muß zunächst überprüft werden, ob der Problemkreis des "Abbruchs von Vertragsverhandlungen" nicht mit Hilfe vorrangiger Auslegungsmethoden, beispielsweise mittels der Grundsätze der Analogie, des "argumentum e contrario" oder des "argumentum a maiore ad minus", unmittelbar aus dem Text oder zumindest aus der Regelungssystematik des Abkommens einer einheitsrechtlichen Lösung zugeführt werden kann[1008].

Erst wenn insoweit feststeht, daß es sich bei diesem Tatbestand der Culpa in contrahendo um eine Materie handelt, deren Ordnung man dem "Zusammenspiel" einzelner Bestimmungen bzw. der Systematik des UN-Kaufrechts nicht entnehmen kann, bleibt der "Ausweg" über die Ermittlung genereller Prinzipien der Konvention.

A) Die Vertragsabschlußregeln des UN-Kaufrechts

Die Regeln des UN-Abkommens über das Zustandekommen von Verträgen spielen für das hier interessierende Problem eine besondere Rolle, denn schließlich steht der Verhandlungsabbruch mit dieser Materie in engem Zusammenhang[1009].

[1008] Siehe zu diesem methodischen Prüfungsschritt oben S. 63

[1009] Siehe oben S. 221 f..

Das folgt nicht nur aus der Tatsache, daß die Verhandlungsphase dem Kaufvertragsabschluß unmittelbar vorausgeht, sondern auch daraus, daß eine tatbestandliche Voraussetzung für einen Anspruch aus Culpa in contrahendo wegen des Verhandlungsabbruchs die Feststellung ist, daß das Verhalten der beiden Parteien (noch) nicht als Vertragsschluß gewertet werden kann[1010].

Die Klärung der Frage, wie das UN-Kaufrecht die Rechtsstellung des Offerenten ausgestaltet hat, kann somit wertvolle Anhaltspunkte dafür liefern, welchen Schutz das Abkommen den Parteien in der Kontrahierungsphase gewähren will.

Teil II des UN-Abkommens enthält Vorschriften über das Zustandekommen des Kaufvertrages einschließlich der Wirksamkeit und der Tragweite der Vertragserklärungen, wobei allerdings nur der "äußere Konsens" zwischen den Parteien erfaßt wird[1011].
Die Artikel 14-17 regeln das Angebot (insbesondere auch dessen Rücknahme bzw. Widerruf), Artikel 18-23 die Annahme und Artikel 24 schließlich die Voraussetzungen, unter denen eine Willenserklärung als zugegangen anzusehen ist.

Im übrigen kann ein Vertragsstaat gemäß Art. 92 zum Zeitpunkt seines Beitritts erklären, daß Teil II des Abkommens für ihn nicht verbindlich ist[1012].

Die Erklärung eines solchen Vorbehalts hat zur Folge, daß die Frage, ob ein Vertrag mit einer Partei, die ihren Geschäftssitz im Vorbehaltsstaat hat, zustande kommt, sich nach den Regeln des internationalen Privatrechts richtet[1013].
Dementsprechend sind die Teile II und III des UN-Kaufrechts - insbesondere auf Wunsch der skandinavischen Staaten - so gefaßt worden, daß sie auch unabhängig voneinander funktionsfähig sind und ein Staat

---

1010 Nickl, S. 155, 159.

1011 Vgl. schon oben S. 195.

1012 Von dieser Möglichkeit haben bislang Dänemark, Finnland, Norwegen und Schweden Gebrauch gemacht. Vgl. auch oben S. 53 f.

1013 Bonell, RIW 1990, S. 694.

trotz des Vorbehalts nach Art. 92 das UN-Kaufrecht auch ohne Teil II der Konvention einführen kann[1014].

Soweit im folgenden kurz auf das Vertragsabschlußsystem des UN-Kaufrechts eingegangen wird, weil die hier interessierenden Probleme eines Verschuldens bei Vertragsschluß durch Abbruch der Verhandlungen zu diesem Regelungskomplex eben in besonderer - zeitlicher wie dogmatischer - Beziehung stehen, werden in verstärktem Maße die Vertragsabschlußregelungen des *deutschen* Rechts den einheitsrechtlichen Bestimmungen gegenübergestellt, um die spezifische Gesetzessystematik der Konvention besser verdeutlichen zu können[1015].

1) Grundsätze des Vertragsabschlusses

Wie schon das EAG geht das Wiener Kaufrecht vom "klassischen" Konzept des Vertragsschlusses durch Angebot und Annahme aus[1016]. Damit sind - wie im BGB - zwei gegenüber den Vertragsverhandlungen deutlich abgrenzbare, ihnen zeitlich nachgeordnete zugangsbedürftige Willenserklärungen der Vertragsparteien erforderlich[1017].

Der Vertragsschluß durch Angebot und Annahme ist im Bereich des internationalen Warenkaufs, der zumeist Distanzkauf ist, der Regelfall[1018] und das UN-Kaufrecht geht davon aus, daß diese vertragskonstitutiven Erklärungen auch in einem langen Verhandlungsprozeß, in dem sich die Parteien schrittweise näher kommen und einig werden, auszumachen sind[1019].

1014 Schlechtriem, UN-Kaufrecht, S. 34.

1015 Gleichwohl ist an späterer Stelle auf die Besonderheiten auch der übrigen Rechtskreise einzugehen, vgl. hierzu unten S. 282 ff.

1016 Eörsi, S. 44; Ludwig, S. 292; Farnsworth, Formation, 3-5; v.Caemmerer/Schlechtriem-Schlechtriem, vor Artt. 14-24 Rdnr. 2.

1017 Su, S. 14; Schlechtriem, UN-Kaufrecht, S. 34.

1018 Stern, S. 15.

1019 Schlechtriem, UN-Kaufrecht, S. 34.

An dieser traditionellen Konzeption des Vertragsschlusses und ihrer Beibehaltung im Wiener Einheitsrecht ist allerdings teilweise heftige Kritik geübt worden, weil es häufig auch Konstellationen gebe, die sich nicht problemlos in das Ablaufschema von Angebot und Annahme bringen ließen[1020].

Dabei dachte man insbesondere an den mündlichen Abschluß nach Vertragsverhandlungen, die später ohne rekonstruierbare Zäsur in die Einigung übergehen, an die Unterzeichnung einer einheitlichen Urkunde durch Anwesende oder auch an Kreuzofferten[1021].

Diese vom konventionellen System abweichende Vertragsabschlußmechanismen sollten aber meines Erachtens nicht überbewertet werden.
In der Regel wird es auch im grenzüberschreitenden Verkehr möglich sein, Angebot und Annahme festzustellen und auseinander zu halten, zumal durch die Berücksichtigung von Erklärungsverhalten und seiner Bedeutung[1022] die Möglichkeit eröffnet wird, Unklarheiten und Unstimmigkeiten in den Erklärungen der Parteien durch ein Verhalten, das Übereinstimmung zum Ausdruck bringt, zu "heilen"[1023].
Demnach sind auch nicht unter das "klassische" Konzept fallende Vertragsabschlüsse ohne weiteres unter das Vertragsabschlußverfahren des UN-Kaufrechts zu subsumieren[1024].

Damit steht aber auch gleichzeitig fest, daß das Vertragsabschlußsystem der Artt. 14 ff. eine abschließende Regelung darstellt und beispielsweise nicht durch den Rückgriff auf nationale Rechte, die andere Formen der Konsensbildung vorsehen, ergänzt werden kann[1025].

[1020] Bydlinski, S. 60; Schlechtriem, UN-Kaufrecht, S. 34.

[1021] Stern, S. 15; Bydlinski, S. 60 f.

[1022] Vgl. Art. 8 Abs. 1 und 2, sowie Art. 18 Abs. 1 für die Annahmeerklärung. Siehe auch v.Caemmerer/Schlechtriem-Schlechtriem, vor Artt. 14-24 Rdnr. 5.

[1023] Schlechtriem, UN-Kaufrecht, S. 35.

[1024] Ludwig, S. 294; Herber/Czerwenka, vor Art. 14 Rdnr. 16.

[1025] Schlechtriem, UN-Kaufrecht, S. 35; Rehbinder, S. 166; Stern, S. 15; Ludwig, S. 294 f.; Staudinger-Magnus, Art. 4 Rdnr. 13. A.A. Huber, RabelsZ 43 (1979), S. 445 ff (Behandlung anderer Vertragsabschlußformen nach nationalem Recht).

2) Angebot und Annahme

a) Angebot

Der Begriff des Angebots ist im UN-Kaufrecht - insofern abweichend vom BGB - in Art. 14 Abs. 1 ausdrücklich definiert.
Danach versteht man unter einem "Angebot" einen Vorschlag zum Abschluß eines Vertrages, der erstens bestimmt genug ist und zweitens den Willen des Anbietenden zum Ausdruck bringt, im Falle der Annahme gebunden zu sein[1026].

Für das Bestimmtheitserfordernis ist in Art. 14 Abs. 1 S. 2 eine erläuternde Vorschrift gegeben, wonach es erfüllt ist, wenn die Ware benannt und Menge sowie Preis ausdrücklich bezeichnet sind oder sich aus dem Angebot herleiten lassen.
Damit wird bei der Regelung der Offerte das wichtige Prinzip aufgestellt, daß die Ware und - was international umstritten war[1027] - auch der Preis rechtsgeschäftlich bestimmt oder zumindest bestimmbar sein müssen[1028].

Dabei wird allerdings insbesondere das Erfordernis der festen Preisbestimmung als unangebracht kritisiert[1029].

1026 Honnold, Uniform Law, S. 160; Farnsworth, Formation, 3-5; v.Caemmerer/ Schlechtriem-Schlechtriem, Art. 14 Rdnr. 1.

1027 Sämtliche Vorschläge, diese Textpassage zu streichen, scheiterten am Widerstand der Sowjetunion. Auch Frankreich, das in Art. 1591 Code civil das pretium-certum-Erfordernis verankert hat, und einer Reihe von Entwicklungsländern, die eine Benachteiligung durch die Intransparenz des Preises fürchteten, schlossen sich der sowjetischen Haltung an (vgl. Schlechtriem, UN-Kaufrecht, S. 37; Stern, 16 Fn. 13; Rehbinder, S. 156).

1028 Bydlinski, S. 62.

1029 Im deutschen Recht kann es gemäß § 315 BGB dem Verkäufer oder einem Dritten überlassen sein, den Preis nach "billigem Ermessen" zu bestimmen, wenn eine ausdrückliche Preisvereinbarung fehlt. In diesem Fall wird der Preis als "bestimmbar" angesehen, so daß der Vertrag bei fester Bestellung auch ohne Preisbestimmung zustande kommen kann.

Es werde insofern nicht beachtet, daß es durchaus Fälle geben könne, in denen die Parteien aufgrund besonderer Umstände (Eilbedürftigkeit[1030] oder Vertrauen in die Seriösität des Verkäufers) auf ausdrückliche oder stillschweigende Preisabsprachen verzichten[1031].
Unbefriedigend erscheine es außerdem, daß der Besteller sogar noch nach Ingebrauchnahme der Sache sich auf den Standpunkt stellen könne, daß ein Vertrag nicht abgeschlossen sei, wenn er mit der bei ihm eingehenden Rechnung nicht einverstanden sei.
Indes dürften die beschriebenen Fälle in der Praxis, die sich regelmäßig der zahlreichen Möglichkeiten der Fernkommunikation bedient, eher selten vorkommen[1032].

Erstaunlicher erweist sich meines Erachtens vielmehr der Widerspruch des Bestimmtheitserfordernisses zu der Vorschrift des Art. 55, der die Möglichkeit eines Vertragsabschlusses ohne Bestimmung oder Bestimmbarkeit des Preises voraussetzt, indem er gestattet, daß in Ermangelung einer ausdrücklichen oder stillschweigenden Vereinbarung über den Kaufpreis oder seiner Ermittlung auf den in diesem Handel üblichen Preis ausgewichen wird[1033].

Erklären läßt sich dieser Widerspruch mit der den Vertragsstaaten eingeräumten Möglichkeit nach Art. 92, nicht das gesamte Kaufrecht ins innerstaatliche Recht zu übernehmen, sondern auch entweder nur das Abschlußrecht oder nur das materielle Kaufrecht jeweils in Verbindung mit den allgemeinen Bestimmungen.

Wird lediglich das materielle Kaufrecht übernommen, so ist auf den Vertragsabschluß nur nationales Recht anzuwenden, nach dem unter Umständen die Preisbestimmtheit nicht Voraussetzung ist. Dem muß aber der materiellrechtliche Teil Rechnung tragen und - mit Hilfe von

---

[1030] Z.B. bei der schnellen Beschaffung von Ersatzteilen oder beim Ausfalle einer Produktionsmaschine, vgl. Honnold, Uniform Law, S. 163.

[1031] Schlechtriem, UN-Kaufrecht, S. 37.

[1032] Rehbinder, S. 157.

[1033] A.A. Neumayer, FS Lorenz, S. 749 ff., der einen Widerspruch zwischen Art. 14 und Art. 55 mit interessanten Argumenten leugnet.

Art. 55 - Vorkehrungen treffen, welcher Preis in diesen Fällen als vereinbart gilt[1034].

Teilweise wird angenommen, Art. 55 gelte demnach nur für solche Staaten, die Teil II des Abkommens nicht übernommen haben, während diese Bestimmung bei Geltung des Teils II funktionslos bleibe[1035].
Nach anderer Auffassung müsse zunächst geprüft werden, ob die Parteien des geschlossenen Kaufvertrages die dispositive Vorschrift des Art. 14 Abs. 1 S. 2 gemäß Art. 6 eventuell stillschweigend abbedungen haben.
Erst wenn ein solcher Ausschluß nicht festgestellt werden könne, bleibe die Bestimmung des Art. 55 unanwendbar[1036].

Neben dem Bestimmtheitserfordernis ist auch der Bindungswille des Offerenten begriffswesentliches Merkmal der Offerte gemäß Art. 14 Abs. 1[1037].

Während allerdings nach § 145 BGB mit dem Angebot ein Bindungswille an das Angebot selbst zum Ausdruck gebracht werden muß, kann sich im UN-Kaufrecht der Bindungswille des Offerenten nicht auf die Offerte als solches beziehen, weil gemäß Art. 16 grundsätzlich auch das bereits zugegangene Angebot noch widerrufbar ist[1038].

Unter dem Bindungswillen im Sinne des Art. 14 Abs. 1 versteht man daher vielmehr einen "Vertragsabschlußwillen", der erkennen läßt, daß der Anbietende für den Fall der Annahme der Offerte an den damit zustandegekommenen Vertrag gebunden sein will[1039].

1034 Stern, S. 17; Schlechtriem, UN-Kaufrecht, S. 37. Insbesondere die skandinavischen Staaten waren daher an einer solchen Regelung interessiert.

1035 Bydlinski, S. 63. Wohl auch Eörsi, S. 47.

1036 Reinhart, Art. 55 Rdnr. 3; Art 14 Rdnr. 5; Herber/Czerwenka, Art. 55 Rdnr. 5; Art. 14 Rdnr. 6; Stoffel, Lausanne, S. 63 f.; Piltz, § 3 Rdnr. 26.

1037 v.Caemmerer/Schlechtriem-Schlechtriem, Art. 14 Rdnr. 12.

1038 Piltz, § 3 Rdnr. 29.

1039 Ludwig, S. 298; 368; Piltz, § 3 Rdnr. 29; Herber/Czerwenka, Art. 14 Rdnr. 8. Von einem fehlenden Bindungswillen muß insbesondere ausgegangen werden bei der bloßen Übersendung von Preislisten, Katalogen bzw. Werbebroschüren oder bei der Bezeichnung des Vorschlags als "freibleibend".

Der Vertragsabschlußwille hat demnach mit der Bindung an das Angebot und der daraus folgenden Unwiderruflichkeit der Offerte nichts zu tun, da letztere der gesonderten Regelung des Art. 16 vorbehalten bleibt[1040].

In engem Zusammenhang mit dem Bindungswillen des Offerenten steht die Regelung des Art. 14 Abs. 2.

Art. 14 Abs. 1 sieht nur Erklärungen als Angebot an, die an eine oder mehrere bestimmte Personen gerichtet sind.
Demgegenüber gilt nach Art. 14 Abs. 2 ein Vorschlag, der an einen unbestimmten Personenkreis gerichtet ist ("Publikumsofferte") grundsätzlich nur als invitatio ad offerendum[1041].

Diese Differenzierung erklärt sich daraus, daß bei Erklärungen an einen unbestimmten Personenkreis der Bindungswille zweifelhaft sein kann. Damit ein Angebot angenommen werden kann, werden daher deutliche Anhaltspunkte für das Vorliegen eines Bindungswillens gefordert.
Demnach wird bei einer Erklärung an einen bestimmten Personenkreis mangels gegenteiliger Anhaltspunkte das Vorliegen einer Offerte vermutet, während bei Erklärungen an einen unbestimmten Personenkreis das Nichtvorliegen eines Angebots angenommen wird, wenn nicht das Gegenteil deutlich zum Ausdruck gebracht wird.

Das Angebot wird schließlich wirksam, sobald es dem Empfänger zugegangen ist (Art. 15 Abs. 1)[1042].

1040 Stern, S. 18; v.Caemmerer/Schlechtriem-Schlechtriem, Art. 14 Rdnr. 12.

1041 Reinhart, Art. 14 Rdnr. 6; Mouly, Colloque, S. 61 f, v.Caemmerer/ Schlechtriem-Schlechtriem, Art. 14 Rdnr. 15.

1042 Die Zugangstheorie gilt auch für die Annahme (Art. 18 Abs. 2 S. 1), für die Rücknahme bzw. den Widerruf des Angebots (Art. 15 Abs. 2 und Art. 16 Abs. 1) sowie für die Ablehnung der Offerte (Art. 17) und die Rücknahme der Annahme (Art. 22). Lediglich für die Beanstandung unwesentlicher Abweichungen vom Angebot gemäß Art. 19 Abs. 2 und die Erklärung des Offerenten bei verspäteter Annahme nach Art. 21 ist als maßgeblicher Zeitpunkt die Absendung der Erklärung festgelegt ("Absendetheorie"; vgl. Ludwig, S. 303).

Der Zugang eines Angebots, aber auch der der Annahme oder einer sonstigen Willenserklärung wird in Art. 24 näher geregelt. Danach "geht" eine Offerte dem Empfänger "zu", wenn sie ihm mündlich gemacht wird oder wenn sie ihm auf anderem Weg persönlich (...) zugestellt wird[1043].

b) Annahme

Die Annahme eines Vertragsangebots erfolgt grundsätzlich durch Erklärung oder ein sonstiges Verhalten des Empfängers, das eine Zustimmung zum Angebot ausdrückt (Art. 18 Abs. 1).

Neben einer ausdrücklichen Willenserklärung wird mit der Erwähnung des "sonstigen, eine Zustimmung ausdrückenden Verhaltens" auch das schlüssige Verhalten als Annahmeerklärung gewertet[1044].

Ob ein Verhalten als konkludente Annahme der Offerte anzusehen ist, läßt sich dabei regelmäßig mit Hilfe der Auslegungsregel des Art. 8 bestimmen, wobei allerdings Art. 18 Abs. 1 S. 2 klarstellt, daß dem bloßen Schweigen bzw. der bloßen Untätigkeit keine Erklärungsbedeutung zukommt[1045].
Letzteres dient insbesondere dem Schutz des Offertenempfängers vor Überrumpelung, etwa im Falle der Zusendung unbestellter Waren[1046].

Zu beachten bleibt aber, daß sich - trotz der Regelung des Art. 18 Abs. 1 S. 2 - bei Hinzutreten besonderer Umstände[1047] ergeben kann, daß ei-

---

1043 Zu den verschiedenen Formen und Problemen des Zugangs vgl. nur Piltz, § 3 Rdnr. 33 ff. und Ludwig, S. 302 ff.

1044 Schlechtriem, UN-Kaufrecht, S. 40; Bydlinski, S. 67.

1045 Bydlinski, S. 67; Rehbinder, S. 161.

1046 Beim Zusenden unbestellter Waren könnte die Nichtzurücksendung - und damit das Schweigen auf das Angebot - als Annahme gewertet werden (vgl. hierzu Jauernig-Jauernig, § 146 Anm. 2. a).

1047 Beachtung erlangt in diesem Zusammenhang insbesondere die Auslegungsregelung des Art. 8 Abs. 3. Zu berücksichtigen sind hier aber auch die in Art. 9 angesprochenen Gebräuche und Gepflogenheiten und die Tatsache, daß die

nem schweigenden Verhalten ausnahmsweise doch Erklärungsbedeutung beigemessen wird[1048].

Eine dem § 151 BGB entsprechende Regelung enthält die Vorschrift des Art. 18 Abs. 3, wonach die Annahme unter bestimmten Umständen - Verzicht, Gepflogenheiten und Gebräuche - durch bloße Betätigung des Annahmewillens ohne Annahmeerklärung gegenüber dem Offerenten erfolgen kann[1049].
Die Annahme ist dann bereits zum Zeitpunkt der Vornahme dieser Annahmehandlung wirksam[1050], so daß es für den Vertragsschluß einer gesonderten Unterrichtung des Antragenden von der Annahmehandlung nicht mehr bedarf[1051].

Hervorzuheben bleibt noch, daß die *deutsche* Regel des § 147 Abs. 1 S. 1 BGB, nach der ein mündliches Angebot nur sofort angenommen werden kann, im UN-Kaufrecht dergestalt abgemildert ist, daß der Empfänger der Offerte, wenn es sich aus den Umständen ergibt, eine Überlegungsfrist haben soll (vgl. Art. 18 Abs. 2 S. 3)[1052].

Parteien gemäß Art. 6 vereinbaren können, daß ihrem Schweigen eine Erklärungsbedeutung zukommen soll.

1048 Schlechtriem, UN-Kaufrecht, S. 41; Stoffel, Lausanne, S. 66 f.; Ludwig, S. 321. Dies legt schon die in Art. 18 Abs. 1 S. 2 gewählte Formulierung "in itself" nahe, wobei die diesbezüglich deutsche Übersetzung mit dem Wort "allein" wenig geglückt erscheint. Auch der französische Text ("à eux seuls") erweist sich insofern ergiebiger als der deutsche.

1049 Rehbinder, S. 160 f; Stoffel, Lausanne, S. 66. Die Betätigung des Annahmewillens kann sich beispielsweise durch die Überweisung des vereinbarten Kaufpreises manifestieren.

1050 Entgegen der Regelung in Art. 18 Abs. 2.

1051 Bonell, RIW 1990, S. 694; Piltz, § 3 Rdnr. 65; Reinhart, Art. 18 Rdnr. 6; Rehbinder, S. 161. Aus den näheren Umständen kann sich aber trotzdem eine vertragliche Nebenpflicht ergeben, den Offerenten von dem vollzogenen Vertragsabschluß zu informieren

1052 Jagert/Derichsweiler, JuS 1989, S. 976. Zu den Problemen einer verspätet zugegangenen oder bewirkten Annahme, vgl. Schlechtriem, UN-Kaufrecht, S. 41 f.; Rehbinder, 161 f.

3) Rücknahme des Angebots nach Art. 15 Abs. 2

Die Bestimmung des Art. 15 regelt die Wirksamkeit eines Angebots[1053]. Gemäß Art. 15 Abs. 1 wird ein Angebot wirksam, sobald es dem Empfänger zugeht[1054].
Nach Absatz 2 dieser Vorschrift kann das Angebot - selbst wenn es unwiderruflich ist - zurückgenommen werden, wenn die Rücknahmeerklärung dem Empfänger vor oder gleichzeitig mit dem Angebot zugeht. Für den in Art. 24 definierten Zugang genügt es, wenn das Angebot zumindest in den Machtbereich des Empfängers gelangt ist[1055].

Die Regelung des Art. 15 Abs. 1 entspricht § 130 BGB Abs. 1 S.1[1056], wonach Willenserklärungen, um wirksam zu werden, grundsätzlich dem Erklärungsgegner zugehen müssen.
Vom Sinn und Zweck her deckt sich der in Art. 15 Abs. 2 enthaltene Grundsatz auch mit der Bestimmung des § 130 Abs. 1 S.2 BGB[1057].

Allerdings weicht die Terminologie in beiden Vorschriften voneinander ab: Während die Willenserklärung nach dem Wortlaut des § 130 Abs. 1 S.2 BGB nicht wirksam wird, wenn dem anderen vorher oder gleichzeitig ein *Widerruf*[1058] zugeht, ist in Art. 15 Abs. 2 diesbezüglich nur von einer *Rücknahmeerklärung*[1059] die Rede[1060].
Dieser divergierende Sprachgebrauch erklärt sich aus der Tatsache, daß das UN-Kaufrecht zwischen der Rücknahmeerklärung einerseits und

---

1053 Eörsi, S. 47; Materialien, S. 22; Staudinger-Magnus, Art. 15 Rdnr. 1.

1054 Gleiches gilt - wie oben bereits erwähnt - nach Art. 18 Abs. 2 auch für die Annahmeerklärung.

1055 Reinhart, Art. 15 Rdnr. 2.

1056 v.Caemmerer/Schlechtriem-Schlechtriem, Art. 15 Rdnr. 1. Vergleichbar ist die Vorschrift auch mit der Regelung des Haager Kaufrechts in Art. 5 Abs. 1 EAG, vgl. hierzu Dölle-Schlechtriem, EAG Art. 5 Rdnr. 3 ff.

1057 Reinhart, Art, 15 Rdnr. 3; Schlechtriem, UN-Kaufrecht, S. 39; Staudinger-Magnus, Art. 15 Rdnr. 7.

1058 "Revoke"

1059 "Withdrawal"

1060 Zu bemerken ist, daß in der Alltagssprache die Begriffe "Rücknahme" und "Widerruf" als gleichbedeutend behandelt werden, vgl. Bianca/Bonell-Eörsi, Art. 15 Anm. 2.1.1.

dem Widerruf des Angebots andererseits unterscheidet[1061], und letzteren einer besonderen Regelung in Art. 16 unterworfen hat[1062].

Durch die Verwendung der Worte "wird wirksam" in Absatz 1 sowie der Formulierung "selbst wenn es unwiderruflich ist" in Absatz 2 kommt in Art. 15 deutlich zum Ausdruck, daß zwischen dem Wirksamwerden eines Angebots und seiner Bindungswirkung zu trennen ist[1063].
Die Bindungswirkung richtet sich danach, ob das Angebot noch widerrufen werden kann.
Dies kann - unter den Voraussetzungen des Art. 16 - auch nach Zugang geschehen. Bis zu diesem Zeitpunkt kann dagegen das Angebot jederzeit zurückgenommen und damit bereits das Wirksamwerden der Angebotserklärung verhindert werden[1064].

Bis zum Wirksamwerden des Angebots ist der Erklärende demnach alleiniger Herr seiner Erklärung[1065], das heißt zuständig und fähig, ihre Wirksamkeit zu hindern[1066].
Der Gedanke des Schutzes des Angebotsempfängers kann zu diesem Zeitpunkt noch keine Bedeutung erlangen, da der vermeintliche Adressat der Erklärung noch keine rechtlich relevante Kenntnis von dem Angebot haben und sein Vertrauen sich erst ab der Möglichkeit der Kenntnisnahme entwickeln kann[1067].

1061 Neumayer/Ming, Art. 15 Anm. 2; Sono, Dubrovnik Lectures, S. 115. Mouly, Colloque, S. 62, täuscht sich, wenn er annimmt, daß "la distinction entre rétractation et révocation n'a pas de portée pratique.".

1062 So klar diese Differenzierung auf den ersten Blick erscheint, so hatten auf der Wiener Abschlußkonferenz trotz allem einige Delegierte Schwierigkeiten, die Unterscheidung zwischen Rücknahme und Widerruf zu verstehen, vgl. Bianca/Bonell-Eörsi, Art. 15 Anm. 1.3.

1063 Stern, S. 21.

1064 Materialien, S. 22; Soergel-Lüderitz, Art. 15 Rdnr. 1.

1065 Heuzé, S. 140; Ludwig, S. 312. Er trägt aber somit auch das Risiko, daß die Erklärung gar nicht oder nur "entstellt" beim Empfänger ankommt und wirksam wird, vgl. Neumayer/Ming, Art. 15 Anm. 2.

1066 Wey, S. 315.

1067 Bianca/Bonell-Eörsi, Art. 15 Anm. 2.1.2; Ludwig, S. 312; Wey, S. 316; Staudinger-Magnus, Art. 15 Rdnr. 1.

Dem ab Kenntnisnahme entstehenden Schutzbedürfnis wird insoweit ausreichend Rechnung getragen, als der Offerent seine Offerte zwar bis zu deren Wirksamwerden zurücknehmen kann, die Rücknahmeerklärung aber nur dann wirksam wird, wenn sie dem Oblaten spätestens gleichzeitig mit dem Angebot zugeht[1068].

Maßgeblicher Zeitpunkt für die Unterscheidung zwischen Rücknahme und Widerruf ist der objektiv nachweisbare Zeitpunkt des Zugangs der Erklärung, nicht etwa die subjektive Kenntnisnahme durch den Erklärungsempfänger[1069].
Trifft die Rücknahmeerklärung erst ein, nachdem das Angebot bereits zugegangen war, bleibt die Offerte wirksam, es sei denn, die Rücknahme stellt zugleich einen zulässigen Widerruf nach Art. 16 dar[1070].

Die Formulierung in Art. 15 Abs. 2 "selbst wenn es unwiderruflich ist" wurde zur Klarstellung eingefügt: Wenn ein Angebot zurückgenommen worden ist, hat die Offerte aufgehört zu existieren.
Die Frage der Widerruflichkeit und Unwiderruflichkeit verliert damit jegliche Bedeutung, da sowohl das eine als auch das andere ein wirksames Angebot voraussetzen[1071].

[1068] Stern, S. 21; Heuzé, S. 140. Die Rücknahme kann auch mittels Telex, Telefax, Telegramm oder einfachem Telefonanruf beim Empfänger erklärt werden, wobei letztere Alternative im Streitfall allerdings Beweisprobleme für den Erklärenden mit sich bringen kann.

[1069] Ludwig, S. 312 f.: Geht demnach dem Erklärungsempfänger nach Zugang des Angebots eine Rücknahmeerklärung zu, hat dieser jedoch früher oder gleichzeitig mit der Offerte von der Rücknahme Kenntnis erlangt, so bleibt eine Rücknahme des Angebots - wegen des Prinzips der objektiven Bestimmung des Zugangs - dennoch ausgeschlossen.

[1070] Piltz, § 3 Rdnr. 39; Wey, S. 316; Staudinger-Magnus, Art. 15 Rdnr. 9.

[1071] Bianca/Bonell-Eörsi, Art. 15 Anm. 2.1.3.

4) Widerruf der Offerte gemäß Art. 16 Abs. 1

Nach Art. 16 Abs. 1 kann der Offerent das der anderen Seite bereits vorliegende Angebot auf Abschluß eines Vertrages unter Beachtung bestimmter Voraussetzungen grundsätzlich auch widerrufen[1072].

Sowohl die Rücknahmeerklärung nach Art. 15 Abs. 2 als auch der Widerruf im Sinne des § 130 Abs. 1 S.2 BGB hindern das Wirksamwerden des Angebots, sofern Erklärung bzw. Widerruf vor oder gleichzeitig mit der Offerte in den Machtbereich des Empfängers gelangt sind.

Sowohl nach UN-Kaufrecht als auch nach *deutschem* Recht steht es dem Anbietenden daher grundsätzlich frei, bis zum Eintreffen der Offerte bei dem Partner ohne Einschränkungen über das Angebot zu "verfügen".
Ist das Angebot allerdings zugegangen und somit wirksam geworden, bleiben sowohl die Rücknahmeerklärung nach UN-Kaufrecht als auch der Widerruf nach *deutschem* Recht ohne Wirkung[1073].

Aus dieser Tatsache ziehen Einheitsrecht und BGB allerdings verschiedene Konsequenzen:

Im Interesse des Empfängers bestimmt § 145 BGB, daß der Antragende an seinen wirksam zugegangenen Antrag grundsätzlich gebunden ist, das Angebot also unwiderruflich wird[1074].
Von diesem Zeitpunkt an steht nur noch dem Empfänger des Angebots das Recht zu, den Vertrag durch eine Annahmeerklärung zustande zu bringen oder den Antrag abzulehnen.

1072 Piltz, § 3 Rdnr. 41; v.Caemmerer/Schlechtriem-Schlechtriem, Art. 16 Rdnr. 2; Staudinger-Magnus, Art. 16 Rdnr. 1; Reinhart, Art. 16 Rdnr. 1.

1073 Möglich bleibt aber, die Rücknahmeerklärung nach Art. 15 Abs. 2 in einen Widerruf umzudeuten, wenn die Voraussetzungen des Art. 16 erfüllt sind, vgl. Piltz, § 3 Rdnr. 41.

1074 Vgl. auch Jansen, S. 42 ff., der über die "Bindung" an Angebot und Annahme eine rechtsvergleichende Übersicht bietet.

Um dem Prinzip der Privatautonomie Rechnung zu tragen, kann der Offerent allerdings die Bindung an sein Angebot ausschließen[1075]. Im täglichen Geschäftsverkehr geschieht dies häufig durch Klauseln wie "ohne Obligo" oder "freibleibend", durch die sich der Antragende die Möglichkeit des Widerrufs seines Angebotes offenhält[1076].
Allerdings stellt dieser Ausschluß der Bindung die Ausnahme dar, die ausdrücklich erklärt und spätestens gleichzeitig mit dem Antrag dem Oblaten zugehen muß[1077].

Mit der in § 145 BGB gesetzlich normierten Bindungswirkung des Angebots soll in erster Linie die mit dem Zugang der Vertragsofferte beim Oblaten geschaffene Vertrauensposition geschützt werden[1078].
Der Erklärungsempfänger bedarf des Vertrauensschutzes, um in angemessener Zeit eine Entscheidung über die Vertragsannahme treffen zu können[1079].

Anders das UN-Kaufrecht : Bis zum Zugang der Offerte kann der begonnene Erklärungsvorgang durch eine Rücknahmehandlung "abgefangen" bzw. "neutralisiert" werden.
Man kann diese Phase der Gebundenheit eine rein faktische nennen, in welcher der Offerent Schritte unternehmen muß, um den gewöhnlichen Lauf der Erklärung zu hindern.

Erst nachdem diese erste Wirksamkeitsstufe erreicht ist, stellt sich die Frage nach der Bindung im Rechtssinne, das heißt nach der Möglichkeit eines Widerrufs der Erklärung.
Durch ihn gestaltet der Offerent die bereits eingetretene Erklärungswirksamkeit[1080] einseitig aufhebend[1081].

1075 Vgl. § 145 BGB: "...es sei denn, daß er die Gebundenheit ausgeschlossen hat."
1076 Ludwig, S. 41.
1077 Jauernig-Jauernig, § 145 Anm. 1. f).
1078 Su, S. 37.
1079 Ludwig, S. 244.
1080 Das heißt die Ermächtigung zum Vertragsschluß.
1081 Wey, S. 304 f.

Das Vertragsabschlußsystem des UN-Kaufrechts gewährt dem Offerenten in Art. 16 Abs. 1 somit die Möglichkeit[1082], sich auch noch von einem wirksam gewordenen Angebot zu lösen.
Eine Bindungswirkung im Sinne des § 145 BGB tritt daher durch das bloße Angebot grundsätzlich nicht ein[1083].

Dementsprechend spricht Art. 15 Abs. 1 nur vom "Wirksamwerden" des Angebots, anstatt - wie der *deutsche* Gesetzgeber - die Formulierung "Bindung" zu gebrauchen[1084].

Die Widerrufsmöglichkeit endet nach Art. 16 Abs. 1 spätestens mit dem Abschluß des Vertrages, also zu dem Zeitpunkt, in dem die "Äußerung der Zustimmung dem Anbietenden zugeht" (vgl. Art. 18 Abs. 2)[1085].

Allerdings kann das Angebot bereits dann schon nicht mehr widerrufen werden, wenn der Empfänger die Annahmeerklärung abgesandt hat[1086].

Zwar wird die Annahmeerklärung auch erst mit dem Zugang beim Anbietenden wirksam, doch äußert sie von ihrer Absendung an eine - den Widerruf betreffende - Vorwirkung[1087].
Damit soll die für den Offerenten großzügige und den Oblaten belastende Möglichkeit des grundsätzlich freien Widerrufs zeitlich sinnvoll begrenzt werden[1088].

[1082] Nach dem Vorbild des anglo-amerikanischen Rechts.

[1083] Herber/Czerwenka, vor Art. 14 Rdnr. 10; Staudinger-Magnus, Art. 16 Rdnr. 4.

[1084] Soergel-Lüderitz, Art. 15 Rdnr. 1.

[1085] Staudinger-Magnus, Art. 16 Rdnr. 7.

[1086] Sog. "Mail-Box-Theorie", die aus dem angloamerikanischen Rechtskreis übernommen wurde, vgl. Reinhart, Art. 16 Rdnr. 2; Staudinger-Magnus, Art. 16 Rdnr. 7.
Allerdings geht die Widerrufssperre nach Art. 16 I über die "Mail-Box-Rule" des Common Law hinaus, da nicht nur das Absenden der Annahmeerklärung durch Brief oder Telegramm, sondern auch durch andere Kommunikationsmittel (z.B. Telefax o.ä.) ausreicht, vgl. v.Caemmerer/Schlechtriem-Schlechtriem, Art. 16 Rdnr. 4.

[1087] Soergel-Lüderitz, Art. 16 Rdnr. 3.

[1088] Ludwig, S. 313; Wey, S. 337. Der Grundgedanke der widerrufshemmenden Bestimmung des Art. 16 Abs. 1 liegt wohl darin, daß der Oblat durch die Aufgabe der Annahmeerklärung seinen Annahmewillen in offenkundiger

Die für den Angebotsempfänger vorteilhafte "Mail-Box-Theorie" kann im Einzelfall dem Offerenten allerdings böse Überraschungen bereiten[1089].

Sendet der Offerent einen Widerruf an den Oblaten ab und erhält trotzdem von demselben eine Annahmerklärung, so kann er zunächst nicht feststellen, ob sein Widerruf noch vor Absendung der annehmenden Erklärung dem Empfänger zugegangen war[1090].
Eine anderweitige Verfügung über die zu verkaufende Ware beispielsweise träfe der Offerent auf eigene Gefahr.
Die Unsicherheit wird sogar noch größer, wenn der Angebotsempfänger gar keine ausdrückliche Annahmeerklärung abgibt, sondern gemäß Art. 18 Abs. 3 die Offerte durch konkludentes Verhalten annimmt.
In diesem Fall sollte man tatsächlich den Oblaten für verpflichtet halten, den Offerenten von dem Vertragsschluß unverzüglich zu unterrichten[1091].

Das Prinzip der freien Widerruflichkeit wird zuweilen als unangemessen kritisiert[1092].

Dem Empfänger des Angebots werde hierdurch jede Möglichkeit genommen, über die Offerte innerhalb eines angemessenen Zeitraumes nachdenken zu können. Er müsse seine Annahmeerklärung so schnell wie möglich absenden, um einem etwaigen Sinneswandel und damit einem Widerruf seitens des Offerenten zuvorzukommen.

Die Aufnahme des Grundsatzes der freien Widerruflichkeit eines Vertragsangebotes war auch einer jener Gründe, weshalb die skandinavi

Weise erklärend betätigt. Der Widerruf soll aber den Unschlüssigen treffen, hingegen nicht den Vertragswilligen, vgl. Neumayer, FS Lorenz, S. 753.

1089 Bianca/Bonell-Eörsi, Art. 16 Anm. 2.1.2; Piltz, § 3 Rdnr. 43.

1090 Ludwig, S. 314.

1091 Neumayer/Ming, Art. 16 Anm. 3; Neumayer, FS Lorenz, S. 753.

1092 Vgl. nur Neumayer/Ming, Art. 16 Anm. 4.

schen Staaten sich weigerten, Teil II der Wiener Konvention als verbindliche Regelung anzunehmen[1093].

Das Angebot auf Abschluß eines Vertrages ist indes nicht in jedem Falle frei widerrufbar.
Als Zugeständnis[1094] an die Rechtsordnungen, die, wie das Recht der *Bundesrepublik Deutschland*, der *Schweiz*, *Österreichs*, *Ungarns* und *Griechenlands*, dem Angebot bereits mit seinem Zugang bindende Wirkung beimessen, macht Art. 16 Abs. 2 nach dem Vorbild des Haager Kaufrechts von dem Grundsatz der Widerruflichkeit zwei Ausnahmen[1095].

So ist der Widerruf ausgeschlossen, wenn aus der Offerte oder den Begleitumständen erkennbar wird, daß es unwiderruflich gemeint ist (vgl. Art. 16 Abs. 2 lit. a.).
Dabei kann die Bindung des Antragenden dadurch zum Ausdruck kommen, daß das Angebot beispielsweise als "fest" oder "bindend" bezeichnet wird[1096].

Die Unwiderruflichkeit ergibt sich insbesondere auch aus dem Setzen einer Annahmefrist[1097].

1093 Neumayer/Ming, Art. 16 Fn. 13.

1094 Ziel war es, einen Kompromiß zwischen den Ländern des Civil und des Common law zu erreichen, da erstere in ihren nationalen Rechten von der grundsätzlichen Unwiderruflichkeit einer Offerte ausgehen, während die vom Common law geprägten Staaten in ihren Rechtsordnungen dem Prinzip des widerruflichen Angebots folgen, vgl. Ludwig, S. 369; Bianca/Bonell-Eörsi, Art. 16 Anm. 1.6., 2.1.1.f.; .

1095 Materialien, S. 22; Bydlinski, S. 66

1096 Reinhart, Art. 16 Rdnr. 3; v.Caemmerer/Schlechtriem-Schlechtriem, Art. 16 Rdnr. 8; Staudinger-Magnus, Art. 16 Rdnr. 11.

1097 Reinhart, Art. 16 Rdnr. 3; Soergel-Lüderitz, Art. 16 Rdnr. 5; Bydlinski, S. 66f; Neumayer/Ming, Art. 16 Anm. 5a; Stoffel, Lausanne, S. 65; nach anderer Ansicht soll das Setzen einer Annahmefrist lediglich eine Indizwirkung für die Unwiderruflichkeit der Offerte haben, also eine widerlegbare Vermutungsregelung darstellen, vgl. Piltz, § 3 Rdnr. 44; v.Caemmerer/Schlechtriem-Schlechtriem, Art. 16 Rdnr. 9; Wey, S. 342, 344; Schlechtriem, UN-Kaufrecht, S. 40 Fn. 173; Loewe, Art. 16 Anm. a); Sono, Dubrovnik Lectures, S. 116; Rehbinder, S. 158 f.; Honnold, Uniform Law, S. 171; Farnsworth, Formation, 3-11; Enderlein/Maskow/Strohbach, Art. 16 Anm. 7; Staudinger-Magnus, Art.

Das folgt nicht nur aus dem klaren Wortlaut des Art. 16 Abs. 2 lit. a[1098], sondern auch aus der Überlegung heraus, daß ansonsten die gewährte Frist zur Annahme des Angebots für den Empfänger sinnlos wäre. Denn mit der gesetzten Annahmefrist gibt der Anbietende dem Annehmenden die Möglichkeit, innerhalb eines bestimmten Zeitraums zuzustimmen.
Diese Entscheidungsfrist wäre aber wertlos, wenn der Empfänger auch innerhalb dieser Frist ständig mit einem Widerruf der Gegenseite rechnen müßte und daher gezwungen wäre, die Annahme doch sofort zu erklären[1099].

Gleichermaßen kann das Angebot nicht widerrufen werden, wenn der Empfänger vernünftigerweise auf eine Bindung des Antragenden vertrauen konnte und im Hinblick auf dieses Vertrauen bestimmte Maßnahmen vorgenommen oder unterlassen hat (vgl. Art. 16 Abs. 2 lit. b.)[1100].
Die Gesamtumstände müssen insofern die Erwartung rechtfertigen, der Anbietende habe sich an sein Angebot unbedingt halten wollen[1101].

Im Hinblick auf die grundsätzliche Widerruflichkeit des Angebots und in Anbetracht eines unter dieser Hypothese fehlenden Bindungswillens des Offerenten, sind an die Anwendung dieses, dem Schutz des Oblaten vor unbilligem Widerruf dienenden Auffangtatbestands allerdings strenge Maßstäbe anzulegen.
Insofern wird auch von dem Oblaten verlangt, daß er "vernünftig" handele, so daß er sich nicht blindlings darauf verlassen darf, was er für sein Recht hält[1102].

---

16 Rdnr. 12. Unentschieden wohl Herber/Czerwenka, Art. 16 Rdnr. 9 sowie Neumayer, RIW 1994, S. 103.

1098 So Stern, S. 19. Gleichwohl bleibt in diesem Zusammenhang zu beachten, daß es sich bei der deutschsprachigen Fassung des UN-Kaufrechts um keine offizielle Version des Abkommens handelt, vgl. Ludwig, S. 372 Fn. 56.

1099 Soergel-Lüderitz, Art. 16 Rdnr. 5.

1100 v.Caemmerer/Schlechtriem-Schlechtriem, Art. 16 Rdnr. 11. Vgl. hierzu auch unten S. 276 ff.

1101 Herber/Czerwenka, Art. 16 Rdnr. 10.

1102 Neumayer, FS Lorenz, S. 755.

Daneben ist es notwendig, daß der Oblat im Vertrauen darauf, daß die Offerte nicht zurückgezogen werde, bereits tätig geworden ist[1103].

So ist es beispielsweise möglich, daß der Oblat durch den Inhalt des Angebots veranlaßt wurde, gewisse Vorkehrungen zu treffen, die ihm hohe Kosten (Erwerb von Materialien, Schaffung von Lagermöglichkeiten usw.) oder gar Verpflichtungen aufbürden (Abschluß entsprechender Subunternehmerverträge oder Einstellung zusätzlichen Personals)[1104].

B) Folgerungen für einen Anspruch aus Culpa in contrahendo

Aus dem Vertragsabschlußsystem des UN-Kaufrechts und insbesondere aus seinen Bestimmungen über die Rücknahme und den Widerruf von Vertragsofferten ergibt sich für einen Anspruch aus Culpa in contrahendo wegen des Abbruchs von Vertragsverhandlungen folgendes:

Schadensersatzpflichtig aus Verschulden bei Vertragsschluß macht sich - zumindest aus *deutscher* Sicht - grundsätzlich, wer einen qualifizierten Vertrauenstatbestand geschaffen hat[1105], der über die allgemeine Erwartung, der geplante Vertrag werde zustande kommen, hinausgeht[1106], und wenn er die Vertragsverhandlungen ohne triftigen Grund abbricht.

Ist beim internationalen Kaufgeschäft der Offerent angesichts des Regelungssystems des UN-Kaufrechts an sein Angebot nicht gebunden, so darf dessen Rücknahme vor Zugang nach Art. 15 oder der Widerruf nach Zugang gemäß Art. 16 nicht dazu führen, den Anbietenden bei dieser Vorgehensweise mit Schadensersatzpflichten zu belegen, selbst

---

1103 Staudinger-Magnus, Art. 16 Rdnr. 13; v.Caemmerer/Schlechtriem-Schlechtriem, Art. 16 Rdnr. 11.

1104 v.Caemmerer/Schlechtriem-Schlechtriem, Art. 16 Rdnr. 11; Reinhart, Art. 16 Rdnr. 4; Neumayer, FS Lorenz, S. 756; Staudinger-Magnus, Art. 16 Rdnr. 13.

1105 Vgl. oben S. 137 f.

1106 Loges, S. 269.

wenn der Vertragspartner auf das Zustandekommen des Kontraktes vertraute[1107].

Das ist ohne weiteres einleuchtend, denn soweit der Vertragsschluß an den in Teil II des Abkommens vorgesehenen Konsensvoraussetzungen scheitert, kann für ein Verschulden bei Vertragsschluß kein Raum bleiben[1108].

Ansonsten nähme man den Vorschriften über das Zustandekommen von Verträgen, einschließlich der berechtigten Rücknahme bzw. des berechtigten Widerrufs, die vorgesehene Wirkung, denn dem Antragenden würde ein Pflichtenverstoß vorgeworfen, obwohl er im Rahmen seiner rechtlichen Möglichkeiten gehandelt hat[1109].

Beim Abbruch von Vertragsverhandlungen haben die Partner in aller Regel noch keine Angebote abgegeben.
Das ergibt sich nach *deutschem* Recht schon daraus, daß bei Vorliegen eines wirksamen Angebots der Anbietende gemäß § 145 BGB an seine Erklärung gebunden ist und für die Gegenseite kein Rechtsschutzbedürfnis mehr für einen vorvertraglichen Haftungsanspruch besteht, da sie - nimmt sie den Antrag an - ihre (weitergehenden) Rechte aus dem Vertrag geltend machen kann.

Im UN-Kaufrecht soll der Offerent aber selbst dann, wenn sein Angebot dem Partner zugegangen und damit wirksam geworden ist, nicht unwiderruflich an seine ursprüngliche Erklärung gebunden sein.

1107 v.Caemmerer/Schlechtriem-Schlechtriem, vor Artt. 14-24 Rdnr. 6 Fn. 36 und Art. 16 Rdnr. 13; Staudinger-Magnus, Art. 4 Rdnr. 42 f. und Art. 16 Rdnr. 14; Karollus, S. 216; Soergel-Lüderitz, Art. 4 Rdnr. 6; siehe auch Sono, Dubrovnik Lectures, S. 115 (zur Rücknahme nach Art. 15).
Im Ergebnis zustimmend, wenngleich die Materie des Abbruchs der Vertragsverhandlungen als außervertraglich einstufend, v.Caemmerer/Schlechtriem-Stoll, Art. 74 Rdnr. 10.

1108 Karollus, S. 216.

1109 Herber/Czerwenka, Art. 16 Rdnr. 12; Staudinger-Magnus, Art. 16 Rdnr. 43; Ryffel, S. 126; Karollus, S. 216.

Er kann den "drohenden" Vertragsschluß grundsätzlich - von wenigen Ausnahmen abgesehen[1110] - verhindern, indem er seinen Antrag gemäß Art. 16 Abs. 1 widerruft, wobei der Widerruf keiner Begründung dahingehend bedarf, aus welchem Anlaß von dem Kontrakt Abstand genommen wird[1111].

Wenn nun aber der Abschluß eines Vertrages durch bloßen Widerruf ohne Begründungszwang zu Fall gebracht werden kann, obwohl der anderen Partei bereits ein konkretes Angebot zugegangen ist, und daraus auch keine Schadensersatzpflicht hinsichtlich vergeblicher Aufwendungen des anderen Teils erwächst, so läßt sich kaum annehmen, der Verhandlungspartner müsse seinem Gegenüber aber für den Fall schadensrechtlich einstehen, daß er zwar noch kein Angebot abgegeben, beim Partner allerdings Vertrauen auf den baldigen Vertragsschluß erweckt habe[1112].

Dies würde zu dem merkwürdigen Ergebnis führen, daß der Partner, der die andere Partei durch ein im Laufe der noch andauernden Verhandlungen abgegebenes Angebot "in Sicherheit wiegt", besser stünde als derjenige, der sich im einzelnen noch nicht festgelegt hat und vor Angebotsabgabe weitere Verhandlungsergebnisse abwarten möchte[1113].

Es stellt sich dabei auch unweigerlich die Frage, welches Verhalten größeres Vertrauen auf einen späteren Vertragsschluß hervorrufen sollte, als die - aus Sicht des Empfängers - definitive Vertragsofferte.

[1110] Vgl. Art. 16 Abs. 2 und unten S. 276 ff.

[1111] Herber/Czerwenka, Art. 16 Rdnr. 2.

[1112] Schlechtriem, UN-Kaufrecht, S. 45 Fn. 195; Karollus, S. 216; Staudinger-Magnus, Art. 4 Rdnr. 42 f.; Wey, S. 330, 357; v.Caemmerer/Schlechtriem-Schlechtriem, vor Artt. 14-24 Rdnr. 6 Fn. 36.

[1113] Derjenige, der eine Offerte im Sinne des Art. 14 abgibt, kann sein Angebot grundsätzlich (bis zur Annahme) widerrufen und die vorhergehenden Verhandlungen somit obsolet werden lassen, während derjenige Partner, der die Vertragsverhandlungen abbricht, ohne vorher eine "offizielle"Offerte unterbreitet zu haben, einen Schadensersatzanspruch der Gegenseite fürchten müßte.

Das Angebot eines Verhandlungspartners ist geradezu das stärkste Indiz[1114] für dessen gegenwärtiges Interesse am Zustandekommen des Geschäfts und damit Grundlage für den höchsten Grad an Vertrauen, welches eine Partei in den Abschlußwillen des Gegners überhaupt setzen kann[1115].

Dies hat das *deutsche* Recht im übrigen hinlänglich durch die nach § 145 BGB eintretende Bindungswirkung zum Ausdruck gebracht:
Mit Zugang des Antrags braucht der Empfänger des Angebots nicht mehr auf die erhoffte Einigung bloß zu "vertrauen", sondern kann sich bereits einer gefestigten Rechtsposition erfreuen.
Insofern schafft die wirksame Offerte im BGB schon mehr als einen Vertrauenstatbestand, was ihren Stellenwert im System des Vertragsschlusses hervorhebt.

Führt die Abgabe eines Angebots demnach zu der berechtigten Erwartung des Empfängers, der intendierte Vertrag werde - sei es auch unter letztlich abgeänderten Bedingungen, weil der Angebotsempfänger seinerseits Änderungsvorschläge zu unterbreiten hat - mit Sicherheit geschlossen werden, so müssen die rechtlichen Folgen, die den seinen Antrag widerrufenden Teil treffen, mindestens genauso schwer wiegen wie diejenigen, mit denen die abbruchwillige Partei zu rechnen hat, wenn sie die Vertragsverhandlungen noch vor Unterbreitung einer Offerte scheitern läßt.

Das UN-Kaufrecht hat sich aber für die im wesentlichen freie Widerruflichkeit der Offerte ohne Androhung von Sanktionen entschieden, so daß es sich verbietet, dem Verhandlungspartner eine stärkere Stellung insofern einzuräumen, als er Ausgleich für unnütze Aufwendungen erhalten soll, die ihm infolge eines noch im Vorfeld zum Vertragsangebot stehenden Verhandlungsabbruchs entstanden sind[1116].

1114 "Nur" ein Indiz bleibt es, weil aufgrund der Widerruflichkeit die Möglichkeit besteht, den Vertragsschluß doch noch zu vereiteln.

1115 So wohl auch Küpper, S. 113.

1116 So auch v.Caemmerer/Schlechtriem-Schlechtriem, vor Artt. 14-24 Rdnr. Fn. 36 und Art. 16 Rdnr. 13; Staudinger-Magnus, Art. 4 Rdnr. 42 f. und Art. 16 Rdnr. 14; Karollus, S. 216; vgl. ferner v.Caemmerer/Schlechtriem-Stoll, Art. 74 Rdnr. 10; Piltz, § 3 Rdnr. 42.

C) Vergleich mit dem *deutschen* Recht

Widerlegt wird diese Folgerung auch nicht durch einen Vergleich mit dem *deutschen* Recht.

Zwar erkennt die Rechtsprechung hier Schadensersatzansprüche aus Culpa in Contrahendo an, wenn die schon vor einer vertraglichen Bindung bestehenden Loyalitätspflichten verletzt und Vorverhandlungen willkürlich abgebrochen werden[1117].
Insbesondere steht einer solchen Haftung nicht die Möglichkeit des Offerenten entgegen, gemäß § 130 Abs. 1 S.2 BGB "ungestraft" sein Angebot zu widerrufen.

Im Gegensatz zum UN-Kaufrecht sieht die gesetzliche Regelung im BGB nämlich vor, daß der Antragende nach Zugang seiner Erklärung beim Empfänger an sein Angebot absolut und unwiderruflich gebunden ist (§ 145 BGB).
Ein Widerruf kann nur dann eine befreiende Wirkung entfalten, wenn er zumindest gleichzeitig mit der Offerte beim Adressaten eingeht (vgl. § 130 Abs. 1 S.2 BGB).

Insoweit wird nur zwischen bloßen Vertragsverhandlungen auf der einen und bindendem Vertragsangebot auf der anderen Seite unterschieden.

Daraus muß aber nicht zwingend folgen, daß der Vertragsschluß die entscheidende Zäsur für die Entstehung gesteigerter Pflichten zwischen den Kontrahenten darstellt und vorher geschaffenes Vertrauen keine vertragsähnliche Bindung begründen kann[1118].
Die §§ 145 ff. BGB stellen lediglich bestimmte formelle Voraussetzungen für den Eintritt einer rechtlichen Bindung auf. Damit ist aber noch nicht gesagt, daß eine Bindung der Parteien nur unter diesen Voraussetzungen entstehen kann[1119].

[1117] Vgl. oben S. 133 ff.

[1118] So aber wohl v.Bar, JuS 1982, S. 639; wie hier Küpper, S. 148.

[1119] Küpper, S. 148 Fn 36.

Möglich bleibt vielmehr, daß schon im vorkonsensualen Bereich ein Vertrauenstatbestand zurechenbar geschaffen wurde, der es dem Partner ermöglicht, sich unter hinreichend konkreten Voraussetzungen auf das Verhalten der Gegenseite zu verlassen.

Daß ein derartiger Vertrauensschutz durch die Vertragsabschlußregeln des BGB, insbesondere durch die Vorschrift des § 145 BGB, ausgeschlossen werden sollte, läßt sich den diesbezüglichen Regeln des *deutschen* Rechts - auch im Hinblick auf den Widerruf nach § 130 Abs. 1 BGB - nicht entnehmen.

Dementsprechend schaffen die *deutschen* Regeln über das Zustandekommen von Verträgen keine Argumente dafür, der willkürliche Abbruch der Vertragsverhandlungen dürfe nicht zur Schadensersatzpflicht der abbruchwilligen Partei aus Culpa in contrahendo führen.

Das Vertragsabschlußsystem des UN-Kaufrechts hat indes einen anderen Weg beschritten.

Zwischen den bloßen Vertragsverhandlungen und dem bindendem Angebot ist sozusagen eine "dritte Stufe" der rechtlichen Beziehungen zwischen den Parteien eingebaut worden:

Während des Zeitraums zwischen zugegangenem Angebot einerseits und Annahme bzw. Abgabe der Annahmeerklärung andererseits sieht das Gesetz in Art. 16 Abs. 1 eine Art "Schwebezustand"[1120] des Rechtsverhältnisses vor, der sowohl durch den Widerruf des Offerenten als auch durch die Angebotsannahme[1121] des anderen Partners beendet werden kann.

Insofern stellt sich der Vertragsschluß als Prozeß der "stufenweisen Bindungsverfestigung" dar[1122].

1120 v.Caemmerer/Schlechtriem-Schlechtriem, Art. 16 Rdnr.5.

1121 Bzw. durch das Absenden der Annahmeerklärung, vgl. Art. 16 Abs. 1.

1122 Wey, S. 304. Auch Bianca-Bonell-Eörsi spricht in diesem Zusammenhang von verschiedenen "Phasen" des Vertragsschlusses (vgl. Art. 16 Anm. 1.1).

Das UN-Kaufrecht ist demnach der "rigorosen" Lösung des § 145 BGB, also unabänderliche Bindung an den wirksam gewordenen Antrag, nicht gefolgt.

Gewiß läßt sich auch aus dieser Regelungstechnik nicht herleiten, eine Bindung der Parteien entstehe nur, wenn der formelle vertragliche Konsens gefunden wurde.
Ebenso wie im *deutschen* Recht kann auch hier in der Phase vor Vertragsabschluß eine Vertrauensbindung zwischen den Partnern entstehen, die besondere Erwartungen auf das Zustandekommen des Kontraktes begründet.

Allerdings - und das ist der bedeutende Unterschied zum BGB - hat das UN-Kaufrecht zumindest einen kleinen Teilbereich der vorvertraglichen Beziehungen zwischen den Parteien in Art. 16 einer ausdrücklichen Regelung zugeführt.

Von einem Teilbereich kann deshalb nur gesprochen werden, weil das Betätigungsfeld der Partner im Vorfeld einer vertraglichen Einigung weit gefächert ist und letztlich vom ersten Sondierungsgespräch bis zum tatsächlichen Konsens reicht.

Trotzdem hat man in Art. 16 nicht irgendeinen beliebigen Zeitpunkt der Vorverhandlungen herausgegriffen, sondern vielmehr eine Kontrahierungsphase zum Regelungsgegenstand gemacht, an die sich der endgültige Vertragsabschluß unmittelbar anzuschließen pflegt.
Denn nach Art. 16 müssen die Verhandlungen schon so weit gediehen sein, daß eine Partei die Verhandlungsgespräche für beendet sieht und der Gegenseite einen definitiven Vertragsantrag macht.

Gerade hier weist das UN-Abkommen aber auch den weiteren Weg für die Haftung aus Culpa in contrahendo wegen Abbruchs der Vertragsverhandlungen.

Das *deutsche* Recht befaßt sich nicht einmal andeutungsweise mit der Frage, ob Vertragsverhandlungen ungesühnt zum Scheitern gebracht werden dürfen.

Insofern kann man mit der herrschenden Ansicht[1123] durchaus von einer ergänzungsbedürftigen Lücke sprechen, die mit Hilfe des Rechtsinstituts der vorvertraglichen Haftung geschlossen werden kann.

Das UN-Kaufrecht bringt in Art. 16 Abs. 1 indes klar zum Ausdruck, daß auch der vorvertragliche Bereich in gewissem Umfang vom Abkommen normiert werden soll.

Zwar handelt es sich dabei - wie oben bereits erwähnt - lediglich um einen kleinen Ausschnitt aus dem weiten Feld vorvertraglicher Beziehungen zwischen den Parteien, jedoch stellt dieser geregelte Bereich gerade den Zeitraum im Verhandlungsstadium dar, während dessen der Verhandlungspartner größtes Vertrauen in die baldige Einigung setzt und setzen darf[1124].

Knüpft das Einheitskaufrecht aber gemäß Art. 16 Abs. 1 an den Widerruf eines wirksamen vertrauensstiftenden Angebots keinerlei Schadensersatzpflichten an[1125], so wird die etwaig bestehende Vertrauenshaltung des Antragsempfängers während der Vertragsverhandlungen - ebensowenig wie im *deutschen* Recht - zwar nicht unbedingt geleugnet, doch führt sie eben in keinem Fall zur Haftung der Partei, welche die Verhandlungen grundlos abbricht und den erwarteten Vertrag damit zum Scheitern bringt[1126].

1123 Vgl. die Nachweise oben Fn. 524.

1124 Dies deshalb, weil schon eine Vertragsofferte der Gegenseite vorliegt, vgl. oben S. 270 f..

1125 Vgl. Honnold, Uniform Law, S. 176: "The Convention - and only the Convention - controls the question whether the revocation of the offer is rightful."

1126 v.Caemmerer/Schlechtriem-Schlechtriem, vor Artt. 14-24 Rdnr. 6 Fn. 36 und Art. 16 Rdnr. 13; Staudinger-Magnus, Art. 4 Rdnr. 42 f. und Art. 16 Rdnr. 14; Karollus, S. 216; vgl. ferner v.Caemmerer/Schlechtriem- Stoll, Art. 74 Rdnr. 10; Piltz, § 3 Rdnr. 42.

D) Vertrauensschutz gemäß Art. 16 Abs. 2

Das UN-Kaufrecht ignoriert im übrigen keinesfalls das begründete Vertrauensinteresse der Parteien während des Verhandlungszeitraums.

Art. 16 Abs. 2 lit.b. normiert vielmehr das Verbot widersprüchlichen Verhaltens[1127] und hält den Offerenten an dem von ihm geschaffenen Vertrauenstatbestand fest[1128].

Danach ist der Widerruf ausgeschlossen, wenn der Empfänger in berechtigtem ("vernünftigerweise") Vertrauen auf die Unwiderruflichkeit des Angebots bereits Dispositionen getroffen hat[1129].

Art. 16 Abs. 2 lit. b. enthält somit zwei wesentliche Elemente: das vertrauenserweckende Verhalten des Offerenten und die Betätigung des Vertrauens durch den Oblaten[1130].

Gemeint sind die Fälle, in denen nicht schon aufgrund des Angebots, sondern aufgrund des sonstigen Verhaltens des Offerenten oder der besonderen Umstände[1131] bzw. der Erfordernisse des angebotenen Geschäfts der Empfänger des Angebots davon ausgehen durfte und sogar mußte[1132], daß der Antrag für eine bestimmte Zeit gültig sein würde, beispielsweise um umfangreiche Berechnungen anstellen oder anderweitige Deckungsgeschäfte abschließen zu können[1133].

1127 Neumayer/Ming, Art. 16 Anm. 5b. Dieses Verbot fand sich schon in Art. 5 Abs. 2 EAG.

1128 v.Caemmerer/Schlechtriem-Schlechtriem, Art. 16 Rdnr.11.

1129 Reinhart, Art. 16 Rdnr.4. Um festzustellen, ob der Empfänger "vernünftigerweise" gehandelt hat, muß geprüft werden, ob ein anderer Angebotsempfänger in der gleichen Situation zu dem gleichen Schluß gekommen wäre.

1130 Wey, S. 349; Bianca/Bonell-Eörsi, Art. 16 Anm. 2.2.2.

1131 Herber/Czerwenka, Art. 16 Rdnr.3.

1132 Und dies der Anbietende auch wissen muß, vgl. Neumayer/Ming, Art. 16 Anm. 5 b.

1133 Schlechtriem, UN-Kaufrecht, S. 40; Loewe, Art. 16 Anm. b). Bianca/Bonell-Eörsi vergleicht die Regelung des Art. 16 Abs. 2 lit. b insofern mit der "Treu-und-Glauben"-Vorschrift des deutschen § 242 BGB (vgl. Art. 16 Anm. 2.2.2.).

Im übrigen wird der umgekehrte Fall, in welchem der Offerent - beispielsweise aufgrund des Verhaltens des Oblaten während der Vorverhandlungen - vernünftigerweise darauf vertrauen durfte, daß sich der Angebotsempfänger gemäß seinem früheren Verhalten und gemäß seiner vorherigen Erklärungen verhält, von der Konvention nicht geregelt. Teilweise wird vorgeschlagen, in diesen Fällen den Rechtsgedanken des Art. 16 Abs. 2 lit. b. analog anzuwenden[1134].

Während die vom UN-Abkommen in Art. 16 Abs. 1 gewählte Regelung dem Prinzip nach grundsätzlich den Anbietenden begünstigt, der seine Entscheidungsfreiheit auch nach Abgabe des Angebots behält, trägt Absatz 2 dieser Vorschrift den Bedürfnissen des Empfängers Rechnung, der ein Interesse daran hat, seine Vorbereitungen für die eventuelle Annahme der Offerte auf der Grundlage einer verbindlichen Zusage machen zu können.

Allerdings sind auch dem Vertrauensschutz des Oblaten gewisse Grenzen gezogen.

Nach Art. 18 Abs. 2 S. 2 kann der Empfänger einer Offerte das Vertragsangebot nur innerhalb einer vom Anbietenden gesetzten oder - beim Fehlen einer solchen - innerhalb einer angemessenen Zeit annehmen.
Aufgrund dieser zeitlichen Limitierung verwehrt das Gesetz dem Oblaten, auf unbeschränkte Zeit auf das Angebot zu vertrauen und wirkt damit einem möglichen Mißbrauch[1135] des Angebotsempfängers entgegen[1136].

Grundsätzlich bringt Art. 16 Abs. 2 aber insoweit zum Ausdruck, daß das UN-Kaufrecht auch das Vertrauensinteresse des Empfängers berücksichtigt, und zwar jenes Vertrauen, das der Partner vor Vertragsabschluß und damit noch in der Verhandlungsphase der Gegenseite entgegenbringt.

1134 Bianca/Bonell-Eörsi, Art. 16 Anm. 2.2.2.

1135 Der Empfänger könnte den Offerenten bewußt für unbestimmte Zeit im Unklaren lassen oder auf seine Kosten spekulieren.

1136 Ludwig, S. 316.

Gleichzeitig wird damit aber auch deutlich, daß Erwartungen einer Partei in das Zustandekommen eines Kontraktes nur geschützt werden sollen, wenn der andere Teil bereits eine annahmefähige Offerte abgegeben hat.
Denn nur für diesen Fall erkennt das Einheitsrecht eine schützenswerte Position des Verhandlungspartners an, so daß von einer abschließenden Regelung durch das UN-Kaufrecht auszugehen ist.

Sonstige Vorverhandlungen, die noch nicht bis zu einer Offerte gediehen sind, können nach der Gesetzeslage daher keine vorvertragliche Vertrauenssituation schaffen, die Grundlage von Schadensersatzansprüchen sein könnte.

Bonell hingegen plädiert für einen Schadensersatzanspruch analog Art. 74 und leitet aus dem Prinzip von Treu und Glauben nach Art. 7 Abs. 1, welches einen allgemeinen Grundsatz des Abkommens darstelle, zusätzliche Pflichten der Parteien während der Vertragsverhandlungen ab[1137].
Den genauen Inhalt dieser Pflichten will *Bonell* rechtsvergleichend ermitteln. Für die Fallgruppe des "Abbruchs der Vertragsverhandlungen" kommt er schließlich zu dem Ergebnis, daß eine Partei jedenfalls dann hafte, wenn sie die Verhandlungen mit der Gewißheit geführt habe, nie einen Vertrag abschließen zu wollen.

Die methodische Vorgehensweise, mit deren Hilfe *Bonell* zu einer akzeptablen Lösung zu kommen scheint, ist nicht ganz sachgerecht[1138].

Zum einen erscheint es sehr fraglich, ob aus der Vorschrift des Art. 7 Abs. 1 selbst generelle Pflichten der Parteien für die Verhandlungsphase gewonnen werden können.

1137 Bonell, RIW 1990, S. 701.
1138 Vgl. schon oben S. 120 ff.

Wäre dies der Fall, so könnten sämtliche in den verschiedenen nationalen Rechten bekannten Rechtsbehelfe, die letztendlich auf dem Grundsatz von Treu und Glauben basieren, in die Konvention für den Preis der Rechtssicherheit "eingeschleust" werden.
Um eine "Aushöhlung" der in dem Übereinkommen vorgesehenen Rechtsschutzmöglichkeiten zu verhindern, muß sich eine solche Auslegung des Art. 7 Abs. 1 aber verbieten.

Des weiteren erweist sich der vorschnelle Rückgriff *Bonells* auf das Mittel der Rechtsvergleichung zur Ausfüllung der vorvertraglichen Pflichten als problematisch.

Bevor nämlich die Standards der Rechtsordnungen der Vertragsstaaten zur Lösung herangezogen werden können, müssen die Grundaussagen des UN-Kaufrechts selbst eingehend überprüft werden.
Für den Fall des Abbruchs von Vertragsverhandlungen spielen dabei - wie oben gezeigt - insbesondere die Bestimmungen der Artt. 15, 16 eine wesentliche Rolle und führen letztendlich auch zu einer einheitsrechtsautonomen Beantwortung der Problemfrage.

Diesen methodisch wichtigen Schritt übersieht *Bonell* meines Erachtens, was durch die Tatsache belegt wird, daß er in seiner Betrachtung zum Verhandlungsabbruch mit keiner Silbe auf das Verhältnis eines Anspruches aus Culpa in contrahendo zu der Regelung in Art. 16 eingeht.

Magnus wiederum vertritt zwar grundsätzlich ebenfalls die Ansicht, daß der Abbruch von Vertragsverhandlungen regelmäßig zulässig ist und keine Ansprüche aus Culpa in contrahendo auslöst.

Habe aber eine Partei eine Vertrauenssituation geschaffen, daß sie den Vertrag schließen werde, und habe der Partner hierauf tatsächlich vertraut, so solle diesem nach der Konvention der Vertrauensschaden zu

ersetzen sein, auch wenn es nicht zu einem Vertragsschluß gekommen sei[1139].
Dies folge aus dem in den Artt. 16 Abs. 2 lit. b., 29 Abs. 2 S. 2, 35 Abs. 2 lit. b. verankerten allgemeinen Grundsatz des UN-Kaufrechts, wonach eine Partei die Folgen zu tragen habe, wenn sie eine besondere Vertrauenslage geschaffen und die andere Partei sich darauf tatsächlich verlassen habe[1140].

Richtig dürfte es aber meiner Ansicht nach eher sein, den insbesondere in Art. 16 Abs. 2 lit. b ausgedrückten Vertrauensgedanken nur für den Fall zur Anwendung zu bringen, daß bereits ein annahmefähiges Angebot einer Partei im Sinne des Art. 14 vorliegt.

Sinn und Zweck der Bestimmung des Art. 16 Abs. 2 ist es nicht, den Vertrauensschutz auf das gesamte Verhandlungsstadium zu erstrecken. Vielmehr sollte mit der Vorschrift versucht werden, einen tragfähigen Kompromiß zwischen dem aus dem anglo-amerikanischen Rechtskreis übernommenen Grundsatz der Widerruflichkeit einer Offerte einerseits und dem in den kontinental-europäischen Rechtsordnungen vorherrschenden Prinzip der Bindung an das Angebot andererseits zu schaffen[1141].

Art. 16 Abs. 2 trägt daher lediglich dem Bedürfnis einzelner Vertragsstaaten Rechnung, entgegen dem Grundsatz des Art. 16 Abs. 1 in bestimmten Fällen doch eine Bindung an das Angebot vorzusehen, indem der Widerruf desselben ausgeschlossen wird[1142].

Steht somit die Regelung des Art. 16 Abs. 2 gewissermaßen unter dem Stichwort "Bindung an das Angebot trotz grundsätzlicher Widerruflichkeit", so wird hieraus auch deutlich, daß das UN-Kaufrecht - um einen Ausgleich zwischen den verschiedenen Ansichten der Rechtskreise zu

---

1139 Staudinger-Magnus, Art. 4 Rdnr. 43.

1140 Staudinger-Magnus, Art. 4 Rdnr. 42 und Art. 7 Rdnr. 44.

1141 Reinhart, Art. 16 Rdnr. 3; v.Caemmerer/Schlechtriem-Schlechtriem, Art. 16 Rdnr. 1; Bianca-Bonell-Eörsi, Art. 16 Anm. 2.1.1.; Staudinger-Magnus, Art. 16 Rdnr. 1.

1142 Staudinger-Magnus, Art. 16 Rdnr. 9.

erlangen - lediglich das Vertrauensinteresse des Empfängers einer Offerte schützen will und gegebenenfalls eine unwiderrufliche Bindung an jene festschreibt.

Die Tatsache also, daß das entgegengebrachte Vertrauen in Art. 16 Abs. 2 lit. b. ausdrücklich als "haftungsbegründend" erwähnt ist, liefert daher keine Argumente für die Annahme, daß das Vertrauen der Parteien unabhängig vom Vorliegen einer Offerte auch bereits während der Vorverhandlungen besonders geschützt sein sollte.

Der mühsam gefundene Kompromiß zwischen freier Widerruflichkeit des Angebots und dem Vertrauensschutz des Offertenempfängers läßt vielmehr für andere Rechtsbehelfe zur Wahrung des Vertrauensinteresses keinen Raum[1143].

In diesem Zusammenhang ist auch die rechtliche Folge eines durch Art. 16 Abs. 2 lit. b. verwirklichten Vertrauensschutzes besonders zu berücksichtigen.

Die Vorschrift des Art. 16 Abs. 2 lit. b. schützt nicht das Vertrauen auf die Unwiderruflichkeit der Offerte an sich, sondern greift erst aufgrund der im Vertrauen getätigten Disposition des Empfängers ein.

Der Offerent hat aber in diesem Fall nicht nur für den Ersatz der Aufwendungen (das negative Interesse) einzustehen, vielmehr bleibt - bei rechtzeitiger Annahme des Antrags - das positive Interesse des Angebotsempfängers am Vertrag gewahrt.
Der Oblat wird somit mit der vollständigen Vertragswirksamkeit geschützt[1144].

Es geht hier also nicht um eine billige Schadensabwicklung, sondern um die Gebundenheit des Offerenten.

1143 Herber/Czerwenka, Art. 16 Rdnr. 12; v.Caemmerer/Schlechtriem-Schlechtriem, Art. 16 Rdnr. 13.

1144 Wey, S. 356.

Das UN-Kaufrecht greift demnach auch in Fällen des Art. 16 Abs. 2 lit. b. in keiner Weise den Ausgleichsgedanken auf, der einem Anspruch aus Culpa in contrahendo innewohnt[1145].
Wo ein Angebotsempfänger im berechtigten Vertrauen auf das Angebot Aufwendungen machte und machen durfte, scheidet ein Widerruf aus und der Vertrag kommt zustande.

Einen Schadensersatzanspruch - auch aufgrund des durch den unzulässigen Widerruf konkludent erklärten Abbruchs der Vertragsverhandlungen - sieht das UN-Kaufrecht hingegen nicht vor[1146].

E) Vergleich mit ausländischen Sachrechten

Ein Blick auf das Sachrecht anderer, nicht dem deutschen Rechtskreis angehörender Staaten bestätigt das oben gefundene Ergebnis und zeigt, daß die Lösung des UN-Kaufrechts - kein Anspruch aus Culpa in contrahendo beim Abbruch von Vertragsverhandlungen - durchaus auch "international akzeptabel" ist.

1) Italien

Ebenso wie im UN-Kaufrecht ist auch im *italienischen* Recht das Angebot in den weitaus wichtigsten Fällen - bei zweiseitig verpflichtenden Verträgen - bis zum Vertragsschluß widerruflich (Art. 1328 Abs. 1 S.1 C.c.).
Solange der Offerent noch nicht Kenntnis von der Annahme hat (Art. 1328 Abs. 1 C.c.), kann er durch Ausübung des Widerrufsrechts das Zustandekommen des Vertrages verhindern[1147].

1145 A.A. Heuzé, der die Meinung vertritt, daß der Empfänger - anstatt den Vertrag zustande kommen zu lassen - auch Schadensersatz analog Art. 74 ff. fordern könne (vgl. S. 143)

1146 Schlechtriem, UN-Kaufrecht, S. 40 Fn. 174. A.A. Bonell, RIW 1990, S. 701 sowie für bestimmte Konstellationen Staudinger-Magnus, Art. 4 Rdnr. 43.

Dies gilt sogar dann, wenn der Annehmende mit der Durchführung des Vertrages begonnen hat, bevor er von dem Widerruf Kenntnis hatte. Allerdings trifft den Offerenten in diesem Fall eine Entschädigungspflicht (Art. 1328 Abs. 1 S.2 C.c.).

Diese Regelung schließt parallele Ansprüche des Empfängers aus vorvertraglicher Haftung (vgl. Art. 1337 C.c.) auch nicht aus, wenn Vertragsverhandlungen ohne berechtigten Grund abgebrochen werden[1148].

Ein solcher Anspruch ist nach allgemeiner Ansicht aber lediglich auf den Ausgleich des negativen Interesses gerichtet.
Diese Begrenzung der Schadensersatzpflicht folgt aus dem System des Codice Civile insofern, als Art. 1328 Abs. 1 S.2 C.c. bei noch stärkerer Vertrauensgrundlage - im Falle des Widerrufs einer Vertragsofferte - gleichermaßen nur die Entschädigung der durch die begonnene Vertragsausführung entstandenen Kosten und Verluste anordnet[1149].

Insoweit ist man sich auch im *italienischen* Recht darüber im klaren, daß eine Schadensersatzpflicht wegen mutwilligen Abbruchs von Vertragsverhandlungen nicht weiter reichen kann als diejenige, die die Partei im Falle des Widerrufs eines Angebots trifft.

Daß trotz möglichen Widerrufs des Antrags überhaupt ein Schadensersatz beim Verhandlungsabbruch in Frage kommt, liegt letztlich nur an der Tatsache, daß Art. 1328 Abs. 1 S.2 C.c. eine Entschädigungspflicht für bestimmte Fälle grundsätzlich vorsieht.

Im UN-Kaufrecht fehlt indes eine mit Art. 1328 Abs. 1 S.2 C.c. vergleichbare Vorschrift, so daß insoweit auch die Versagung jeglicher Schadensersatzansprüche beim Absehen vom Vertrag gerechtfertigt ist.

1147 Art. 16 Abs. 1 des UN-Kaufrechts ist dabei aber insofern enger gefaßt, als der Widerruf dem Empfänger noch vor Absendung der Annahme zugehen muß.

1148 Kindler, S. 187.

1149 Küpper, S. 113.

2) Frankreich

Auch die herrschende Ansicht in *Frankreich* geht von der freien Widerruflichkeit eines Angebots bis zu seiner Annahme aus[1150].

Vertrauensschutz wird aber demjenigen gewährt, gegenüber dem eine Offerte abgegeben wird, solange er mit Rücksicht auf eine vom Offerenten bestimmte Annahmefrist oder nach den sonstigen Umständen damit rechnen darf, den Vertrag durch Erklärung der Annahme zustandezubringen[1151]
Der vorzeitige und grundlose Widerruf des Angebots wird insoweit als "fautif" gewertet und kann zum Schadensersatz verpflichten[1152].

Ausnahmsweise muß aber auch für den Abbruch von Vertragsverhandlungen eingestanden werden, wenn dieser eine "faute" oder einen "abus de droit" im Sinne des Art. 1382 C.c. darstellt[1153].
Bemerkenswert hieran ist aber, daß eine diesbezügliche Haftung nicht vertraglich- oder vertragsähnlich, sondern in vollem Umfang deliktsrechtlich qualifiziert wird[1154].

Das liegt meines Erachtens nach nicht nur an der wirkungsvollen deliktsrechtlichen Generalklausel des Art. 1382 C.c., sondern auch an der Einsicht, daß sich eine an das Vertragsrecht anlehnende Haftung beim bloßen Verhandlungsabbruch nicht mit den gesetzlichen Grundsätzen über die Widerruflichkeit von Offerten vereinbaren ließe.

Aus diesem Grund zog man es vor, die Verletzung vorvertraglicher Pflichten in das außervertragliche Deliktsrecht "auszugliedern" und somit Wertungswidersprüche zu vermeiden.

Auf das UN-Kaufrecht bezogen bedeutet diese Vorgehensweise, daß eine Schadensersatzpflicht wegen grundlosen Abbruchs der Vertrags-

1150 Seube, S. 112; Renner, S. 196.
1151 Stoll, FS v.Caemmerer, S. 446 Fn 48; Seube, S. 112 f.
1152 Küpper, S. 115.
1153 Vgl. Choi, S. 211; Lorenz, ZEuP 1994, S.226.
1154 Lorenz, ZEuP 1994, S. 219; Farnsworth, Columbia Law Review 1987, S. 241.

verhandlungen höchstens mit Hilfe deliktsrechtlicher Regeln zu begründen wäre und somit - wegen des Auschlusses des Deliktsrecht aus dem sachlichen Anwendungsbereich der Konvention (Art. 4)[1155] - nicht im Rahmen des UN-Abkommens behandelt werden kann.

3) England

Gleiches gilt im übrigen für das *englische* Recht, in dem - wenn überhaupt - der Verhandlungsabbruch nur deliktsrechtlich sanktioniert wird[1156].

4) USA

Das *amerikanische* Recht wiederum nimmt eine gewisse Sonderstellung ein, indem - bei grundsätzlich jederzeit zulässigem Verhandlungsabbruch - aus einer speziellen Vorschrift (§ 90 Restatement Contracts entsprechend)[1157] Grundsätze abgeleitet werden, deren Anwendung im vorkonsensualen Bereich eine Einstandspflicht wegen unzulässigem Abbruch der Vertragsverhandlungen begründen können.

Dabei ist von einer unabhängigen, neu geschaffenen Vertrauenshaftung auszugehen, die ihre Grundlage weder im Delikts- noch im Vertragsrecht findet[1158].

Eine mit § 90 Restatement Contracts vergleichbare Regelung, aus der sich gleichermaßen Anhaltspunkte für eine vorvertragliche Haftung im Hinblick auf den mutwilligen Verhandlungsabbruch ergeben könnten,

---

[1155] Vgl. oben S. 203 ff.
[1156] Vgl. oben S. 161..
[1157] Vgl. oben S. 160.
[1158] Küpper, S. 129.

läßt sich aber im UN-Kaufrecht gerade nicht finden, so daß auch die *amerikanische* Praxis keine Unterstützung für die Annahme einer diesbezüglichen Culpa-in-contrahendo-Haftung innerhalb der Konvention bietet.

D) Zusammenfassung und Würdigung

Der Tatbestand des mutwilligen Verhandungsabbruchs führt im Wiener Kaufrecht nicht zu einer Schadensersatzpflicht aus Culpa in contrahendo, weil sich aus dem Vertragsabschlußsystem der Konvention - insbesondere aus Artt. 15 und 16 - ergibt, daß der Abbruch von Vertragsverhandlungen grundsätzlich zulässig ist.

Eine unbesehene Übertragung *deutscher* Rechtsvorstellungen in das Regelungsgefüge des UN-Kaufrechts muß insoweit - wie schon dargestellt - wegen erheblicher Systemunterschiede zwischen BGB und UN-Kaufrecht von vornherein ausscheiden.

Insofern müssen die in den Vorschriften der Konvention getroffenen Entscheidungen, auch wenn hier eine explizit getroffene Aussage über eine vorvertragliche Haftung wünschenswert gewesen wäre[1159], akzeptiert werden.

Man darf bei der Betrachtung auch nicht außer Acht lassen, daß die beispielsweise im *deutschen* Recht strikt vertragsähnlich konzipierte Haftung aus Culpa in contrahendo in anderen Ländern kein vergleichbares Pendant gefunden hat[1160].
Ein Hauptgrund hierfür liegt sicherlich in der durchgehend effektiveren Ausgestaltung des Deliktsrechts ausländischer Rechtsordnungen, die von Anfang an - im Gegensatz zum *deutschen* Recht - eine "Culpa-in-contrahendo-Lawine" vermieden hat.

[1159] So auch Kappus, S. 189 Fn.630.
[1160] Siehe auch Nickl, S. 54 f.

Für den Abbruch von Vertragsverhandlungen im Rahmen des UN-Kaufrechts läßt sich somit zusammenfassend sagen:

Wenn schon der Widerruf eines wirksam gewordenen Angebots grundsätzlich ohne schadensersatzrechtliche Konsequenzen bleibt, so muß dies - argumentum a maiore ad minus - erst recht für die "abgeschwächte" Form des bloßen Verhandlungsabbruchs gelten[1161].

Das in der Konvention manifestierte Vertragsabschlußsystem verbietet insofern - will man die aufgestellten Grundregeln nicht aus den Angeln heben -, im Falle des Scheiterns des Vertragsabschlusses über die "Hintertür" einer Haftung aus Culpa in contrahendo systemwidrige Rechtsbehelfe in das Kaufabkommen "hineinzuschleusen"[1162].

Spricht sich das UN-Kaufrecht für die grundsätzlich freie und unsanktionierte Widerruflichkeit eines Vertragsangebotes aus, so läßt sich hieraus die Wertung entnehmen, daß in diesem Zusammenhang etwaig verletzte vorvertragliche Verhaltenspflichten - im Einklang mit den Grundzügen des Teils II der Konvention - ebenfalls unbeanstandet bleiben müssen.

Möglich bleiben daher - wie in vielen anderen nationalen Rechten auch[1163] - lediglich Überlegungen auf dem deliktsrechtlichen Sektor, wie dem enttäuschten Partner der entstandene Schaden doch noch ersetzt werden könnte.

Die Lösung dieses Problems liegt aber - wie erläutert - nicht mehr im Aufgabengebiet des UN-Kaufrechts, das Fragen des Deliktsrechts allein den Sachrechten der Mitgliedsstaaten zur Beantwortung überlassen hat.

Wird davon ausgegangen, daß das UN-Kaufrecht den Tatbestand des "Abbruchs der Vertragsverhandlungen" abschließend dahingehend regelt, daß diesbezügliche Ansprüche aus Culpa in contrahendo durch die Regelungssystematik und Wertungen des Abkommens ausgeschlossen

---

1161 Karollus, S. 216.

1162 v.Caemmerer/Schlechtriem-Schlechtriem, vor Artt. 14-24 Rdnr. 6 Fn. 36.

1163 Vgl. nur das französische oder das englische Recht.

sind, so bleibt auch für die Anwendung nationaler Culpa-in-contrahendo-Regeln oder funktional ähnlicher Rechtsbehelfe selbstverständlich kein Raum mehr[1164].

1164 v.Caemmerer/Schlechtriem-Schlechtriem, vor Artt. 14-24 Rdnr. 6 Fn. 36. Allerdings will Schlechtriem nationale Rechtsbehelfe dann zulassen, wenn ein nicht über die allein vom UN-Kaufrecht erfaßten Stationen "Angebot - Annahme" laufendes Vertragsschlußverfahren abgebrochen werde. Da die Konvention diese Situation nicht regele und ein allgemeiner Grundsatz, mit dem man diese Lücke füllen könnte, kaum gefunden werden könne, bleibe nur noch der Rückgriff auf nationales Recht gemäß Art. 7 Abs. 2.

SCHLUSSBETRACHTUNG

Es hat sich gezeigt, daß innerhalb des UN-Kaufrechts keine Ansprüche aus Verschulden bei Vertragsschluß entstehen können.

In Bezug auf die Verletzung von "Schutz- und Verkehrspflichten" herrscht darüber breite Übereinstimmung in der Literatur, weil die hier von den Parteien während der Vertragsverhandlungen zu beachtende Aufmerksamkeit und Sorgfalt unstreitig deliktsrechtlicher Natur sind und somit nicht unter den sachlichen Regelungsbereich (Art. 4) des Abkommens fallen.

Stehen Schadensersatzansprüche aus Culpa in contrahendo im Zusammenhang mit dem Abschluß nachteiliger Verträge in Frage, so scheiden von vornherein diejenigen Ansprüche aus dem Anwendungsbereich des UN-Kaufrechts aus, die auf die Aufhebung des geschlossenen Kontraktes zielen.
Auch hier gilt Art. 4 S. 2 lit. a., wonach die materielle Gültigkeit von Verträgen keine vom Übereinkommen behandelte Materie darstellt.

Wird hingegen Schadensersatz in Geld bzw. die - vor allem von der *deutschen* Rechtsprechung gewährte - Anpassung des Vertrages verlangt, so stellt das Wiener Kaufrecht in den Artt. 35 und 50 eigenständige Rechtsbehelfe zur Verfügung, welche die von der Culpa in contrahendo insbesondere unter dem Stichwort der "Verletzung von Aufklärungspflichten" behandelten Lebenssachverhalte bei funktionaler Betrachtung abschließend regeln, so daß in diesen Fällen eine spezielle vorvertragliche Haftung für das UN-Kaufrecht obsolet wird.

Soweit ein wirksamer Vertrag nicht zustande kommt und eine der Parteien von der anderen den ihr daraus resultierenden Schaden in Rechnung stellt, kann die Fallgruppe "Mißachtung der erforderlichen Vertragsform" kein Verschulden bei Vertragsschluß begründen, da in Art. 11 der Konvention insofern die Formfreiheit internationaler Warenkaufverträge ausdrücklich normiert wird.

Erweist sich ein Kontrakt aufgrund des Verschuldens der Gegenseite als unwirksam, so steht einem etwaigen Anspruch aus Culpa in contrahendo die Tatsache entgegen, daß es sich hier letztlich wiederum um ein Problem der materiellen Gültigkeit des Vertrages handelt, welches das Übereinkommen nach der Definition seines Regelungsbereiches nicht zu lösen vermag.

Schließlich ist auch der Abbruch von Vertragsverhandlungen unter der Geltung des UN-Kaufrechts sanktionslos möglich, wie sich insbesondere aus dem Vertragsabschlußsystem und den darin enthaltenen Wertungen der Konvention ergibt.

Der grundsätzlich zulässige Widerruf bereits wirksam gewordener Offerten kann insoweit - argumentum a maiore ad minus - nur zu dem Schluß führen, daß der bloße Abbruch von Verhandlungen ohne vorhergehende Angebotsunterbreitung ebenfalls keine Schadensersatzpflicht nach sich zieht.

Festzuhalten bleibt daher als Ergebnis, daß sich für das Rechtsinstitut der Culpa in contrahendo im UN-Kaufrecht kein Platz findet.

So schwer begreiflich diese These insbesondere für den mit der Culpa in contrahendo häufig konfrontierten *deutschen* Juristen erscheinen mag, so verständlicher wird sie, je eher man bereit ist, nationalstaatliche Ausbildung und Rechtstradition dem Ansinnen eines Einheitskaufrechts unterzuordnen.

Die Denkfiguren und Prinzipien der eigenen Rechtsordnung können und dürfen nicht übernommen werden[1165]. Vielmehr wird das UN-Kaufrecht in diesem Zusammenhang durch eine vom Rechtsverständnis der eigenen Rechtsordnung beherrschte Auslegung seines Zweckes beraubt.

[1165] Vgl. in diesem Zusammenhang auch Vida, IPRax 1995, S. 263 sowie Ranker, IPRax 1995, S. 237.

Die Kaufrechte der einzelnen Staaten sind eben verschieden; wären sie - auch mit unterschiedlicher Detailausgestaltung - den Grundprinzipien nach gleich, so hätte es keines einheitlichen Kaufrechts bedurft[1166].

Mittelpunkt der Diskussion sollte daher nicht der Vergleich des UN-Kaufrechts und der Tauglichkeit seiner Lösungen mit dem Kaufrecht des BGB oder einem anderen ausländischen Kaufrecht sein[1167], sondern vor allem die Chance, trotz aller Verschiedenheit der Rechtssysteme und -ordnungen die vorhandenen Hemmnisse für den Welthandel durch Schaffung einheitlich geltender Normen zu beseitigen.

Die Väter des Wiener Übereinkommens von 1980 haben auf dieser Grundlage daher versucht, nicht etwa bloße Kompromisse zwischen den Anschauungen der verschiedenen Rechtsordnungen zu schließen, sondern in Auswertung ihres Erfahrungsschatzes eine in sich ausgewogene Regelung der Rechte und Pflichten von Verkäufer und Käufer zu schaffen[1168].

Das Einheitliche Kaufgesetz ist daher weniger das Ergebnis eines Kompromisses, als einer auswählenden und schöpferischen Tätigkeit. Die Verfasser haben sich dabei nur dann von nationalen Vorbildern leiten lassen, wenn diese ihnen in ihrem Wesen nach gut und geeignet zu sein schienen, die internationalen Beziehungen zu verbessern. Bei zahlreichen Problemen sahen sie sich aber veranlaßt, die nationalen Rechte durch neuere oder weitergehende Regelungen zu ersetzen.

Das UN-Kaufrecht stellt nur insofern einen Kompromiß dar, als seine Verfasser ständig darum bemüht waren, die Rechte des Käufers und des Verkäufers gegeneinander abzuwägen und Regelungen, die als solche für den internationalen Handel förderlich waren, aber die eine oder andere Partei zu sehr begünstigt hätten, in dem erforderlichen Maße abzumildern.

1166 Stern, S. 4.

1167 Schlechtriem, IPRax 1990, S. 283.

1168 v.Caemmerer, SJZ 1981, S. 260.

Unter diesem Aspekt ist leicht einzusehen, daß die vertrauten Rechtsargumente teilweise an Aussagekraft und Gewicht verlieren müssen. Dies gilt in verstärktem Maße für speziell geschaffene Rechtsinstrumente, welche die einem nationalen Recht immanente Lücken schließen und für sachgerechte Lösungen sorgen sollen.
Jedes Rechtssystem weist seine ausfüllungsbedürftigen "Lücken" an unterschiedlichen Stellen auf und setzt damit unterschiedliche Schwerpunkte des Anwendungsbereichs der Culpa in contrahendo.

Einheitsrecht muß aber, um seine einheitlichen Anwendungsvoraussetzungen zu sichern, selbst die Grenzen seiner Anwendbarkeit abstekken[1169] und als Preis für die Rechtsvereinheitlichung auf die Normierung aller erdenklichen Kaufprobleme verzichten.

Angelpunkt jeder Betrachtung muß daher stets das konkrete Sachproblem sein.
Besonderes Gewicht erhält in diesem Zusammenhang noch die Tatsache, daß bei der Ausarbeitung der Konvention sämtliche Vorschläge über eine Haftung bei Verschulden bei Vertragsschluß unberücksichtigt blieben[1170].
Genau betrachtet war diese ablehnende Haltung nur konsequent, da das UN-Kaufrecht die Frage der materiellen Gültigkeitsvoraussetzungen des internationalen Kaufvertrages bewußt nicht regeln, sondern der Regelungskompetenz der nationalen Rechte vorbehalten wollte. Eine Haftungsnorm im Sinne der Culpa in contrahendo hätte im UN-Kaufrecht insoweit gewissermaßen einen "Fremdkörper" dargestellt[1171].

Insofern darf nicht vergessen werden, daß die Culpa in contrahendo allgemein im Schuldrecht nationaler Rechtsordnungen verankert ist und das hier im Mittelpunkt der Betrachtung stehende Kaufrecht lediglich einen kleinen Ausschnitt aus dieser komplexen Materie darstellt, auf das sämtliche Grundzüge vorvertraglicher Haftung nicht problemlos übertragen werden können.

[1169] Hoyer, S. 31.
[1170] Vgl. oben S. 173 ff.
[1171] Kappus, S. 189 Fn.630.

Dem Anliegen eines Einheitskaufrechts wird auch nicht gerecht, wer den Grundsatz von Treu und Glauben heranzieht, um mit dessen Hilfe bestimmten Rechtsvorstellungen innerhalb des Abkommens Geltung zu verschaffen.

Gewiß, "good faith" und "fair dealing" sind eherne Grundsätze und deren Beachtung unerläßliche Bedingung gedeihlicher Zusammenarbeit, was auch während der Ausarbeitung des Abkommens immer wieder betont wurde[1172].

Doch stoßen auch die Treu-und-Glaubens-Prinzipien auf ihre Grenzen, sobald Normen innerhalb eines Gesetzeswerkes vorhanden sind, die über die Zulässigkeit bestimmter Verhaltensweisen und Rechtsbehelfe der Parteien abschließend entscheiden.

Die damit angesprochene Rechtssicherheit spielt gerade im internationalen Recht insoweit eine überragende Rolle. Dies gilt nicht nur für die tägliche Praxis grenzüberschreitender Handelsgeschäfte, bei denen die Parteien im Hinblick auf ihren unbekannten, ausländischen Partner auf eine gesicherte Rechtsgrundlage besonders viel Wert legen, sondern überhaupt für die weitere Existenz eines weltweit gültigen Einheitsrechts.
Denn anders als im Binnenverkehr, in dem sich die Geschäftsleute grundsätzlich nicht der innerstaatlichen Rechtsordnung entziehen können, besteht - wie Art. 6 des UN-Kaufrechts zeigt - im internationalen Handel (noch) jederzeit die Möglichkeit, die Gültigkeit mißliebiger, weil unberechenbarer Vorschriften internationaler Gesetzeswerke auszuschließen.

Haben einheitlich geltende Rechtsvorschriften aber zur Aufgabe, den gegenseitigen Handel über die Landesgrenzen hinaus zu fördern und zu erleichtern, kann die Verweigerung diesbezüglich geschaffener Abkommen von Seiten des unmittelbar begünstigten Personenkreises nur dazu führen, daß rechtsvereinheitlichende Maßnahmen zukünftig an Wert einbüßen werden.

1172 Vgl. nur UNCITRAL-Yearbook IX (1978), S. 66 N. 71.

Bedenkt man dabei, daß das UN-Kaufrecht lediglich den bescheidenen Anfang internationaler Rechtsannäherung darstellt, so kann man die Zurückhaltung mit der Anerkennung nicht ausdrücklich normierter Rechtsinstitute nur begrüßen.

Die Culpa in contrahendo wird - wenn auch in einem im Vergleich mit dem *deutschen* Recht weit weniger umfangreichen Ausmaß - Einzug ins internationale Vertragsrecht halten, sobald sich das UN-Kaufrecht als "Weltkaufrecht" bewährt und in den nationalen Rechtsordnungen etabliert hat.

Ob dies tatsächlich im Rahmen der Kaufrechtskonvention von 1980 geschehen wird oder eher im Zusammenhang mit der Schaffung eines - wünschenswerten - einheitlichen Schuldrechts, kann heute noch nicht vorausgesagt werden.

Das UN-Kaufrecht stellt jedenfalls eine erweiterungsfähige Modellordnung dar, die gemeinsame Rechtsüberzeugungen ausdrückt und schafft und insoweit Vorreiter und wahrscheinlich notwendiges Durchgangsstadium für eine weitere und sicher langsame Angleichung der nationalen Vertragsrechte ist.

Geht man aber davon aus, daß das "Schicksal" der Wiener Konvention von 1980 für die weiteren Bemühungen um die internationale Rechtsvereinheitlichung von entscheidender Bedeutung ist[1173], so kann durchaus erwartet werden, daß das "Projekt UN-Kaufrecht" - im Falle seines Gelingens - dem Rechtsinstitut der Culpa in contrahendo den Weg "auf die internationale Bühne" bereiten wird.

1173 So auch Diedrich, Auslegung, S. 30 f.

LITERATURVERZEICHNIS

Armasow, Ulrich: Schaden und abgestufte Haftung (Proportionalitätsprinzip) im Preußischen Allgemeinen Landrecht von 1794 unter Beschränkung hauptsächlich auf die unerlaubten Handlungen, Heidelberg 1975.

Audit, Bernard: La vente internationale de marchandises, Conventions des Nations Unies du 11 Avril 1990, Paris 1990.

Audit, Bernard: Présentation de la Convention, in: La Convention de Vienne sur la vente internationale et les INCOTERMS - Actes du Colloque des 1er et 2 décembre 1989 -, Paris 1990, S. 1 ff. (zitiert als: Audit, Colloque).

Aue, Joachim: Mängelgewährleistung im UN-Kaufrecht unter besonderer Berücksichtigung stillschweigender Zusicherungen, Frankfurt am Main 1989.

Ballerstedt, Kurt: Zur Haftung für Culpa in contrahendo bei Geschäftsabschluß durch Stellvertreter, AcP 151 (1950/51), S. 501 ff..

von Bar, Christian: Vertragliche Schadensersatzpflichten ohne Vertrag ?, JuS 1982, S. 637 ff..

Bernstein, Herbert: Kollisionsrechtliche Fragen der Culpa in contrahendo, RabelsZ 41 (1977), S. 281 ff..

Bianca, C.M./Bonell, M.J.: Commentary on the International Sales Law, The 1980 Vienna Sales Convention, Mailand 1987 (zitiert als: Bianca/Bonell - Bearbeiternamen).

Bischoff, Jacques: Allgemeine Erfahrungen bei der Rechtsvereinheitlichung in der UNCITRAL, SZIER 1993, S. 623 ff..

Bloth, Christian: Produkthaftung in Schweden, Norwegen und Dänemark, Heidelberg 1993.

Bonell, Michael Joachim: Vertragsverhandlungen und culpa in contrahendo nach dem Wiener Kaufrechtsübereinkommen, RIW 1990, S. 693 ff..

Bonell, Michael Joachim: UN-Kaufrecht und das Kaufrecht des Uniform Commercial Code im Vergleich, RabelsZ 58 (1994), S. 20 ff..

Brandi-Dohrn, Matthias: Das UN-Kaufrecht - Entstehungsgeschichte und Grundstruktur, CR 1991, S. 705 ff.

Brandi-Dohrn, Matthias: Haftung und Gewährleistung bei EDV-Produkten - Eine Einführung nach BGB und internationalem Kaufrecht, CR 1993, S. 473 ff.

Bredt, Stephan / Fricke, Verena / Garten, Gregor / Kirchhof, Gregor / Ohrtmann, Jan-Peter / Rollin, Felix: Erster internationaler Studentenwettbewerb als Schiedsgerichtsprozeß im UN-Kaufrecht, JuS 1995, S. 85 ff.

Breidenbach, Stephan: Die Voraussetzungen von Informationspflichten beim Vertragsschluß, München 1989.

Bucher, Eugen: Überblick über die Neuerungen des Wiener Kaufrechts; dessen Verhältnis zur Kaufrechtstradition und zum nationalen Recht, in: Wiener Kaufrecht - Der schweizerische Außenhandel unter dem UN-Übereinkommen über den internationalen Warenkauf, Bern 1991, S. 1 ff..

Bundesminister der Justiz (Hrsg.): Abschlußbericht der Kommission zur Überarbeitung des Schuldrechts, Köln (Bundesanzeiger) 1992.

Bydlinski, Franz: Das allgemeine Vertragsrecht, in: Doralt (Hrsg.), Das UNCITRAL-Kaufrecht im Vergleich zum österreichischen Recht, Wien 1985, S. 57 ff.

von Caemmerer, Ernst/Schlechtriem, Peter (Hrsg.): Kommentar zum Einheitlichen UN-Kaufrecht, Das Übereinkommen der Vereinten Nationen über den Internationalen Warenkauf -CISG-Kommentar-, 1. Auflage, München 1990, 2. Auflage, München 1995 (zitiert als: v.Caemmerer/Schlechtriem - Bearbeitername; Zitate der 1. Auflage sind besonders gekennzeichnet).

von Caemmerer, Ernst: Internationale Vereinheitlichung des Kaufrechts, SJZ 1981, S. 257 ff..

von Caemmerer, Ernst: Nachruf Ernst Rabel, NJW 1956, S. 582.

Canaris, Claus-Wilhelm: Die Feststellung von Lücken im Gesetz, Berlin 1964.

Chaussade-Klein, Bernadette: Vorvertragliche "obligation de renseignements" im französischen Recht, Regensburg 1992.

Choi, Heung-Sub: Die vorvertragliche Haftung (Culpa in contrahendo) und der deliktsrechtliche Schutz primärer Vermögensinteressen, Frankfurt 1990.

von Craushaar, Götz: Haftung aus Culpa in contrahendo wegen Ablehnung des Vertragsabschlusses - BGH, LM § 276 (Fa) BGB Nr.28, JuS 1971, S. 127 ff..

Czerwenka, Beate: Rechtsanwendungsprobleme im internationalen Kaufrecht, Berlin 1988.

Degner, Egbert Paul: Kollisionsrechtliche Anknüpfung der Geschäftsführung ohne Auftrag, des Bereicherungsrechts und der culpa in contrahendo, RIW 1983, S. 825 ff.

Degner, Egbert Paul: Kollisionsrechtliche Probleme zum Quasikontrakt, Tübingen 1984 (zitiert als: Degner, kollisionsrechtliche Probleme).

Deutsch, Erwin: Qualifikation und Rechtsanwendung im intertemporalen Recht - dargestellt am Haftungs- und Schadensrecht des Einigungsvertrages, IPRax 1992, S. 284 ff.

Diedrich, Frank: Anwendbarkeit des Wiener Kaufrechts auf Softwareüberlassungsverträge - Zugleich ein Beitrag zur Methode autonomer Auslegung von Internationalem Einheitsrecht -, RIW 1993, S. 441 ff..

Diedrich, Frank: Voraussetzungen einer Vertragsaufhebung wegen Sachmängeln nach dem Wiener Kaufrecht - Anmerkung zu OLG Frankfurt a.M., Teilurteil vom 18.1.1994 - 5 U 15/93 (RIW 1994, S. 240), RIW 1995, S. 11 ff.

Diedrich, Frank: Autonome Auslegung von Internationalem Einheitsrecht: Computersoftware im Wiener Kaufrecht, Baden-Baden 1994 (zitiert als: Diedrich, Auslegung).

Diedrich, Frank: Lückenfüllung im Internationalen Einheitsrecht - Möglichkeiten und Grenzen richterlicher Rechtsfortbildung im Wiener Kaufrecht, RIW 1995, 353 ff.

Dilger, Konrad: Das Zustandekommen von Kaufverträgen im Aussenhandel nach internationalem Einheitsrecht und nationalem Sonderrecht, RabelsZ 45 (1981), S. 169 ff.

Dölle, Hans: Kommentar zum Einheitlichen Kaufrecht - Die Haager Kaufrechtsabkommen vom 1. Juli 1964, München 1976 (zitiert als: Dölle-Bearbeiternamen).

Donath, Roland: Die Statutes of Frauds der US-amerikanischen Bundesstaaten aus der Perspektive des deutschen Kollisionsrechts, IPRax 1994, S. 333 ff.

Dreyer, Dominique: National legislations: D - Switzerland, in: Formation of contracts and precontractual liability. The Dossiers of the Institute of International Business Law and Practice, International Chamber of Commerce, Paris 1990, S. 65 ff.

Drobnig, Ulrich: Methodenfragen der Rechtsvergleichung im Lichte der "International Encyclopedia of Comparative Law", in: Festschrift für Max Rheinstein zum 70. Geburtstag am 5. Juli 1969, Band I, Rechtsmethodik und Internationales Recht, Tübingen 1969, S. 221 ff. (zitiert als: Drobnig, FS Rheinstein).

Ebenroth, Carsten Thomas: Internationale Vertragsgestaltung im Spannungs-verhältnis zwischen AGBG, IPR-Gesetz und UN-Kaufrecht, JBl 1986, S. 681 ff..

Ebke, Werner: National legislations: B - Federal Republic of Germany, in: Formation of contracts and precontractual liability. The Dossiers of the Institute of International Business Law and Practice, International Chamber of Commerce, Paris 1990, S. 35 ff..

Emmerich, Volker: Das Recht der Leistungsstörungen, 3. Auflage, München 1991.

Emmerich, Volker: Zum gegenwärtigen Stand der Lehre von der Culpa in contrahendo, Jura 1987, S. 561 ff..

Enderlein, Fritz: Die Verpflichtung des Verkäufers zur Einhaltung des Lieferzeitraums und die Rechte des Käufers bei dessen Nichteinhaltung nach dem UN-Übereinkommen über Verträge über den internationalen Warenkauf, IPRax 1991, S. 313 ff..

Enderlein, Fritz/Maskow, Dietrich: International Sales Law - United Nations Convention on Contracts for the International Sale of Goods, New York/London/Rome 1992.

Enderlein, Fritz/Maskow, Dietrich/Strohbach, Heinz: Internationales Kaufrecht, Kommentar, Berlin 1991.

Eörsi, Gyula: Formation of Contract, in: Wiener Übereinkommen von 1980 über den internationalen Warenkauf- Lausanner Kolloquium vom 19. und 20. November 1984, S. 43 ff..

Erman, Walter: Handkommentar zum Bürgerlichen Gesetzbuch, Band 1 und 2, 9. Auflage, Münster 1993 (zitiert als: Erman-Bearbeiternamen).

Ernst, Wolfgang: Kernfragen der Schuldrechtsreform, JZ 1994, S. 801 ff..

Esser, Josef/Schmidt, Eike: Schuldrecht Allgemeiner Teil, Band I, 7. Auflage, Heidelberg 1993.

Farnsworth, E. Allan: Problems of the unification of Sales Law from the Stand-point of the common law countries, in: Problems of Unification of International Sales Law, Working Papers - Submitted to the Colloquium of the International Association of Legal Science - Potsdam August 1979, New York 1980, S. 1 ff. (zitiert als: Farnsworth, Problems).

Farnsworth, E. Allan: Precontractual Liability and Preliminary Agreements: Fair Dealing and failed Negotiations, Columbia Law Review 1987, S. 217 ff..

Farnsworth, E. Allan: Formation of Contract, in: Galston/Smit, Chapter 3-1 ff. (zitiert als: Farnsworth, Formation).

Ferid, Murad/Sonnenberger, Hans Jürgen: Das Französische Zivilrecht, Band 1/1, Erster Teil: Allgemeine Lehren des Französischen Zivilrechts: Einführung und Allgemeiner Teil des Zivilrechts, 2. Auflage, Heidelberg 1994.

Fikentscher, Wolfgang: Schuldrecht, 8. Auflage, Berlin/New York 1992.

Firsching, Karl/von Hoffmann, Bernd: Internationales Privatrecht - einschließlich der Grundzüge des Internationalen Zivilverfahrensrechts, 4. Auflage, München 1995.

Fischer, Gerfried: Culpa in contrahendo im Internationalen Privatrecht, JZ 1991, S. 168 ff..

Fischer, Gerfried: Verkehrsschutz im internationalen Vertragsrecht, Köln 1990 (zitiert als: Fischer, Verkehrsschutz).

Frick, Joachim: Culpa in contrahendo - eine rechtsvergleichende und kollisionsrechtliche Studie, Zürich 1992.

Frigge, Bettina: Externe Lücken und Internationales Privatrecht im UN-Kaufrecht (Art. 7 Abs. 2), Frankfurt am Main 1994.

Frotz, Gerhard: Die rechtsdogmatische Einordnung der Haftung für Culpa in contrahendo, in: Gedenkschrift für Franz Gschnitzer, Aalen 1969, S. 163 ff..

Galston, Nina/Smit, Hans (Hrsg.): International Sales: The United Nations Convention on Contracts for the international Sale of Goods, New York 1984.

Gonzenbach, Rainer: Culpa in contrahendo im schweizerischen Vertragsrecht, Bern 1987.

Gottwald, Peter: Die Haftung für Culpa in contrahendo, JuS 1982, S. 877 ff..

Greiner, Monique: Der Vertragsschluß - Zeitpunkt, Formvorschriften, rechtsgeschäftliche Erklärungen, in: Hoyer/Posch, S. 43 ff..

Großfeld, Bernhard: Vom Beitrag der Rechtsvergleichung zum deutschen Recht, AcP 184 (1984), S. 290 ff.

Grunewald, Barbara: Das Scheitern von Vertragsverhandlungen ohne triftigen Grund, JZ 1984, S. 708 ff..

Guhl, Theo: Das Schweizerische Obligationenrecht, 8. Auflage, Zürich 1991.

Gunst, Dirk: Anmerkung zu dem Urteil des BGH vom 22.02.1989 - VIII. Senat 4/88, JZ 1991, S. 202 ff..

Hartkamp, A.S.: Einführung in das Niederländische Schuldrecht - Teil I: Rechtsgeschäfte und Verträge -, AcP 191 (1991), S. 396 ff.

Hartwieg, Oskar: Culpa in contrahendo als Korrektiv für "ungerechte" Verträge - Zur Aufhebung der Vertragsbindung wegen Verschuldens bei Vertragsschluß, JuS 1973, S. 733 ff..

Hartwieg, Oskar: Prozessuale Aspekte einheitlicher Anwendung der Wiener UN-Konvention über den Internationalen Warenkauf (CISG), ZVglRWiss 92 (1993), S. 282 ff..

Heilmann, Jan: Mängelgewährleistung im UN-Kaufrecht. Voraussetzungen und Rechtsfolgen im Vergleich zum deutschen internen Kaufrecht und zu den Haager Einheitlichen Kaufgesetzen, Berlin 1994.

Hellner, Jan: Das internationale Kaufrecht aus dem Blickwinkel der Gesetzgebungstechnik, ZG 3 (1988), S. 249 ff..

Herber, Rolf: Die Arbeiten des Ausschusses für Internationales Handelsrecht (UNCITRAL), RIW/AWD 1974, S. 578 ff..

Herber, Rolf: CLOUT, UNILEX und andere Veröffentlichungen zum internationalen Kaufrecht, RIW 1995, S. 502 ff..

Herber, Rolf: Anwendungsbereich des UNCITRAL-Kaufrechtsübereinkommens, in: Doralt (Hrsg.), Das UNCITRAL-Kaufrecht im Vergleich zum österreichischen Recht, Wien 1985, S. 28 ff..

Herber, Rolf/Czerwenka, Beate: Internationales Kaufrecht, UN-Übereinkommen über Verträge über den internationalen Warenkauf, Kommentar, München 1991.

Herrmann, Gerold: Einheitliches Kaufrecht für die Welt: UN-Übereinkommen über internationale Warenkaufverträge, IPRax 1981, S. 109 ff..

Heuzé, Vincent: La vente internationale de marchandises - Droit uniforme, Paris 1992.

von Hoffmann, Bernd: Internationales Privatrecht im Einigungsvertrag, IPRax 1991, S. 1 ff.

Holl, Volker H./Keßler, Oliver: "Selbstgeschaffenes Recht der Wirtschaft" und Einheitsrecht - Die Stellung der Handelsbräuche und Gepflogenheiten im Wiener UN-Kaufrecht, RIW 1995, S. 457 ff..

Hollwegs, Horst: Die Haftung für die Vergütung beim Kostenvoranschlag und für andere Aufwendungen zur Vorbereitung eines Vertragsschlusses - zugleich ein Beitrag zur Lehre von der culpa in contrahendo, Hamburg 1982.

Holthausen, Rüdiger: Vertraglicher Ausschluß des UN-Übereinkommens über internationale Warenkaufverträge, RIW 1989, S. 513 ff..

Honnold, John: Uniform Words and Uniform Application. The 1980 Sales Convention and International juridical Practice, in: Schlechtriem, Obligationen, S. 115 ff.. (zitiert als: Honnold, Obligationen).

Honnold, John: Uniform Law for International Sales under the 1980 United Nations Convention, 2. Auflage, Deventer 1991 (zitiert als: Honnold, Uniform Law).

Horn, Norbert: Culpa in Contrahendo, JuS 1995, S. 377 ff..

Horn, Norbert/Schmitthoff, M.Clive (Hrsg.): The Transnational Law of International Commercial Transactions, Studies in transnational Economic Law, Volume 2, Deventer 1982.

Hoyer, Hans/Posch, Willibald (Hrsg.): Das Einheitliche Wiener Kaufrecht, Neues Recht für den internationalen Warenkauf, Wien 1992.

Hoyer, Hans: Der Anwendungsbereich des Einheitlichen Wiener Kaufrechts, in: Hoyer/Posch, S. 31 ff..

Huber, Peter: UN-Kaufrecht und Irrtumsanfechtung, ZEuP 1994, S. 585 ff.

Huber, Ulrich: Leistungsstörungen, in: Bundesminister der Justiz (Hrsg.), Gutachten und Vorschläge zur Überarbeitung des Schuldrechts, Band I, Köln 1981, S. 647 ff.. (zitiert als: Huber, Gutachten).

Huber, Ulrich: Der UNCITRAL-Entwurf eines Übereinkommens über internationale Warenkaufverträge, RabelsZ 43 (1979), S. 413 ff.

Huber, Ulrich: Einverständnis des Verkäufers mit der Wandelung im einheitlichen Kaufrecht, IPRax 1988, S. 147 ff.

Hutter, Max: Die Haftung des Verkäufers für Nichtlieferung bzw. Lieferung vertragswidriger Ware nach dem Wiener UNCITRAL-Übereinkommen über internationale Warenkaufverträge vom 11. April 1980, Kempten 1988.

Jagert, Uwe/Derichsweiler, Stefan: Internationales Einheitskaufrecht, JuS 1989, S. 972 ff.

Jansen, Gerhard: Die "Bindung" an Angebot und Annahme beim Vertragsabschluss - Eine rechtsvergleichende Untersuchung, Göppingen 1983.

Jauernig, Othmar: Bürgerliches Gesetzbuch mit Gesetz zur Regelung des Rechts der Allgemeinen Geschäftsbedingungen, 7. Auflage, München 1994 (zitiert als: Jauernig-Bearbeiternamen).

Jayme, Erik/Hausmann, Rainer: Internationales Privat- und Verfahrensrecht, 7. Auflage, München 1994.

Jayme, Erik: Richterliche Rechtsfortbildung im Internationalen Privatrecht, in: Richterliche Rechtsfortbildung - Erscheinungsformen, Auftrag und Grenzen, Festschrift der Juristischen Fakultät zur 600-Jahr-Feier der Ruprecht-Karls-Universität Heidelberg, Heidelberg 1986, S. 567 ff. (zitiert als: Jayme, Rechtsfortbildung).

Jayme, Erik: Anmerkung zu LG Weiden, Urteil vom 6.10.1982 - 1 O 403/82, IPRax 1983, S. 192.

Jayme, Erik: Anmerkung zu AG Groß-Gerau, Urteil vom 17.11.1983 - 7 F 88/83, IPRax 1984, S. 163.

Jayme, Erik: Tagung der deutsch-italienischen Juristen in Fulda, IPRax 1989, S. 332 f.

Jayme, Erik: Anmerkung zu AG Frankfurt am Main, Urteil vom 31.1.1991 - 32 C 1074/90-41, IPRax 1991, S. 345.

Jayme, Erik: Das Wiener Kaufrechtsübereinkommen und der deutsch-italienische Rechtsverkehr - Tagung in Ferrara, IPRax 1989, S. 128 f.

Jayme, Erik/Kohler, Christian: Europäisches Kollisionsrecht 1994: Quellenpluralismus und offene Kontraste, IPRax 1994, S. 405 ff.

Jayme, Erik/Kohler, Christian: Das Internationale Privat- und Verfahrensrecht der Europäischen Gemeinschaft - Jüngste Entwicklungen, IPRax 1988, S. 133 ff.

Jayme, Erik: Betrachtungen zur "dépeçage" im internationalen Privatrecht, in: Festschrift für Gerhard Kegel zum 75. Geburtstag, Stuttgart 1987.

von Jhering, Rudolf: Culpa in contrahendo oder Schadensersatz bei nichtigen oder nicht zur Perfection gelangten Verträgen, IherJB. 4 (1861), S. 1 ff..

Kappus, Andreas: "Lex mercatoria" in Europa und Wiener UN-Kaufrechtskonvention von 1980 : "Conflict avoidance in Theorie und Praxis schiedsrichterlicher und ordentlicher Rechtsprechung in Konkurrenz zum Einheitskaufrecht der Vereinten Nationen, Frankfurt am Main 1990.

Karollus, Martin: UN-Kaufrecht, Wien 1992.

Karollus, Martin: Der Anwendungsbereich des UN-Kaufrechts im Überblick, JuS 1993, S. 378 ff..

Kegel, Gerhard: Internationales Privatrecht, 7. Auflage, München 1995.

Keller, Max/Schöbi, Christian: Das Schweizerische Schuldrecht, Band 1, Allgemeine Lehren des Vertragsrechts, Basel 1982.

Kessler, Friedrich: Der Schutz des Vertrauens bei Vertragsverhandlungen in der neueren amerikanischen Rechtsprechung, in: Festschrift für Ernst von Caemmerer, Tübingen,1978, S. 873 ff. (zitiert als: Kessler, FS v.Caemmerer).

Kessler, Friedrich: Caveat emptor und der Schutz des Hauskäufers, in: Festschrift für Max Rheinstein zum 70. Geburtstag am 5. Juli 1969, Band II, Nationales und vergleichendes Privatrecht, Tübingen 1969, S. 761 ff. (zitiert als: Kessler, FS Rheinstein).

Kessler, Friedrich/Fine, Edith: Culpa in contrahendo, Bargaining in Good Faith, and Freedom of Contract: A comparative Study, Harvard Law Review 77 (1964), S. 401 ff..

Khoo, Warren L. H.: Formation of International Sales Contracts, in: Problems of Unification of International Sales Law, Working Papers - Submitted to the Colloquium of the International Association of Legal Science - Potsdam August 1979, New York 1980, S. 130 ff.

Kindler, Peter: Einführung in das italienische Recht, München 1993.

Kindler, Peter: Einige Hauptfragen des CISG im Spiegel der neueren deutschen Kommentarliteratur, in: Jahrbuch für italienisches Recht, Band 5, Heidelberg 1992, S. 201 ff. (zitiert als: Kindler, Jahrbuch).

Köndgen, Johannes: Selbstbindung ohne Vertrag - Zur Haftung aus geschäfts-bezogenem Handeln, Tübingen 1981.

Kötz, Hein: Die Ungültigkeit von Verträgen wegen Gesetz- und Sittenwidrigkeit - Eine rechtsvergleichende Skizze, RabelsZ 58 (1994), S. 209 ff.

Koziol, Helmut/Welser, Rudolf: Grundriß des bürgerlichen Rechts, Allgemeiner Teil Schuldrecht I, 9. Auflage, Wien 1992.

Kranz, Norbert: Die Schadensersatzpflicht nach den Haager Einheitlichen Kaufgesetzen und dem Wiener UN-Kaufrecht, Frankfurt am Main 1989.

Kreuzer, Karl: Sachmängelhaftung und Vertragswidrigkeit im deutschen Recht und im Einheitlichen Kaufgesetz, in: Leser/von Bieberstein, S. 35 ff.

Kropholler, Jan: Internationales Einheitsrecht, Tübingen 1975.

Küpper, Wolfgang: Das Scheitern von Vertragsverhandlungen als Fallgruppe der culpa in contrahendo, Berlin 1988.

Langenecker, Josef: UN-Einheitskaufrecht und Immaterialgüterrechte: die Rechtsmängelhaftung bei internationalen Kaufverträgen nach dem UN-Kaufrechtsübereinkommen unter besonderer Berücksichtigung von Immaterialgüterrechten, München 1993.

Larenz, Karl: Culpa in Contrahendo, Verkehrssicherungspflicht und "sozialer Kontakt", MDR 1954, S. 515 ff..

Larenz, Karl: Methodenlehre der Rechtswissenschaft, 6. Auflage, Berlin 1991 (zitiert als: Larenz, Methodenlehre).

Lavers, R.M.: CISG: to use, or not to use?, International Business Lawyer 1993, S. 10 ff..

Leonhard, Franz: Verschulden beim Vertragsschlusse, Berlin 1910.

Leser, Hans/Marschall von Bieberstein, Wolfgang (Hrsg.): Das Haager Einheitliche Kaufrecht und das deutsche Schuldrecht - Kolloquium zum 65. Geburtstag von Ernst v. Caemmerer, Karlsruhe 1973 (zitiert als: Leser/von Bieberstein).

Loewe, Roland: Anwendungsgebiet, Auslegung, Lücken, Handelsgebräuche, in: Wiener Übereinkommen von 1980 über den internationalen Warenkauf- Lausanner Kolloquium vom 19. und 20. November 1984, S. 11 ff.. (zitiert als: Loewe, Lausanne).

Loewe, Roland: Internationales Kaufrecht - Wiener UN-Kaufrechtsübereinkommen vom 11. April 1980 und New Yorker UN-Verjährungsübereinkommen vom 14. Juni 1974 samt Protokoll vom 11. April 1980 - , Wien 1989.

Loges, Rainer: Die Begründung neuer Erklärungspflichten und der Gedanke des Vertrauensschutzes, Berlin 1991.

Lorenz, Stephan: Die Culpa in contrahendo im französischen Recht, ZEuP 1994, S. 218 ff.

Lorenz, Stephan: Auskunftsansprüche im Bürgerlichen Recht, JuS 1995 S. 569 ff.

Ludwig, Katharina: Der Vertragsschluß nach UN-Kaufrecht im Spannungsverhältnis von Common law und Civil Law, Frankfurt am Main 1994.

Lutter, Marcus: Die Auslegung angeglichenen Rechts, JZ 1992, S. 593 ff.

Magnus, Ulrich: Aktuelle Fragen des UN-Kaufrechts, ZEuP 1993, S. 79 ff..

Magnus, Ulrich: Währungsfragen im Einheitlichen Kaufrecht - Zugleich ein Beitrag zu seiner Lückenfüllung und Auslegung -, RabelsZ 53 (1989), S. 116 ff.

Magnus, Ulrich: Europäische Kaufrechtvereinheitlichung, RabelsZ 45 (1981), S. 144 ff.

Magnus, Ulrich: Erfahrungen mit dem Haager Waren - Kaufrecht, Erwartungen von der UNCITRAL - Konvention, in: Hoyer/ Posch, S. 28 ff. (zitiert als: Magnus, Erfahrungen).

Magnus, Ulrich: Deutsche Rechtseinheit im Zivilrecht - die Übergangsregelungen, JuS 1992, S. 456 ff.

Magnus, Ulrich: Das Haager Einheitskaufrecht und die gegenwärtige deutsche Praxis, NJW 1977, S. 2000 ff.

Magnus, Ulrich: Englisches Kündigungsrecht auf deutschem Schiff - Probleme des internationalen Seearbeitsrecht, IPRax 1991, S. 382 ff.

Magnus, Ulrich: Probleme der Vertragsaufhebung nach dem UN-Kaufrecht (CISG) - OLG Düsseldorf, NJW-RR 1994, 506, JuS 1995, S. 870 ff.

Mann, Frederick A.: Einheitliches Kaufgesetz und Internationales Privatrecht, JZ 1975, S. 14 ff.

Mansel, Heinz-Peter: Rechtsvergleichung und europäische Rechtseinheit, JZ 1991, S. 529 ff.

Manz, Gerhard/Padmann - Reich, Susan: Introduction of the UN Convention on International Sale of Goods in Germany, International Business Lawyer 1991, S. 300 ff.

Maskow, Dietrich: Einige Hauptzüge der UN-Konvention über internationale Kaufverträge, SuR 1981/1, S. 542.

Materialien zum internationalen Warenkauf sowie zum internationalen Straßengüterverkehr, zusammengestellt von der Bibliothek des Bundesgerichts-hofes, Karlsruhe 1979-1989 (zitiert als: Materialien).

Medicus, Dieter: Die culpa in contrahendo zwischen Vertrag und Delikt, in: Festschrift für Max Keller zum 65. Geburtstag, Zürich 1989, S. 205 ff (zitiert als: Medicus, FS Max Keller).

Medicus, Dieter: Zur Entdeckungsgeschichte der culpa in contrahendo, in: Festgabe für Max Kaser zum 80. Geburtstag, Wien/ Köln/ Graz 1986, S. 169 ff. (zitiert als: Medicus, FS Max Kaser).

Medicus, Dieter: Schuldrecht I, Allgemeiner Teil, 7. Auflage, München 1993 (zitiert als: Medicus, Schuldrecht).

Medicus, Dieter: Vorschläge zur Überarbeitung des Schuldrechts: Das allgemeine Recht der Leistungsstörungen, NJW 1992, S. 2384 ff..

Medicus, Dieter: Verschulden bei Vertragsverhandlungen, in: Bundesminister der Justiz (Hrsg.), Gutachten und Vorschläge zur Überarbeitung des Schuldrechts, Band I, Köln 1981, S. 479 ff. (zitiert als: Medicus: Gutachten).

Medicus, Dieter: Ansprüche auf das Erfüllungsinteresse aus Verschulden bei Vertragsverhandlungen ?, in: Festschrift für Hermann Lange zum 70. Geburtstag, Stuttgart, Berlin, Köln 1992, S. 539 ff. (zitiert als: Medicus, FS Lange).

Medicus, Dieter: Grenzen der Haftung für culpa in contrahendo, JuS 1965, S. 209 ff.

Merkt, Hanno: Internationaler Unternehmenskauf und Einheitskaufrecht, ZVglRWiss 93 (1994), S. 353 ff.

Mertens, Hans-Joachim/Rehbinder, Eckard: Internationales Kaufrecht, Frankfurt 1975.

Messer, Herbert: Schadensersatzansprüche aus Verschulden bei Vertragsverhandlungen wegen der Verletzung für den Vertragsinhalt wesentlicher vorvertraglicher Pflichten, in: Festschrift für Ernst Steindorff zum 70. Geburtstag, Berlin/New York 1990, S. 743 ff..

Michalski, Lutz: Das Rechtsinstitut der "culpa in contrahendo" (c.i.c.), Jura 1993, S. 22 ff..

Motive zu dem Entwurfe eines Bürgerlichen Gesetzbuches für das deutsche Reich, Berlin/Leipzig 1988 (zitiert als: Motive, Bandangabe).

Mouly, Christian: La formation du contrat, in: La Convention de Vienne sur la vente internationale et les INCOTERMS - Actes du Colloque des 1er et 2 décembre 1989 -, Paris 1990, S. 57 ff. (zitiert als: Mouly, Colloque).

Münchner Kommentar zum Bürgerlichen Gesetzbuch, Band 2, 3. Auflage, München 1994; Band 7, München 1990 (zitiert als: MüKo-Bearbeiternamen).

Neumayer, Karl: Offene Fragen zur Anwendung des Abkommens der Vereinten Nationen über den internationalen Warenkauf, RIW 1994, S. 99 ff..

Neumayer, Karl: Der Vertragsschluß nach dem Recht des internationalen Warenkaufs (Wiener Übereinkommen von 1980) - Anwendungsprobleme, in: Festschrift für Werner Lorenz zum 70. Geburtstag, Tübingen 1991 (zitiert als: Neumayer, FS Lorenz).

Neumayer, Karl/Ming, Catherine: Convention de Vienne sur les Contrats de vente internationale de marchandises, Commentaire, Lausanne 1993.

Nickl, Ulrich: Die Qualifikation der culpa in contrahendo im Internationalen Privatrecht, Frankfurt 1992.

Niggemann, Friedrich: Die Pflichten des Verkäufers und die Rechtsbehelfe des Käufers, in: Hoyer/Posch, S. 77 ff.

Nirk, Rudolf: Rechtsvergleichendes zur Haftung für Culpa in Contrahendo, RabelsZ 18 (1953), S. 310 ff..

Nirk, Rudolf: Culpa in contrahendo - eine richterliche Rechtsfortbildung - in der Rechtsprechung des Bundesgerichtshofes, in: FS für Phillip Möhring zum 65. Geburtstag, München 1965, S. 385 ff. (zitiert als: Nirk, FS Möhring (65)).

Nirk, Rudolf: Culpa in contrahendo - eine geglückte richterliche Rechtsfortbildung - Quo vadis ?, in: FS für Phillip Möhring zum 75. Geburtstag, München 1975, S. 71 ff.. (zitiert als: Nirk, FS Möhring (75)).

Ostheim, Rolf: Zur Haftung für Culpa in contrahendo bei grundloser Ablehnung des Vertragsschlusses, JBl 1980, S. 522 ff; 570 ff.

Padovini, Fabio: Der internationale Kauf: Von den Haager Konventionen zur Wiener Konvention - Erfahrungen und Aussichten, ZfRV 1987, S. 87 ff.

Palandt, Otto: Bürgerliches Gesetzbuch, 54. Auflage, München 1995 (zitiert als: Palandt-Bearbeiternamen).

Picker, Eduard: Vertragliche und deliktische Schadenshaftung, JZ 1987, S. 1041 ff..

Piltz, Burghard: Internationales Kaufrecht - Das UN-Kaufrecht (Wiener Übereinkommen von 1980) in praxisorientierter Darstellung, München 1993.

Piltz, Burghard: Neue Entwicklungen im UN- Kaufrecht, NJW 1994, S. 1101 ff..

Piltz, Burghard: Anwendbares Recht in grenzüberschreitenden Kaufverträgen, IPRax 1994, S. 191 ff..

Pouliadis, K. Athanassios: Culpa in contrahendo und Schutz Dritter, Berlin 1982.

Rabel, Ernst: Das Recht des Warenkaufs - Eine rechtsvergleichende Darstellung, 1. Band, Berlin/Leipzig 1936 (zitiert als: Rabel, Warenkauf).

Ranker, Clemens: UN-Kaufrecht: Identität des Vertragspartners und Beweiskraft privatschriftlicher Urkunden, IPRax 1995, S. 236 ff..

Reder, Wolfgang: Die Eigenhaftung vertragsfremder Dritter im internationalen Privatrecht, Konstanz 1989.

Rehbinder, Eckard: Vertragsschluß nach UN-Kaufrecht im Vergleich zu EAG und BGB, in: Schlechtriem, Obligationen, S. 149 ff.

Reinhart, Gert: UN-Kaufrecht, Kommentar zum Übereinkommen der Vereinten Nationen vom 11. April 1980 über Verträge über den Internationalen Warenkauf, Heidelberg 1991.

Reinhart, Gert: Zum Inkrafttreten des UN-Kaufrechts für die Bundesrepublik Deutschland - Erste Entscheidungen deutscher Gerichte, IPRax 1990, S. 289 ff..

Reinhart, Gert: Development of a Law for the International Sale of Goods, The Cumberland Law Review 1984, S. 89 ff..

Reinhart, Gert: Vom Haager zum Wiener Einheitlichen Kaufrecht, in: Jahrbuch für italienisches Recht, 2. Band, Heidelberg 1988, S. 65 ff. (zitiert als: Reinhart, Jahrbuch).

Reinhart, Gert: Entspräche das Kaufrecht der Vereinten Nationen den Erwartungen Ernst Rabels ?, in: Festschrift für Hubert Niederländer, Heidelberg 1991, S. 353 ff (zitiert als: Reinhart, FS Niederländer).

Reinhart, Gert: Rechtsvergleichung und richterliche Rechtsfortbildung auf dem Gebiet des Privatrechts, in: Richterliche Rechtsfortbildung - Erscheinungsformen, Auftrag und Grenzen, Festschrift der Juristischen Fakultät zur 600-Jahr-Feier der Ruprecht-Karls-Universität Heidelberg, Heidelberg 1986, S. 599 ff. (zitiert als: Reinhart, Rechtsfortbildung).

Reinhart, Gert: Fälligkeitszinsen und UN-Kaufrecht, IPRax 1991, S. 376 ff.

Reinhart, Gert: Zur einheitlichen Auslegung vereinheitlichter IPR-Normen nach Art. 36 EGBGB, RIW 1994, S. 445 ff.

Reinicke, Dietrich/Tiedtke, Klaus: Schadensersatzverpflichtungen aus Verschulden beim Vertragsschluß nach Abbruch von Vertragsverhandlungen ohne triftigen Grund, ZIP 1989, S. 1093 ff..

Reinicke, Dietrich/Tiedtke, Klaus: Kaufrecht, 5. Auflage, Neuwied/Kriftel/Berlin 1992.

Renner, Thomas: Der französische Grundsatz des "non- cumul" vertraglicher und deliktischer Schadensersatzansprüche als Vorbild für eine Reform des deutschen Schuldrechts, Mainz 1988.

Rheinstein, Max: Einführung in die Rechtsvergleichung, 2. Auflage, München 1987.

Ryffel, Gritli: Die Schadensersatzhaftung des Verkäufers nach dem Wiener Übereinkommen über internationale Warenkaufverträge vom 11. April 1980, Bern 1992.

Sarcevic, Petar/Volken, Paul (Hrsg.): International Sale of Goods: Dubrovnik Lectures 1985, New York/London/Rome 1986 (zitiert als: Sarcevic/Volken, Dubrovnik Lectures).

Scheffler, Arndt: Culpa in contrahendo und Mängelgewährleistung bei deutsch-schweizerischen Werkverträgen, IPRax 1995, S. 20 ff.

Schlechtriem, Peter: Vertragsordnung und außervertragliche Haftung - Eine rechtsvergleichende Untersuchung zur Konkurrenz von Ansprüchen aus Vertrag und Delikt im französischen, amerikanischen und deutschen Recht, Frankfurt am Main 1972 (zitiert als: Schlechtriem, Vertragsordnung).

Schlechtriem, Peter: Rechtsvereinheitlichung in Europa und Schuldrechtsreform in Deutschland, ZEuP 1993, S. 217 ff.

Schlechtriem, Peter: Einheitliches UN-Kaufrecht, Das Übereinkommen der Vereinten Nationen über internationale Warenkaufverträge, Darstellung und Texte, Tübingen 1981 (zitiert als: Schlechtriem, UN-Kaufrecht).

Schlechtriem, Peter (Hrsg.): Einheitliches Kaufrecht und nationales Obligationsrecht, Baden-Baden 1987 (zitiert als: Schlechtriem, Obligationen).

Schlechtriem, Peter: Das Wiener Kaufrechtsübereinkommen von 1980, IPRax 1990, S. 277 ff..

Schlechtriem, Peter: From the Hague to Vienna - Progress in Unification of the Law of International Sales Contracts?, in: Horn/ Schmitthof, S. 125 ff. (zitiert als Schlechtriem, From Hague to Vienna).

Schlechtriem, Peter: Einheitliches Kaufrecht - wissenschaftliches Modell oder praxisnahe Regelung ?, Heidelberg/Karlsruhe 1978.

Schlechtriem, Peter: Einheitliches Kaufrecht, Erfahrungen mit den Haager Kaufgesetzen - Folgerungen für das Wiener UN-Kaufrecht, ÖRdW, Sonderheft Februar 1989 (Heft 2a), S. 41 ff.

Schlechtriem, Peter: Internationales Schiedsgericht der Bundeskammer der gewerblichen Wirtschaft in Österreich - Anmerkung zu den Schiedssprüchen SCH-4366 und SCH-4318 vom 15.6.1994, RIW 1995, S. 592 ff.

Schlechtriem, Peter: Kurzkommentar zu BGH, Urt. v. 8.3.1995 - VIII ZR 159/94, EWiR 1995, S. 569 f..

Schmidt-Szalewski, Joanna: National legislations: E - France, in: Formation of contracts and precontractual liability. The Dossiers of the Institute of International Business Law and Practice, International Chamber of Commerce, Paris 1990, S. 89 ff.

Schubert, Reinhard: Der Einfluß des Einheitskaufrechts auf die Schuldrechtsreform in der Bundesrepublik Deutschland, in: Schlechtriem, Obligationen, S. 415 ff..

Schwenzer, Ingeborg: Das UN-Abkommen zum internationalen Warenkauf, NJW 1990, S. 602 ff..

Seube, Alain: Die culpa in contrahendo, in: Juristische Fakultät der Universität Heidelberg (Hrsg.), Regeln über den Vertragsschluß im französischen und deutschen Recht - Les règles de la formation du contrat en droit français et allemand, Heidelberg 1985, S. 105 ff..

Siehr, Kurt: Der internationale Anwendungsbereich des UN-Kaufrechts, RabelsZ 52 (1988), S. 587 ff..

Singer, Reinhard: Das Verbot widersprüchlichen Verhaltens, München 1993.

Soergel, Theo: Bürgerliches Gesetzbuch mit Einführungsgesetz und Nebengesetzen, Band 2, Schuldrecht I (§§ 241-432), 12. Auflage, Stuttgart/Berlin/Köln 1990; Band 3, Schuldrecht II (§§ 435-515, UN-KaufR), 12. Auflage, Stuttgart/Berlin/Köln 1991 (zitiert als: Soergel-Bearbeiternamen).

Sono, Kazuaki: Formation of International Contracts under the Vienna Convention: A shift above the comparative Law, in: Sarcevic/ Volken, Dubrovnik Lectures, S. 111 ff. (zitiert als: Sono, Dubrovnik Lectures).

Stathopoulos, Michael: Probleme der Vertragsbindung und Vertragslösung in rechtsvergleichender Betrachtung, AcP 194 (1994), S. 542 ff.

von Staudinger, J.: Kommentar zum Bürgerlichen Gesetzbuch mit Einführungsgesetz und Nebengesetzen, Allgemeiner Teil (§§ 90-240), 12. Bearbeitung, Berlin 1980; Wiener UN-Kaufrecht (CISG), 13. Bearbeitung, Berlin 1994 (zitiert als: Staudinger-Bearbeiternamen).

Stern, Elisabeth: Erklärungen im UNCITRAL-Kaufrecht, Wien 1990.

Stoffel, A. Walter: Ein neues Recht des Internationalen Warenkaufs in der Schweiz, SJZ 1990, S. 169 ff..

Stoffel, A. Walter: Formation du contrat, in: Wiener Übereinkommen von 1980 über den internationalen Warenkauf- Lausanner Kolloquium vom 19. und 20. November 1984, S. 55 ff. (zitiert als: Stoffel, Lausanne).

Stoll, Hans: Internationalprivatrechtliche Fragen bei der landesrechtlichen Ergänzung des Einheitlichen Kaufrechts, in: Festschrift für Murad Ferid, Frankfurt 1988, S. 495 ff. (zitiert als: Stoll, FS Ferid).

Stoll, Hans: Tatbestände und Funktionen der Haftung für Culpa in Contrahendo , in: Festschrift für Ernst von Caemmerer, Tübingen,1978, S. 435 ff. (zitiert als: Stoll, FS v. Caemmerer).

Stoll, Hans: Haftungsfolgen fehlerhafter Erklärungen beim Vertragsschluß, in: Festschrift für Stefan Riesenfeld, Heidelberg 1983, S. 275 ff. (zitiert als: Stoll, FS Riesenfeld).

Stoll, Hans: Regelungslücken im Einheitlichen Kaufrecht und IPR, IPRax 1993, S. 75 ff.

Su, Yingxia: Das Zustandekommen von Kaufverträgen im Außenhandel nach UNCITRAL-Kaufrecht, Bonn 1987.

Teichmann, Arndt: Nebenverpflichtungen aus Treu und Glauben, JA 1984, S. 545 ff..

Thiemann, Rudolf: Culpa in contrahendo - ein Beitrag zum Deliktsrecht, Gelsenkirchen 1984.

Tiedtke, Klaus: Der Inhalt des Schadensersatzanspruchs aus Verschulden beim Vertragsschluß wegen fehlender Aufklärung, JZ 1989, S. 569 ff.

Vékás, Lajos: Zum persönlichen und räumlichen Anwendungsbereich des UN-Einheitskaufrechts, IPRax 1987, S. 342 ff.

Vida, Alexander: Unwirksamkeit der Offerte wegen Unbestimmtheit nach UN-Kaufrecht, IPRax 1995, S. 261 ff..

Volken, Paul: Champ d`application, interpretation, lacunes, usages, in: Wiener Übereinkommen von 1980 über den internationalen Warenkauf - Lausanner Kolloquium vom 19. und 20. November 1984, S. 21 ff. (zitiert als: Volken, Lausanne).

Volken, Paul: Das Wiener Übereinkommen über den internationalen Warenkauf; Anwendungsvoraussetzungen und Anwendungsbereich, in: Schlechtriem, Obligationen, S. 81 ff. (zitiert als : Volken, Obligationen).

Wang, Peter Jen-Huong: Das Wiener Übereinkommen über internationale Warenkaufverträge vom 11. April 1980, ZVglRWiss 87 (1988), S. 184 ff..

Weber, Martin: Haftung für in Aussicht gestellten Vertragsschluß, AcP 192 (1992), S. 390 ff..

Weber, Wilhelm: Treu und Glauben (§ 242 BGB), Berlin 1961 (zitiert als: Weber, Treu und Glauben).

Weitnauer, Herrmann: Culpa in Contrahendo, in: Juristische Fakultät der Universität Heidelberg (Hrsg.), Regeln über den Vertragsschluß im französischen und deutschen Recht - Les règles de la formation du contrat en droit français et allemand, Heidelberg, 1985, S. 71 ff..

Wey, Marc: Der Vertragsschluß beim Internationalen Warenkauf nach UNCITRAL- und schweizerischem Recht - Mit Einschluss der Anwendungs- und Allgemeinen Bestimmungen des Übereinkommens der Vereinten Nationen über Verträge über den internationalen Warenkauf (Wien, 11. April 1980), Luzern 1984.

Widmer, Pierre: Droits et Obligations du vendeur, in: Wiener Übereinkommen von 1980 über den internationalen Warenkauf -

Lausanner Kolloquium vom 19. und 20. November 1984, S. 91 ff. (zitiert als: Widmer, Lausanne).

Will, Michael R.: CISG - International Bibliography 1980 - 1995, The First 150 or so Decisions 1988 - 1995, Genf 1995 (zitiert als: Will, CISG).

Willemsen, Heinz Josef: Zum Verhältnis von Sachmängelhaftung und culpa in contrahendo beim Unternehmenskauf, AcP 182 (1982), S. 516 ff.

Witz, Claude/Schweitzer, Erik: Der praktische Fall - Internationales Privatrecht und Rechtsvergleichung: Französischer Stahl, JuS 1994, S. 319 ff.

Wörlen, Rainer/Mentzinis, Pablo: Zur Reform des allgemeinen Leistungsstörungsrechts, Jura 1995, S. 1 ff.

Zweigert, Konrad/Kötz, Hein: Einführung in die Rechtsvergleichung auf dem Gebiete des Privatrechts, Band I: Grundlagen, 2. Auflage, Tübingen 1984; Band II: Institutionen, 2. Auflage, Tübingen 1984.

STUDIEN ZUM VERGLEICHENDEN UND INTERNATIONALEN RECHT

Herausgeber: Bernd von Hoffmann und Erik Jayme

Band 1 Ferdinand Henke: Die Datenschutzkonvention des Europarates. 1986.

Band 2 Peter Czermak: Der express trust im internationalen Privatrecht. 1986.

Band 3 Peter Kindler: Der Ausgleichsanspruch des Handelsvertreters im deutsch-italienischen Warenverkehr. Eine rechtsvergleichende und kollisionsrechtliche Untersuchung. 1987.

Band 4 Wilhelm Denzer: Stellung und Bedeutung des Engineers in den FIDIC-Bauvertragsbedingungen. 1988.

Band 5 Marijan-Maximilian Lederer: Die internationale Enteignung von Mitgliedschaftsrechten unter besonderer Berücksichtigung der französischen Enteignungen 1982. 1989.

Band 6 Rainer Esser: Klagen gegen ausländische Staaten. 1990.

Band 7 Chang Jae-Ok: Auf dem Weg zu einer Materialisierung des Immateriellen ? Personen-, Persönlichkeitsschutz und Geldersatz des immateriellen Schadens in rechtsvergleichender Hinsicht am Beispiel des koreanischen und japanischen Zivilrechts unter besonderer Berücksichtigung des deutschen Rechts. 1990.

Band 8 Paul-Frank Weise: Lex mercatoria. Materielles Recht vor der internationalen Handelsschiedsgerichtbarkeit.1990.

Band 9 Werner Born: Der Auftrittsvertrag für Musikgruppen im Bereich der Rock- und Popmusik. 1990.

Band 10 Ralf Erich Jürgens: IPR und Verfassung in Italien und in der Bundesrepublik Deutschland. 1990.

Band 11 Rainer Gildeggen: Internationale Schieds- und Schiedsverfahrensvereinbarungen in Allgemeinen Geschäftsbedingungen vor deutschen Gerichten. 1991.

Band 12 Klaus Grabinski: Die kollisionsrechtliche Behandlung des Durchgriffs bei rechtlich verselbständigten Unternehmen in privater oder öffentlicher Hand. 1991.

Band 13 Dieter Stummel: Konkurs und Integration. Konventionsrechtliche Wege zur Bewältigung grenzüberschreitender Insolvenzverfahren. 1991.

Band 14 Joachim Güntzer: Die Rechtsstellung des Geschäftsführers im spanischen Aktienrecht. Die Neuregelung des spanischen Aktienrechts nach dem Beitritt Spaniens zur EG. 1991.

Band 15 Sabine Isenburg-Epple: Die Berücksichtigung ausländischer Rechtshängigkeit nach dem Europäischen Gerichtsstands- und Vollstreckungsübereinkommen vom 27.9.1968. Untersuchungen zum Anwendungsbereich von Art. 21 EuGVÜ unter schwerpunktmäßiger Behandlung der Frage nach der Bestimmung eines europäischen Streitgegenstandsbegriffs. 1992.

Band 16 Ulrich Nickl: Die Qualifikation der culpa in contrahendo im Internationalen Privatrecht. 1992.

Band 17 Theo Rauh: Leistungserschwerungen im Schuldvertrag. Eine rechtsvergleichende Untersuchung des englischen, US-amerikanischen, französischen und deutschen Rechts unter besonderer Berücksichtigung der gerichtlichen Praxis. 1992.

Band 18 Bernadette Chaussade-Klein: Vorvertragliche "obligation de renseignements" im französischen Recht. 1992.

Band 19 Josef Sievers: Verbraucherschutz gegen unlautere Vertragsbedingungen im französischen Recht. Vom Code civil zum "Code de la consommation" – die Entstehung eines Sonderprivatrechts für Verbraucher. 1993.

Band 20 Achim Schäfer: Grenzüberschreitende Kreditsicherung an Grundstücken, unter besonderer Berücksichtigung des deutschen und italienischen Rechts. 1993.

Band 21 Eugenio Hernández-Breton: Internationale Gerichtsstandsklauseln in Allgemeinen Geschäftsbedingungen. Unter besonderer Berücksichtigung des deutsch-südamerikanischen Rechtsverkehrs (dargestellt am Beispiel Argentinien, Brasilien und Venezuela). 1993.

Band 22 Ingo Reng: Unterhaltsansprüche aufgrund nichtehelicher Lebensgemeinschaft – Internationales Privatrecht und ausländisches materielles Recht. 1994.

Band 23 Stefanie Roloff: Die Geltendmachung ausländischer öffentlicher Ansprüche im Inland. 1994.

Band 24 Katharina Ludwig: Der Vertragsschluß nach UN-Kaufrecht im Spannungsverhältnis von Common Law und Civil Law. Dargestellt auf der Grundlage der Rechtsordnungen Englands und Deutschlands. 1994.

Band 25 Malte Diesselhorst: Mehrparteienschiedsverfahren. Internationale Schiedsverfahren unter Beteiligung von mehr als zwei Parteien. 1994.

Band 26 Manfred Kost: Konsensprobleme im internationalen Schuldvertragsrecht. 1995.

Band 27 Wolff-Heinrich Fleischer: Das italienische Wettbewerbsrecht und die Probleme des selektiven Parfümvertriebs unter Berücksichtigung der Rechtslage in Frankreich und Deutschland. 1995.

Band 28 Angelika Fuchs: Lateinamerikanische Devisenkontrollen in der internationalen Schuldenkrise und Art. VIII Abschn. 2 b) IWF-Abkommen. 1995.

Band 29 Jacques Matthias Aull: Der Geltungsanspruch des EuGVÜ: "Binnensachverhalte" und Internationales Zivilverfahrensrecht in der Europäischen Union. Zur Auslegung von Art. 17 Abs. 1 S. 1 EuGVÜ. 1996.

Band 30 Hartmut Ost: EVÜ und fact doctrine. Konflikte zwischen europäischer IPR-Vereinheitlichung und der Stellung ausländischen Rechts im angelsächsischen Zivilprozeß. 1996.

Band 31 Stefan Wagner: Die Testierfähigkeit im Internationalen Privatrecht. 1996.

Band 33 Markus Schütz: UN-Kaufrecht und *Culpa in contrahendo*. 1996.

Bettina Frigge

Externe Lücken und Internationales Privatrecht im UN-Kaufrecht (Art. 7 Abs. 2)

Frankfurt/M., Berlin, Bern, New York, Paris, Wien, 1994. XVIII, 190 S.
Europäische Hochschulschriften: Reihe 2, Rechtswissenschaft. Bd. 1590
ISBN 3-631-47651-5 br. DM 65.--*

Das Recht des internationalen Warenverkehrs ist durch das UN-Kaufrecht weltweit vereinheitlicht worden; es gilt für die Bundesrepublik Deutschland seit dem 01.01.91. Das UN-Kaufrecht spart jedoch, wie alle Rechtsvereinheitlichungsbestrebungen, die Fragen des allgemeinen Schuldrechts aus und bestimmt lediglich hinsichtlich der Lückenfüllung, daß bei internen Lücken allgemeine Grundsätze zu entwickeln, bei externen Lücken die maßgebenden Kollisionsnormen des IPR zu bestimmen sind. Welche Kollisionsnormen für diese Fragen des allgemeinen Schuldrechts eingreifen, sofern es sich nicht um interne Lücken handelt, wird beispielhaft für die in der Praxis häufig auftauchenden Tatbestände der Abtretung, Aufrechnung, Zinshöhe und Verwirkung für den Rechtsverkehr mit Frankreich und Italien untersucht.

Aus dem Inhalt: Vorgeschichte des UN-Kaufrechts · Entstehungsgeschichte des Art. 7 Abs. 2 · Anwendungsbereich des UN-Kaufrechts · Auslegung und Lückenfüllung im UN-Kaufrecht · Rechtsvergleichung der deutschen Sachnormen mit dem französischen und italienischen Recht · Vertragsstatut und Sonderanknüpfung unter Berücksichtigung der allgemeinen Grundsätze des internationalen Privatrechts

Peter Lang Europäischer Verlag der Wissenschaften
Frankfurt a.M. • Berlin • Bern • New York • Paris • Wien
Auslieferung: Verlag Peter Lang AG, Jupiterstr. 15, CH-3000 Bern 15
Telefon (004131) 9402121, Telefax (004131) 9402131
- Preisänderungen vorbehalten - *inklusive Mehrwertsteuer